一起AI一路创新

新时代营销新理念

# ChatGPT 营销实践

唐新军 著

清华大学出版社

北 京

## 内 容 提 要

ChatGPT 的问世引发了生成式 AI（人工智能）的浪潮，也带来了一场生产力革命，AIGC（人工智能生成内容）即将赋能千行百业，而营销正是其中最先被赋能的行业之一，"AI+营销"时代呼之欲出！

这是一本带你快速进入"AI+营销"时代的实战秘籍，旨在帮助你掌握以 ChatGPT 为代表的 AI 工具，全面提升自己的营销技能。本书共分 11 章，从揭秘 ChatGPT 的技术原理，到驾驭 ChatGPT 的系统方法，再到深入营销工作中的八大场景，配以具体案例详细讲解 ChatGPT 的具体应用和实操细节，让你迅速掌握各种技巧，一跃成为"AI+营销"高手。最后展望"AI+营销"的趋势与挑战，助你建立一个在 AI 时代立于不败之地的思维框架。

作者基于深厚的专业经验，采用通俗易懂的语言，由浅入深、层层递进构建了完整的"AI+营销"系统方法论，前沿不失系统，实用不乏深度。无论是营销从业者、内容创作者、技术开发者，还是企业家、创业者，抑或 AI 爱好者和研究者，本书都值得一读。

**图书在版编目（CIP）数据**

ChatGPT 营销实践 / 唐新军著. —北京：清华大学出版社，2024.6（2024.8重印）

（新时代·营销新理念）

ISBN 978-7-302-66460-4

Ⅰ. ①C… Ⅱ. ①唐… Ⅲ. ①网络营销 Ⅳ. ①F713.365.2

中国国家版本馆 CIP 数据核字（2024）第 109731 号

责任编辑：刘 洋
封面设计：徐 超
版式设计：张 姿
责任校对：宋玉莲
责任印制：宋 林

出版发行：清华大学出版社
   网　　址：https://www.tup.com.cn，https://www.wqxuetang.com
   地　　址：北京清华大学学研大厦 A 座　　　邮　编：100084
   社 总 机：010-83470000　　　　　　　　邮　购：010-62786544
   投稿与读者服务：010-62776969，c-service@tup.tsinghua.edu.cn
   质 量 反 馈：010-62772015，zhiliang@tup.tsinghua.edu.cn
印 装 者：大厂回族自治县彩虹印刷有限公司
经　　销：全国新华书店
开　　本：170mm×240mm　　　印　张：18.75　　　字　数：293 千字
版　　次：2024 年 7 月第 1 版　　　　　　　　印　次：2024 年 8 月第 2 次印刷
定　　价：88.00 元

产品编号：104040-01

AI 在当下显得十分强大，但真正要敬畏的是成熟运用 AI 的人。随着智能时代的到来，我们的逻辑基础训练逐渐发生颠覆性的转变，无论是个人还是企业，要决胜未来就必须要具备非常强的 AI 应用能力。本书的实践技能正是当下不可或缺的，理论和操作都深入浅出，实属十分值得推荐的佳作。

**陈迎 | 阿海德整合营销机构创始人 |《直播营销实战指南》作者**

AI 时代已来，每个人都有机会借助 AI 赋能，实现自我升级，成为超级个体。《ChatGPT 营销实践》是一本教你如何用 AI 赋能营销的实践手册，书中不仅系统讲解了 ChatGPT 的通用提示方法，还把它应用到营销工作流的各个环节。如果你想在 AI 时代脱颖而出，那这本书将是一个必备利器！

**私域肖厂长 | 星辰教育创始人兼 CEO |《私域资产》《AI 超级个体：
AI 时代，内容创富的实战方法论》作者**

AI 技术正引领营销进入一个全新时代，无论个人品牌还是企业品牌，都需要考虑如何借助 AI 进行精准定位，并提升营销效率。相信《ChatGPT 营销实践》可以助你更好地驾驭 AI，在赋能个人品牌和营销上为你提供参考与指引。

**刘 Sir | 合生载物创始人 |"书香学舍"主理人 |《定位高手》作者**

AI 技术正在改变千行百业，营销无疑是先被深刻改变的行业之一。这本《ChatGPT 营销实践》是让每一位营销人，在 AI 时代不确定性的改变中保持内心定力，拥有实践本领的佳作，更是技术革命浪潮下，每一位躬身入局者

I

的认知工具，值得人手一本。

**栾春晖 | 财经作家 | 资深媒体人 |《向上攀登》作者**

《ChatGPT 营销实践》是一本将 AI 与营销相结合的操作手册。本书用通俗易懂的语言、实用的方法论和丰富的案例，帮助你快速学会用 AI 来进行营销实践，你也可以成为 AI 营销行家！

**弘丹 | 当当影响力作家 |《AI 写作宝典：如何成为 AI 写作高手》作者**

作为一名深耕私域 11 年的创业老兵，无论是操盘亿级平台，还是代运营"爱奇艺知识"，我都深刻地感受到了"营销杠杆"的威力。如果营销 +ChatGPT 呢？是不是可以发挥出"杠杆 × 杠杆"的巨大威力？怀着这样的好奇，我打开了新哥的《ChatGPT 营销实践》，感受到营销被赋予了更深的内涵与更广的边界。它不再是单一的策略或手段，而是融合了先进技术与创新思维的综合性实践，让我们能够更加高效地与消费者建立感性链接，激发他们的购买欲望，让他们成为品牌的忠实用户。

**张婷 | 北京赋能智慧董事长 |《感性的力量》作者**

未来已来，唐老师的新书从理论到方法，从案例到实操，详细拆解了 ChatGpt 在营销中的应用，如果你对营销感兴趣，如果你想深入了解 ChatGpt，如果你不想被 AI 大时代拍打在岸边，这是一本值得阅读的好书。

**雷文涛 | 有书创始人兼 CEO**

工具的发明与迭代是人类文明发展的核心，而掌握工具的能力，直接决定了一个人的工作效率与社会综合竞争力。ChatGPT 的出现必将改变人类的命运。本书作者唐新军是我曾经的事业合伙人和资深营销老兵，《ChatGPT 营销实践》一书是他深度研究和实践总结的结晶。这本书汇聚了 ChatGPT 在营销方方面面的应用，是一本理论与实战兼备的应用手册。所有营销相关人员都值得深读。

**陈特军 | 骏丰健康 CMO 兼士力清护眼科技创始人**

回顾人类发展史，新技术新工具的出现，往往会带来行业的颠覆与升级。唐新军老师作为一位热情拥抱新技术的营销行家，率先将 ChatGPT 这一 AI 新工具应用到营销实践中。这本书理论清晰，方法有效，案例实用，能够帮助你在 AI 时代快速提升营销战斗力！

**于洪方 | 北京远景视点科技创始人兼董事长**

AI 技术的发展，正在颠覆传统的营销模式，也为包装设计行业带来了全新的可能性。《ChatGPT 营销实践》不仅深入浅出地介绍了 ChatGPT 的技术原理和应用方法，还有丰富的案例。相信所有营销人士都能从这本书中获得启发。

**王文博 | 上海市包装技术协会设计委秘书长 | 上海光照东山品牌咨询创始人**

# 我和"AI+营销":不得不说的故事

## 1. 第一个因 AI"裁员"的上市公司

2023 年 4 月的一天,一封上市公司的内部邮件突然在朋友圈刷屏了!有人惊呼:中国第一批因为 AI 失业的人诞生了!没错,这家上市公司正是我的前东家——蓝色光标!这封内部邮件显示:蓝色光标决定全面停止创意设计、方案撰写、短期雇员的外包支出,而这些工作将全部由 AI 接手。虽然这不是严格意义上的"裁员",这些被裁掉的都是外包,你也可以理解为"临时工",但是这也就意味着有一大批人的工作真的被 AI 取代了!

一个"AI+营销"的新时代就这样让人"猝不及防"地拉开了序幕!而这一天距离 ChatGPT 问世仅仅 4 个多月!这一天我已经等了很久,但是当它突然到来的时候,却又觉得非常突然,因为它和我想象中的并不一样,这让我再次想起自己在蓝色光标的时光。

## 2. 第一批探索 AIGC 的人

作为国内数字营销的龙头股之一,蓝色光标可能是业内最早提出"智能化"战略的营销公司了。在蓝色光标工作期间,我和团队的伙伴还一起成立"创新工作坊",探索如何将更多的智能技术引入营销工作。在这个过程中见证了蓝色光标的智能营销助手"销博特"(XiaoBote)的诞生。作为一款"AI+营销"工具,它能够自动化生成营销策划案、消费者洞察、创意文案等内容。这是蓝色光标在 AIGC 领域早期探索的一个杰作,也是行业内极具突破性的创新产品。

之所以会有这样的探索和创新是因为我们有一个概念——CREATECH(创

意技术）。关于机器是否拥有创造力一直是一个极具争议的话题，而我们相信创意可以技术化。CREATECH 就是我们要探索的方向。而我们理解的 AIGC，不仅仅是人工智能生成内容（Artificial Intelligence Generated Content），更是人工智能生成创意（Artificial Intelligence Generated Creation），正是因为这样的理念，让我们成为国内 AIGC 领域最早的探索者之一。

在我亲身的经验中，我发现通过深入理解创意的规律，技术真的可以帮助生成创意。记得我第一次在"销博特"系统中输入了联想电脑的背景介绍，没想到它竟然为我输出了一个完整的 BIG IDEA 创意参考。真的让我大开眼界。

然而，真正革命性突破还是来自 ChatGPT，这款由 OpenAI 推出的大语言模型，不仅具备了卓越的语言理解力，还拥有令人惊叹的知识学习力、逻辑推理力和内容创造力。这意味 ChatGPT 不仅可以在内容创意领域发挥奇效，还可以在营销工作流程的各个环节中提供更强大的支持与赋能。它的诞生也宣告了"AI+ 营销"时代真正降临！

### 3. 第一拨被 AI 赋能的行业

AI 正在引领一场生产力革命，将像水、电一样成为基本的生产要素。在历史上，人类已经使用了如水、火、煤炭、石油、电力、计算机、互联网、大数据等生产要素，而现在，AI 成为新的生产要素。未来，没有接入 AI 的企业将难以想象，因为 AI 不仅是替代人类"智力"的能源，还会催生更多的应用场景和产业机会。

千行百业都将被 AI 赋能，其中包括传媒、影视、娱乐、教育、电商、金融、医疗、制造、农业、高科技等几乎所有领域。而营销则是其中最早被冲击，也是最先被赋能的行业之一。为什么这么说？有以下三点理由。

第一，营销进步靠技术：营销行业所有的重大进步都是由技术驱动的，从传统营销的印刷技术、广播技术、电视技术，到数字营销的互联网、移动互联网和大数据、云计算等，再到即将到来的"AI+ 营销"，无一不是技术驱动的产物。

第二，营销核心在沟通：沟通是一切营销的核心，以 ChatGPT 为代表的 AIGC 主要影响的就是内容创作与人机交互，而内容和交互正是营销沟通的核心。

第三，营销方法有套路：营销是科学，也是艺术，但 99% 的部分是科学，而科学可以套路化、模型化、自动化，AI 工作方式的核心就是套路化、模型化、自动化。

AI 技术将会深刻地改变营销的方方面面，那么，我们如何利用 AI 为营销赋能呢？

首先，我们需要深入挖掘营销的价值链和工作流程。营销的价值链主要包括价值的识别、创造、传递和交付。这四个环节具体对应的工作流程分别是调研、规划、传播和销售。而在这每一个环节中，ChatGPT 的强大智能都可以发挥关键作用。例如：

（1）价值识别：在调研阶段，ChatGPT 可以利用其强大的数据分析能力进行市场研究和用户洞察。

（2）价值创造：在规划阶段，ChatGPT 可以应用其逻辑推理能力进行品牌规划和产品开发。

（3）价值传递：在传播阶段，ChatGPT 的内容创造力可以助力内容传播和活动推广。

（4）价值交付：在销售阶段，ChatGPT 的人机交互力可以在直播电商和客户服务中发挥作用。

而支撑 ChatGPT 在这些环节中发挥作用的基础能力，正是 ChatGPT 强大的语言理解力和知识学习力。

其次，为了将 AI 的智能融入营销，我们需分析营销工作的各个环节，了解每个环节的智能需求。这样，我们可以确定哪些环节可以由 AI 完成，哪些环节需要人类主导。在此基础上，我们可以重新设计工作流程，创建一个人类和 AI 协作的工作模式，并通过对 AI 的调教与训练，实现工作效率全面提升。

AI 能自动处理大量重复的工作，这样我们就可以将更多的时间和资源用于策略规划和创意工作。"人工智能"不仅仅是机器智能。"人工"这个词是"人"和"工"的结合，代表人类智能和 AI 工具智能的结合。因此，人工智能不是替代人类智能，而是增强人类智能。

AI 是一个智能的增强工具，它可以增强人类的智能，包括专业知识和实践经验。要充分利用 AI，我们需要在两个方面努力：一是掌握行业的最佳实践，二是学会如何最有效地使用 AI，包括使用、提示、调教和训练。

通过学习人类的知识和经验，AI 可以以更低的成本和更高的效率创造价值。这就是生成式 AI，或者叫 AIGC 赋能千行百业的方式。

### 4. 第一本"AI+ 营销"启蒙书

由于特殊的工作经历，让我与营销和 AI 结下了不解之缘，我希望把自己多年以来的专业经验积累，用 AI 思维与技术进行系统重构与创新升级。通过将 AI 能力体系和营销能力体系进行深度融合，建立一个"AI+ 营销"的方法论体系。这就是《ChatGPT 营销实战》，它是一本系统阐述"AI+ 营销"这一全新课题的启蒙之书和入门之书。

在 AI 技术日益普及的今天，如何驾驭 AI 成为每一个营销从业者和企业都必须面对的问题。驾驭 AI 不仅仅是学会使用 AI 工具，更重要的是理解 AI 的工作原理、潜在价值和局限性，从而更加明智地将其应用于实际工作中。

本书从揭秘 ChatGPT 的原理开始，介绍如何使用和驾驭 ChatGPT 的系统方法，包括提示、调教及训练。在此基础上进一步深入营销实战的各个场景，包括市场分析、用户洞察、品牌规划、产品开发、内容传播、活动推广、直播电商、客户服务等多个领域，看 ChatGPT 如何帮助我们捕捉市场机会、洞察用户需求、塑造魅力品牌、设计创新产品、创作更有影响力的内容、策划更具吸引力的活动、开展更高成交效率的电商直播以及更高满意度和复购率的客户服务。

本书既生动阐述了 ChatGPT 的技术原理，也清晰讲解了驾驭 ChatGPT 的通用方法，同时梳理了"AI+ 营销"的理论系统，涵盖了多个营销场景的实践应用，纳入了多个行业的案例示范。你不仅可以系统学习 AI，从理解 ChatGPT 的技术原理，到掌握 ChatGPT 的通用方法，完成从 AI 小白到 AI 高手的跨越。还能系统学习营销，从建立关于"AI+ 营销"的系统认知，到掌握"AI+ 营销"的实操细节，建立全面而实用的"AI+ 营销"技能。

我相信这本书，不管是对营销工作者还是对内容创作者，不管是对企业管理者还是对个体创业者，抑或对 AI 爱好者和研究者，都能带来有力的启示和参考。

### 5. 第一群被 AI 赋能的人

在蓝色光标提出了"AI²"——All in AI 战略的同时，我也开启了我的新篇章。从事 AI 技能教育与 AI 技术推广，通过学习社群、培训课程、定制开发、项目孵化等各种可能的方式，赋能更多的个体和企业。到目前为止，我原创的"六要素"通用提示框架，以及首期开发的"点亮天才"AI 提示训练法课程，也获得了学员的广泛好评，因此还得到了来自清华大学出版社的邀请，于是便有了本书的诞生。

这是我和营销的故事，也是我和 AI 的故事，更是我和每一个翻开这本书的你的故事。

AI 对每一个人都提出全新的技能要求，因为在 AI 时代，所有的知识工作和脑力劳动都将逐步进入自动化或半自动化，人类智能与人工智能也将深度融合。

对于每一个知识工作者或者脑力劳动者来说，你不是一个人在战斗，因为还有自己的"另一半"——人工智能，它将是我们大脑的延伸，我们的智能的另一半。如果你无法调动它，也就相当于"半脑不遂"，沦为新时代的"脑瘫"。不管你是教师、律师、分析师、咨询师、设计师、工程师、营销师……你首先要成为一个 AI 训练师，让你的智能与 AI 工具的智能相互协作共同发力。以前你可以是 T 型人才，现在你要成为 π 型人才，除了你的专业能力，请再加上一个必备的能力，也就是 AI 使用的能力。

AI 对于一些人来说可能是一个危机，因为它会替代一部分人的工作，但是对于另一些人来说，它是一个巨大的机会。它不仅是一个提高效率、扩大利润的机会，更是一个为客户创造价值，让世界变得更美好的机会。而一旦你翻开了这本书，也就意味着你已经打开了这个机会之门。

世界在重构，未来已 AI。让我们带着好奇、想象和创新的激情，用 AI 的方法把营销重做一遍，用 AI 的思维把人生重过一次。比尔·盖茨（Bill Gates）说"技术终将改变世界"，也许，我们都有机会成为那个用技术改变世界的人。期待听到你用 AI 改变营销、改变自己的故事，让我们一起拥抱 AI，一起奔赴更精彩的未来。

编者

ChatGPT 的问世在全球范围内产生了巨大影响。它不仅引发了生成式 AI（人工智能）的新浪潮，还被誉为人类的第四次工业革命的开端。AIGC（人工智能生成内容）即将赋能千行百业，而营销正是其中最先被赋能的行业之一，"AI+ 营销"时代呼之欲出！

作者作为国内最早的一批 AIGC 探索者之一，在国内数字营销龙头企业蓝色光标工作期间，亲身经历和见证了 AI 技术在营销领域的应用和发展。在"AI+ 营销"时代即将到来之际，希望通过多年的专业经验积累，用 AI 思维与技术进行系统重构与创新升级，深度融合 AI 能力体系和营销能力体系，建立一个"AI+ 营销"的方法论体系。

**本书内容**

本书是一本系统阐述"AI+ 营销"课题的启蒙和入门书。它不仅详细介绍了 ChatGPT 的技术原理和使用方法，还深入探讨了 AI 技术在营销实战中的应用，涵盖市场分析、用户洞察、品牌规划、产品开发、内容传播、活动推广、直播电商、客户服务等多个领域。书中还包含多个行业的案例示范，帮助读者从理论到实践，系统学习和掌握"AI+ 营销"的知识和技能。

**本书特色**

作者基于深厚的专业经验，采用通俗易懂的语言，由浅入深、层层递进，构建了完整的"AI+ 营销"系统方法论，前沿不失系统，实用不乏深度，具备以下明显特色：

·**语言通俗**：本书使用简洁明了的语言，避免了复杂的专业术语和理论，使得无论读者的背景如何，都能轻松理解和掌握"AI+ 营销"的核心要点和具体方法。

·**方法通用**：作者基于理论与实践原创"六要素"通用提示框架，提供了一个可操作、可重复、可应用到几乎所有领域的通用方法论。

·**应用案例**：书中包含了丰富的实际应用案例，展示了各种不同行业领域的企业和品牌如何成功地利用 AI 技术进行营销活动。

·**实操细节**：除了理论知识，本书还提供了大量的实操技巧和细节，帮助读者在实际工作中避免常见的错误和陷阱，提高工作效率和效果。

·**工具扩展**：本书不仅介绍理论和案例，还推荐了多个实用的"AI+ 营销"工具，帮助读者快速上手和实践。

·**前沿探索**：本书还探讨了"AI+ 营销"领域的最新发展和未来趋势，为读者提供了一个前瞻性的视角和思考方向。

## 读者对象

本书适合对 AI 与营销感兴趣的读者，包括但不限于以下几类群体：

·**营销从业者**：本书为营销人员提供了一套完整的"AI+ 营销"理论体系和实操指南，帮助他们更有效地利用 AI 技术进行营销活动。

·**内容创作者**：通过本书，内容创作者可以掌握如何利用 AI 技术生成更具创意和吸引力的内容。

·**企业家和创业者**：本书展示了如何通过 AI 技术推动业务发展，提供了一系列应用案例和最佳实践。

·**AI 技术开发者**：本书展示了如何将技术应用于营销领域，提供了实际的应用场景和需求。

·**AI 爱好者和研究者**：本书不仅介绍了"AI+ 营销"的基础知识，还探讨了该领域的前沿技术和未来发展趋势，是一本理论与实践相结合的参考书。

# 目录

# 第 1 章

# 揭秘 ChatGPT:
## 最强大脑如何赋能营销

ChatGPT 的诞生在全球范围内引起了极大的关注。它不仅掀起了新一轮的 AIGC（Artificial Intelligence Generated Content）热潮，更有人盛赞它是人类第四次工业革命的开启者。那么，ChatGPT 究竟拥有怎样的魔法，让它在如此短暂的时间产生了如此巨大的影响呢？这个被许多人誉为"最强大脑"的 ChatGPT 又将如何赋能现代营销呢？

要揭示这个谜团，我们需要深入理解它在技术上的突破性和革命性。通过解析 ChatGPT 的工作原理和训练过程，揭示它如何从海量的数据中学习和理解人类的语言，如何生成极其自然的文本，以及它的强大智能是如何涌现的。在此基础上探讨 ChatGPT 对于营销带来的巨大赋能，并清楚地认识到它的能力边界，从而更好地利用 ChatGPT，释放 AI（Artificial Intelligence）生产力，打开营销想象力。

## 1.1　最强大脑：生成式 AI 与 AIGC 浪潮

ChatGPT 横空出世引爆全球 AIGC 浪潮。为何它能成为 AI 超级明星？作为生成式 AI 的代表，如何引领 AIGC 浪潮，成为 AGI（Artificial General Intelligence）革命的先驱？接下来的内容将为你揭开这些疑问的答案。

### 1.1.1　生成式 AI 的革命性突破

在 2022 年的 11 月 30 日，OpenAI 发布了一款名为 ChatGPT 的人工智能聊天机器人，短短 2 个月就吸引了 1 亿名用户，成为史上用户数增长最快的消费应用程序。在此之前，TikTok 花了 9 个月的时间月活跃用户数才破亿，而 Instagram 则花费了两年半的时间。

ChatGPT 能为我们做什么呢？简单来说，它能够理解和生成人类语言，进行自然语言交流，帮助我们解答问题，提供信息，甚至进行创作。它能翻译，能解题，能撰写文案，能编写代码，能写工作周报，能写视频脚本，还能辅助进行数据分析和教育辅导……它能做的事情实在是太多了，而且在很多方面，它的表现甚至超过了许多人。马斯克说它"好得吓人"，库克赞它"不可思议"，黄仁勋夸它"堪比智能手机问世"，比尔·盖茨更是形容它的出现"不亚于互联网的诞生"。正是 ChatGPT 的出现，让普通人第一次如此近距离地触摸这个在过去遥不可及的概念——人工智能！

人工智能（Artificial Intelligence），英文缩写为 AI。它是一种由人创造出来的技术，它的目标是让机器能够模拟人类的智能，进行感知、学习、推理、理解语言、解决问题等复杂的任务。按照功能的不同，AI 可以分为分析式 AI 和生成式 AI 两种。分析式 AI 主要分析数据，提取有用信息，广泛应用于推荐系统和计算机视觉等领域，如电商和智能驾驶。生成式 AI 则基于训练数据创造新内容，如文本、图像、视频、音乐、3D 互动内容等。生成式 AI 的诞生标志着 AI 从数据分析到内容创造的进化。

ChatGPT 是典型的生成 AI，但同时它也具备了分析式 AI 的基本功能。例如，当你问 ChatGPT 一个问题时，它需要理解你的问题，然后生成一个合适的答案。这就涉及分析（理解问题）和生成（生成答案）两个过程。所以，我们可以说 ChatGPT 是一种具备分析和生成两大功能的生成式 AI。也正因如此，它才能以强大的内容生成能力和接近人类水平的"聪明"程度震撼全世界。

## 1.1.2　AIGC 浪潮的引领者

AIGC（Artificial Intelligence Generated Content）即人工智能生成内容，它是指通过人工智能自动或半自动地生成各种类型的内容，包括文本、图像、语音、音乐、视频、3D 等。AIGC 作为一个新兴概念于 2021 年 7 月首次出现在中国的互联网上，它是在 PGC（Professional Generated Content，专业生成内容）、UGC（User Generated Content，用户生成内容）两种内容创作模式的基础上衍生而来。但是在当时它并没有引起大众的广泛关注，因为处于萌芽阶段的 AIGC 尚未诞生一款足够惊艳的应用，一切都只是概念。然而仅仅一年后，随着 ChatGPT 的震撼问世，带动了一大拨 AIGC 应用爆炸式涌现，掀起了一股势不可当的 AIGC 浪潮。

ChatGPT 被称为 AIGC 的里程碑式应用，作为一种大型语言模型，它属于 AIGC 中的文本生成类。ChatGPT 的自然语言处理能力是它在 AIGC 领域中的撒手锏。它可以帮我们撰写文章，编写代码，甚至创作小说和诗歌。它的文章不仅通顺流畅，而且富有深度和见解。它的代码不仅准确无误，而且结构清晰，易于理解。它写的小说和诗歌不仅有艺术感，而且富有情感和想象力。

ChatGPT 对 AIGC 的推动作用是巨大的。一方面，它可以帮助内容生产者快速产出大量内容，提高内容生产的效率。另一个方面，它产出的内容质量很高，并富有一定创造性。这使得内容生产者可以有更多的时间和精力进行更高层次的创新，从而进一步推动内容生产效率和质量的全面提升。

根据著名咨询机构 Gartner 披露的"人工智能技术成熟度曲线"，目前生成式

AI 仍处于萌芽期，但其广阔的应用场景和巨大需求空间吸引着大量资本和技术的投入，预计将在 2 ～ 5 年实现规模化应用。至 2025 年，Gartner 预计生成式 AI 产生的数据将占所有数据的 10%，而今天这个比例不到 1%。

百度创始人李彦宏指出：未来 AIGC 将走过三个发展阶段：助手阶段、协作阶段、原创阶段。在第一阶段，AIGC 将辅助人类进行内容生产。第二阶段，AIGC 以虚实并存的虚拟人形态出现，形成人机共生的局面；第三阶段则是原创阶段，AIGC 独立完成内容创作。

从短期来看，AIGC 有潜力通过技术的手段实现更高的效率，取代过时且效率低下的内容生产流程，催生了传媒、影视、娱乐、教育、电商等领域的创造性工作。而从长期来看，AIGC 将利用机器学习扩展人类的知识边界，利用大算力和大数据开创全新的智力内容创造模式，进一步赋能金融、医疗、工业、农业、高新技术等更多领域。

AIGC+ 传媒：AI 采访助手、AI 写稿机器人、AI 语音播报、AI 生成视频字幕、AI 合成主播等。

AIGC+ 影视：AI 剧本创作、AI 创作角色和场景、AI 合成人脸和声音、AI 自动生成影视预告片等。

AIGC+ 娱乐：AI 换脸应用（如 FaceApp、ZAO）、AI 作曲（如初音未来虚拟歌姬）、AI 合成音视频动画等。

AIGC+ 教育：AI 合成虚拟教师、AI 根据课本制作历史人物形象、AI 将 2D 课本转换为 3D 效果等。

AIGC+ 电商：AI 生成商品 3D 模型、虚拟主播、虚拟货场等。

AIGC+ 金融：通过 AIGC 实现金融资讯、产品介绍视频的自动化生产，通过 AIGC 塑造虚拟数字人客服等。

AIGC+ 医疗：通过 AIGC 生成医疗报告、个性化的健康建议、模拟真实的医生进行在线诊疗等。

AIGC+ 工业：通过 AIGC 完成工程设计中重复的低层次任务，通过 AIGC 自动生成衍生设计，制订生产计划等。

......

AIGC 的应用将深入千行百业各个领域，推动社会的生产方式的全面重构与系统升级。正因如此，ChatGPT 的出现甚至被视为"开启了第四次工业革命的大门"。对此，腾讯的创始人马化腾有一段感慨："我们最开始以为 AI 是互联网十年不遇的机会，但是越想越觉得，这是几百年不遇的、类似发明电的工业革命一样的机遇。"

回顾人类历史，第一次工业革命以蒸汽机的发明和应用为标志，实现了手工生产向机器生产的转变；第二次工业革命以电力的广泛应用和内燃机的发明为标志，实现了工业生产的规模化；第三次工业革命以信息技术的发展为标志，实现了从机械化、电气化向自动化、信息化的转变；而第四次工业革命则是以"ChatGPT"为代表 AIGC 的发展为标志，推动社会生产的全面智能化和自动化。

## 1.1.3　AGI 革命的破冰者

ChatGPT 这个横空出世的超级新星被人们寄予了厚望。有人说它不仅是 AIGC 潮流的引领者，更是推动人工智能达到 AGI（Artificial General Intelligence）的破冰者。

AGI 即通用人工智能，是指一种具有人类所有智能水平的机器，能够理解、学习、适应和应对任何智能任务。这种类型的 AI 可以在任何领域都表现出至少人类水平的能力。

与之相对的是 ANI（Artificial Narrow Intelligence）即专用人工智能。它是指在特定任务或领域内表现出超越人类的能力的 AI，比如棋类游戏、语音识别、图像识别等。然而，这种 AI 在面对未经训练的新任务时，通常无法表现出良好的性能。

人工智能研究的终极目标是 AGI，因为 AGI 代表了真正的智能，它能够理解、学习和创新，而不仅仅是在特定任务上表现出优秀的性能。实现 AGI 意味着我们创造了一个可以在任何领域都能表现出人类水平的智能的机器，这将对社会、经济、科技等各个领域产生深远的影响。

ChatGPT 的出现，不仅进一步推动了人工智能在语言处理领域的应用，同时也为我们揭示了人工智能朝通用人工智能（AGI）发展的巨大潜力。这意味着人工智能未来将不再仅仅局限于处理特定任务，而是能够理解和处理各种类型的任务，像人类一样具有灵活性、自适应性，甚至创新性。这将是人工智能从"机器"逐渐走向"智能"的关键一步。

正如奇虎 360 的创始人周鸿祎所说："一个真正的人工智能时代开始了。GPT之前是弱人工智能，ChatGPT-3.5 开创了通用人工智能时代，同时开启了强人工智能。未来或将发展到超级人工智能。不能把 GPT 只看作玩具、聊天工具、搜索引擎，它背后的超级大脑，代表了超级人工智能时代的来临。大模型的威力才刚刚开始。新工业革命到来，任何行业都值得被人工智能重塑。"

# 1.2　如何工作：ChatGPT 的技术原理

为了揭开 ChatGPT 的技术原理，我们需要理解：NLP（Natural Language Processing）为何如此重要？GPT（Generative Pre-training Transformer）三个字母分别代表了什么技术？通过逐一解析这三个关键概念：生成式模型、预训练和 Transformer 架构，探讨它们在语言理解和生成中的作用。

## 1.2.1　NLP：人工智能皇冠上的明珠

在人工智能领域中，NLP 即自然语言处理，它的目标是让计算机能够理解和生成人类的语言。NLP 的使命是让机器能够读懂我们的语言，理解我们的意图，甚至能够像人一样与我们进行对话。这无疑是一项充满挑战的任务。

自然语言理解被誉为"人工智能皇冠上的明珠"，这是因为语言是人类智能的重要载体，是我们思考、沟通和学习的主要工具。如果一个人工智能系统能够理解和生成自然语言，那么它就能够理解人类的知识，与人类进行深度交流，甚至创造新的知识。这就是为什么自然语言理解的突破被视为通用人工智能（AGI）的关键。

ChatGPT 的诞生，标志着我们在自然语言理解的道路上迈出了重要的一步。它不仅能够理解和生成自然语言，还能够进行深度的对话，理解上下文，甚至能够创造出富有创意的文本。这些都是以前的人工智能系统无法做到的。

当 ChatGPT 掌握了人类语言的规律，也就意味着揭开了人类认知的秘密，如果说图像识别、语音识别等技术只是感知智能的突破，那么自然语言的理解，就是认知智能的飞跃。ChatGPT 的出现，让我们看到了通用人工智能的曙光。

## 1.2.2　GPT：魔法藏在名字里

要理解 GPT 的工作原理，我们可以从它的名字开始。GPT 是"Generative Pre-training Transformer"的缩写，这三个词分别代表了它的三个关键特性。

"Generative"（生成式）意味着 GPT 是一个生成模型，它可以生成新的文本。这是通过学习大量的文本数据，然后模拟这些数据的分布来实现的。在生成新的文本时，GPT 会根据已经生成的文本来预测下一个词，然后将这个词添加到已经生成的文本中，这个过程会一直重复，直到生成一个完整的文本。

"Pre-training"（预训练）是 GPT 的另一个关键特性。在预训练阶段，GPT 会在大量的无标签文本数据上进行训练，学习语言的统计规律。这个过程类似于我们在阅读大量的书籍和文章时学习语言的过程。预训练的目的是让 GPT 学习到一个好的语言模型，这个模型可以用来生成流畅且富有创意的文本。

"Transformer"（转换器）是 GPT 的基础架构。Transformer 是一种深度学习模型，它是基于自注意力机制的。自注意力机制可以让模型在处理一个词时，考虑到句子中的所有其他词。这使得 Transformer 非常适合处理自然语言，因为在自然语言中，一个词的含义往往取决于它的上下文。

以上就是 GPT 的基本原理。在接下来的章节中，我们将更深入地探讨这些概念。

## 1.2.3　什么是 T：用数学的方式学会语言

Transformer 是由谷歌在 2017 年首次提出的一种深度学习模型，更具体地说，它是一种神经网络架构，它在自然语言处理领域有着广泛的应用。Transformer 的出现，彻底改变了人工智能的自然语言处理方式。

Transformer 是基于自注意力（Self-Attention）机制的。自注意力机制是一种能够处理序列数据的方法，它可以让模型在处理一个词时，考虑到句子中的所有其他词。这使得 Transformer 非常适合处理自然语言，因为在自然语言中，一个词的含义往往取决于它的上下文。

在自注意力机制中，每个词都会被转换成一个向量。向量是一种可以表示任何类型数据的数学工具，它可以被看作数据的指纹。在自然语言处理中，我们通常会将词转换成向量，这样就可以用数学的方式来处理词。这种将词转换成向量的方法被称为词嵌入（Word Embedding）。向量不仅可以表示词的意义，还可以表示词之间的关系，比如相似性和差异性。这是因为在向量空间中，相似的词会被映射到相近的位置，而不同的词会被映射到远离的位置。

自注意力机制和向量是理解自然语言的关键工具。它们让我们能够用数学的方式来处理自然语言，从而让机器能够理解和生成自然语言。

Transformer 不仅被用在 GPT 中，还被用在了许多其他的自然语言处理模型中，比如 BERT、XLNet、LaMDA、PaLM 等。这些模型都是基于 Transformer 的，但是它们在细节上有所不同。例如，BERT 使用了双向的 Transformer，可以同时考虑一个词的前文和后文；而 GPT 则使用了单向的 Transformer，只考虑一个词的前文。

Transformer 奠定了 GPT 强大智能的基础，正如英伟达的 CEO 黄仁勋所说：

"革命性的 Transformer 模型，使我们能够从大量跨越时空的数据中学习，找到模式和关系，在过去的几年里已经有数千篇关于大语言模型和生成式 AI 领域的论文，几乎每一个领域，每一个行业，都在探索关于生成式 AI 的想法，原因很简单，作为人类我们所做的最有价值的一件事，就是生成智能信息。"

## 1.2.4　什么是 P：读书亿卷，其义自见

GPT 的训练过程包括两个阶段：预训练和微调。这两个阶段的目标和作用是不同的，但它们共同构成了 GPT 的训练策略。

预训练阶段的目标是让模型学习语言的统计规律。在这个阶段，模型会在大量的无标签文本上进行训练。这些文本包含了丰富的语言知识，包括词汇、语法、语义等。通过预训练，模型可以学习到这些知识，从而能够理解和生成自然语言。预训练阶段的作用是让模型学习到一个好的语言模型，这个模型可以用来生成流畅且富有创意的文本。

微调阶段的目标是让模型适应特定的任务。在这个阶段，模型会在少量的标签数据上进行训练。这些数据是针对特定任务的，比如情感分析、文本分类等。通过微调，模型可以学习到如何将预训练阶段学习到的语言知识应用到特定任务上。微调阶段的作用是让模型能够完成特定的任务，比如回答问题、写文章等。

预训练和微调的结合，使得 GPT 既能够理解和生成自然语言，又能够完成特定的任务。这种训练策略是 GPT 成功的关键。

**1. 外语模式与母语模式**

在自然语言处理领域，有两种主要的机器学习方式，一种被比喻为"外语学习模式"，另一种被比喻为"母语学习模式"。

"外语学习模式"对应的是监督学习，这种方式需要大量的标注数据。在这种模式下，模型通过学习输入和输出之间的映射关系来学习语言，就像我们在学习外语时，需要通过大量的词汇和语法练习来掌握语言。

"母语学习模式"对应的是无监督学习，这种方式不需要标注数据。在这种模式下，模型通过学习大量的无标注文本来学习语言，就像我们在学习母语时，通过大量的听和说来掌握语言。

GPT 采用的是"母语学习模式"。在预训练阶段，GPT 会在大量的无标注文本上进行训练，学习语言的统计规律。这种方式的优点是，模型可以学习到丰富的语言知识，而不仅仅是标注数据中的知识。此外，这种方式还可以利用大量的可用的

无标注数据，大大减少对标注数据的依赖。

"母语学习模式"好在它能够让模型学习到更丰富、更深层次的语言知识。这种方式让模型能够理解和生成更自然、更流畅的文本，使得模型的表现更接近人类。

GPT 的预训练数据来源主要是互联网上的大量文本数据，包括书籍、网页、文章等。这些数据被用来训练模型，使其能够理解和生成人类语言。GPT-3 的训练数据主要来源于以下几个数据集：

- Common Crawl（filtered by quality）：180.4 亿个 tokens
- WebText2：55.1 亿个 tokens
- Books1：22.8 亿个 tokens
- Books2：23.65 亿个 tokens
- Wikipedia：10.2 亿个 tokens

这些数据覆盖不同版本的 GPT 训练数据的规模不同。以 GPT-3 为例，它的训练数据包含了数十万亿个词汇，这相当于数百亿个网页的内容。覆盖的知识领域非常广泛，包括科学、艺术、历史、文化、技术等几乎所有的知识领域。这些数据包含了丰富的语言知识，包括词汇、语法、语义等。

GPT 通过学习这些数据，能够理解和生成各种各样的文本，从而回答各种问题，提供各种信息。它就像一个知识宝库，无论你想知道什么，都有可能在这个宝库中找到不错的答案。

### 2. GPT 模型的版本迭代

GPT 模型经历了几个版本的持续迭代，各版本的关键信息如表 1-1 所示。

表 1-1　GPT 模型各版本关键信息一览表

| 模型名称 | 发布日期 | 参数数量 | 主要特性 |
| --- | --- | --- | --- |
| GPT-1 | 2018 年 6 月 | 1.17 亿个 | OpenAI 首次提出的 GPT 模型，能生成准确和连贯的文本 |
| GPT-2 | 2019 年 2 月 | 15 亿个 | 生成更长、更连贯的文本，最初未公开发布以防止滥用 |
| GPT-3 | 2020 年 6 月 | 1750 亿个 | 目前最大的语言模型，能在各种任务中生成高质量的文本 |
| GPT-3.5 Turbo | 2022 年底 | 未公布 | 性能强于 GPT-3，但成本更低，能理解和生成更长的文本 |
| GPT-4 | 2023 年 3 月 | 1.8 万亿个 | 能力超越 GPT-3.5 Turbo，具有多模态能力，但推理时间长，运行成本高 |
| GPT-4V | 2023 年 9 月 | 1.8 万亿个 | 与 GPT-4 共享相同的技术基础，能够处理图像数据，提供视觉问题解答 |
| GPT-4 Turbo | 2023 年 11 月 | 未公布 | 性能提升，成本优化，支持高达 128K 的上下文长度，加强开发者工具和 API（Application Programming Interface，应用程序编程接口） |

（1）GPT-1：发布于 2018 年 6 月，它是 OpenAI 首次提出的 GPT 模型，包含 1.17 亿个参数，能够生成相当准确和连贯的文本。

（2）GPT-2：发布于 2019 年 2 月，它是 GPT-1 的直接后续版本，包含 15 亿个参数，能够生成更长、更连贯的文本。由于其生成能力强大，OpenAI 最初并未公开发布其完整模型，以防止滥用。

（3）GPT-3：发布于 2020 年 6 月，它是目前最新的 GPT 版本，包含 1750 亿个参数，是迄今为止最大的语言模型。GPT-3 的语言生成能力非常强大，能够在各种任务中生成高质量的文本。

（4）GPT-3.5 Turbo：发布于 2022 年底，它在性能上比 GPT-3 更强大，但成本更低。它可以用于各种任务，包括编写电子邮件或其他文本，写作辅助、编程帮助、学习新主题、翻译语言、模拟角色扮演游戏的角色等。GPT-3.5 Turbo 的一个重要特性是它可以理解和生成更长的文本，这使得它在处理复杂的对话任务时更为有效。

（5）GPT-4：发布于 2023 年 3 月 14 日，它的能力超越了 GPT-3.5 Turbo。GPT-4 的一个重要特性是它的多模态能力，这意味着它可以处理和理解不同类型的数据，包括文本、图像等。然而，GPT-4 也有一些挑战，如推理时间长、运行成本高等。

（6）GPT-4V：发布于 2023 年 9 月 24 日，它是 GPT-4 的扩展版本。GPT-4V 的训练于 2022 年完成，与 GPT-4 共享相同的技术基础。它具有视觉能力，使得用户能够指导 GPT-4 分析由用户提供的图像输入。这一功能的加入，将多模态处理推向了一个新的方向，不仅仅处理文本数据，还能处理图像数据，提供视觉问题解答（Visual Question Answering，VQA）的能力。

（7）GPT-4 Turbo：发布于 2023 年 11 月，是最新的 GPT 模型，它在原有 GPT-4 的基础上做了显著的性能提升和成本优化。该模型特别适合处理长篇内容，具有更快的处理速度和最高 128K 的上下文长度，能够更有效地管理复杂对话和深度数据分析。GPT-4 Turbo 的成本降低，加之功能的增强，如改进的函数调用和新的 JSON 模式，使得开发者可以构建长时间互动的应用，适用于客户服务、教育对话和内容创作等多种场景。此外，新增的 Assistants API 简化了 AI 代理和应用的构建过程，使 GPT-4 Turbo 成为商业和大规模应用的理想选择，同时推动 AI 技术朝着更智能、更可访问、更经济化的方向发展。

## 1.2.5 什么是 G：单字接龙，三生万物

GPT 是一种生成式 AI，它拥有强大的语言文本生成功能，这与它独特的生成技术有关。生成式技术是一种在机器学习中广泛使用的方法，尤其在自然语言处理中。生成式模型的目标是学习数据的真实分布，然后能够生成与真实数据相伴的新数据。在自然语言处理中，生成式模型可以用来生成文本，如写文章、生成对话等。

GPT 采用了一种独特的自回归生成式模型。在自回归模型中，模型预测的是下一个词，而预测的基础是所有已经生成的词。换句话说，模型在生成每一个词时，都会考虑到前面已经生成的所有词。这就像是在玩一个单字接龙的游戏，每一个新的词都是基于前面所有的词来生成的。

GPT 使用了一种特殊的生成技术，叫作自回归模型。这个模型就像是在玩一个接龙游戏，每次都要在前面的词的基础上，生成一个新的词。比如，如果前面的词是"我爱"，那么模型可能会生成"你"这个词，形成"我爱你"这个句子，也有可能会生成"中国"这个词，形成"我爱中国"这个句子。至于到底选择"你"还是"中国"，又跟上下文相关。要注意的是 GPT 在选择下一个词时并不是只会选择出现概率排名最高的一个词，而是会有一定的随机性（跟模型参数有关），所以每次生成的文本不会完全一样，而是有所变化。

所以，GPT 就像一个会接龙的作家，它可以根据前面的词，创作出新的词，从而生成一篇篇文本。这就是为什么 GPT 能够拥有强大的语言文本生成功能的原因。说到这里，你是不是想起了老子《道德经》里讲到的万物生成原理？所谓"道生一，一生二，二生三，三生万物"，当人工智能学会了生成语言，一个神奇的新宇宙就此诞生。

因为 GPT 的内容是生成而非搜索，所以它跟搜索引擎是不一样的。搜索引擎确实就像一个图书管理员，当你有问题时，它会在图书馆的大量信息中寻找并提供相关的资料或者书籍。搜索引擎会根据你的问题，找到最相关的网页或者信息，然后呈现给你。但是，搜索引擎并不理解这些信息的含义，它只是根据关键词和算法找到最相关的结果。而 ChatGPT 就像一个读完了图书馆里所有书的学者。它不仅知道哪里可以找到信息，更重要的是，它理解这些信息的含义。当你问一个问题时，ChatGPT 不是简单地从数据库中提取出一个答案，而是根据它对大量文本的理

解，生成一个新的、针对你问题的答案。这就像一个学者根据他的知识和理解，为你提供一个深思熟虑的答案。搜索引擎和 ChatGPT 的主要区别在于，搜索引擎提供的是已经存在的信息，而 ChatGPT 生成的是基于其理解的新的文本。

虽然这种方法如此强大，但任何事物都有两面性，这种方法也存在一些限制。首先，因为模型只能考虑到前面的词，所以它很难处理需要考虑后文的情况。另外，因为模型是基于数据统计来总结规律，然后根据规律进行推理，所以当它面对自己的知识库中不存在的问题时，可能会生成一些符合"规律"但是并不符合"事实"的回答，也就是它可能会"一本正经胡说八道"，这就像是在创造一种"幻觉"。

在使用 GPT 时，我们需要注意这些限制，并根据具体的情况来调整我们的期望。例如，我们可以通过提供更详细的提示，来帮助模型生成更符合我们需求的内容。

## 1.2.6　强大的通用智能

通过对 GPT 技术原理的深入探讨。我们知道 GPT 的核心是基于"Transformer"架构，这种方法将单词的含义转化为词与词之间的关系。更具体地说，它通过向量计算，将语言规律转化为数学概率问题，使机器能理解和处理人类语言。

GPT 还采用了"预训练"方法，这种学习方式类似于人类学习母语的过程。它让模型通过大量文本数据自我学习和总结语言规律，而非先教授语法规则。这种方法让模型更好地理解语言的复杂性和多样性。

最后，GPT 构建了"生成式"模型。这种模型根据自我总结的语言规律，采用"自回归模型"算法进行接龙。在生成每个词的过程中，模型会考虑到前面的所有词，然后通过概率计算预测下一个词。这就像玩一个单字接龙的游戏，每个新词都基于前面所有的词生成。

通过 Transformer 架构、预训练方法和生成式模型，GPT 实现了对人类语言的深度理解和高效生成，展现出强大的语言处理能力。在此基础上它会进一步涌现出更强大的通用智能，为营销实战应用提供强大赋能。

# 1.3　赋能营销：ChatGPT 的实战应用

营销是商业发展的引擎，营销往往也是最先被新技术影响和赋能的领域。从报纸到电视，再到 PC 互联网、移动互联网，每一次技术的进步，都在推动营销技术与方法的迭代，而现在，ChatGPT 这个深度模拟了人类思维的"最强大脑"，已经具备了让人惊叹的强大智能，必然在营销实战领域带来巨大的赋能效应。

## 1.3.1  七大能力：驱动营销变革

要理解 ChatGPT 对于营销的赋能，首先要从它的具体能力分析开始，这些能力对于我们的营销实战与创新究竟有什么价值？让我们—— 为你剖析。

**1. 语言理解力**

通过学习大量的文本数据，ChatGPT 理解了语言的规律，包括词汇、语法、句型等。这使得它可以理解各种各样的文本，无论是新闻报道、科学论文，还是诗歌、小说。ChatGPT 的语言理解力不仅让它能够理解人类说的话，还能进行语义分析和情感分析，就像是一个心理学家，洞察用户的内心和需求。通过分析用户的语言，ChatGPT 能够深入了解用户的情感状态和态度，帮助我们更好地把握用户的需求，从而进行有针对性的营销策略。

**2. 知识学习力**

ChatGPT 的训练数据包括了各个领域的知识，这使得它具备了广泛的知识学习力。无论是科学知识、历史知识，还是文化知识、日常知识，GPT 都能够学习并理解。这意味着它不仅已经掌握了基础的营销知识，还具备了案例学习和经验总结的能力。就像是一个营销导师，能够从过去的成功案例和经验中汲取智慧，为我们的营销工作提供宝贵的分析、总结和借鉴。这让我们能够更加高效地运用已有的知识和经验，提升营销策略的质量和效果。

**3. 数据分析力**

尽管 ChatGPT 以语言处理为主，但也具备一定的数据分析能力。就像是一个数据分析员，可以根据提供的数据或信息，进行简单的分析、总结和解释。例如，当给予它市场销售数据或用户行为数据时，GPT 能够生成相关的概括、趋势描述或预测。这使得它在处理商业报告、市场研究或其他数据驱动的内容中变得尤为有价值，如果加上数据分析相关的各种插件，ChatGPT 的数据分析还会进一步提升。

**4. 逻辑推理力**

虽然 ChatGPT 主要是通过统计的方式来学习和生成文本，但在一定程度上，它也能进行逻辑推理。例如，给它提供一些前提，它可以生成符合这些前提的结论。ChatGPT 的推理力不仅能够让它从已有的知识中归纳和推理，还具备了逻辑思考和策略推导的能力。就像是一位智囊团成员，ChatGPT 能够用逻辑思维和分析能力，为我们在营销工作中提供深入的思考和规划。无论是制定营销策略、推导市场趋势，还是规划产品定位和品牌策略，ChatGPT 都能够成为我们的得力助手，帮助我们做出明智的决策。

### 5. 内容创造力

ChatGPT 不仅可以理解和学习知识，它还可以创作新的内容。无论是撰写文章、创作诗歌，还是生成对话，它都能够做到。这也意味着 ChatGPT 具备了强大的内容创造力。它可以像一个文案高手，用自然语言生成全新的内容。我们可以向它提供一个话题或问题，它就会创造出独特的内容，让我们的营销活动充满创意和吸引力。不管是写广告文案、设计社交媒体内容，还是制作营销视频，ChatGPT 都能给我们提供灵感和创意。

### 6. 人机交互力

GPT 不仅能够生成文本，还能够与用户进行实时的交互沟通。这种实时反馈机制使其成为一个强大的人机交互工具。基于语境理解和语义推导的能力，ChatGPT 能够与人类进行深度对话，不仅限于单轮的简单问答。这意味着，ChatGPT 可以理解和跟踪一段对话中的主题，理解前后文的关联，从而更准确地生成回答。除此之外，ChatGPT 支持多种语言，能够与来自不同国家和地区的用户进行交互，这使得它可以面向全球，在客户服务、销售、活动和咨询等多种场景中扮演重要角色。

### 7. 多模态扩展力

众所周知，除了 ChatGPT 之外，OpenAI 公司旗下还拥有众多 AI 应用产品，涉及图像、语音、代码、环境、游戏等众多领域，比如图像生成 DALL·E、图像识别 CLIP、语音识别 Whisper、代码工具 Codex、仿真环境工具 Gym，以及游戏类的 RoboSumo、AI Dungeon、Neurl MMO 等，这些 AI 应用产品可以基于 ChatGPT 进行深度融合，扩展 ChatGPT 的多模态内容，进一步丰富其在营销领域的应用可能性。

（1）图像理解与生成能力。

图像理解：ChatGPT 可以通过插件和工具与图像相关的数据进行交互，理解图像内容和属性，从而更好地理解用户的需求和反馈。

图像生成：通过与特定工具的集成，ChatGPT 能够生成符合用户需求的图像和视觉内容，为营销活动提供视觉支持。

（2）音频处理与生成能力。

ChatGPT 可以通过插件和工具处理和生成音频内容，从而在音频和语音方面为营销活动提供支持。

（3）视频内容理解与生成能力。

通过与视频处理工具的集成，ChatGPT 不仅能理解视频内容，还能生成和编辑视频，为视频营销提供强大的支持。

2023 年 10 月 ChatGPT 已经上线了 DALL · E 3 的文本生成图像功能、图像识别功能以及语音对话功能（后者仅限于移动端 App 使用）。这些新增功能的扩展为营销场景的应用带来了更多可能性。而多模态 ChatGPT 版本背后的模型 GPT-4V，未来还将继续扩展文本识别（OCR）、人脸识别、验证码解决和地理定位等功能，有望在更多领域创造更大的应用价值。

2023 年 11 月，OpenAI 推出了更强大的 GPT-4 Turbo 模型，该模型支持更长的上下文窗口（高达 128K），并且降低了使用成本。这一新模型的功能调用改进和新的 JSON 模式，使得开发者可以构建能够维持长时间互动连续性的应用程序，非常适用于详细的客户服务、长篇教育对话或深入的内容创建。

此外，OpenAI 还推出了新的 Assistants API，允许开发者构建自己的"代理体验"。这些代理可以检索外部知识，开发者无须编码技能即可创建定制的 AI 代理，用于个人、专业或公共用途。

ChatGPT 的"插件"系统也将因此得到强化，吸引更多外部开发者。随着插件数量的增加，ChatGPT 有望发展成一个更完整的 AI 应用生态系统，类似于苹果的 App Store，为营销人员提供一个更集中、丰富且高效的 AI 工具平台。

## 1.3.2 八大场景：赋能营销实战

凭借强大的智能，ChatGPT 完全可以成为营销实战与创新的超级工具，能够在营销的各个环节中发挥作用。那么，我们应如何将其力量有效地融入营销实践中呢？我们需要深入挖掘营销的价值链和工作流程。如图 1-1 所示，营销的价值链主要包括价值的识别、创造、传递和交付。这四个环节具体对应的工作流程分别是调研、规划、传播和销售。在每一个环节中，ChatGPT 都可以发挥关键作用。

（1）价值识别：在调研环节，ChatGPT 可以利用其强大的数据分析能力进行市场研究和用户洞察。

（2）价值创造：在规划环节，ChatGPT 可以应用其逻辑推理能力进行品牌规划和产品开发。

（3）价值传递：在传播环节，ChatGPT 的内容创造力可以助力内容传播和活动推广。

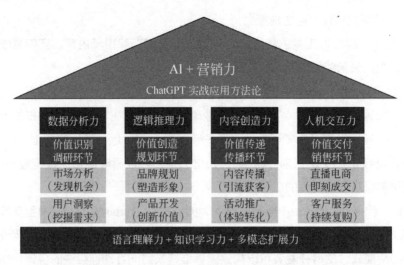

图 1-1　AI+ 营销力：ChatGPT 应用实战方法论

（4）价值交付：在销售环节，ChatGPT 的人机交互力可以在直播电商和客户服务中发挥作用。

支撑 ChatGPT 在这些环节中发挥作用的正是其强大的语言理解力、知识学习力以及多模态扩展力，这些能力的融合将为营销的实战与创新提供前所未有的强大支持。从目前已经具备的能力来看，ChatGPT 在营销领域的具体应用至少包括以下八大场景：

### 1. 市场分析

市场分析是一切营销决策的基础，ChatGPT 可以助力企业高效进行市场分析和策略制定。相较于传统方法，ChatGPT 能快速建立科学的分析框架，自动化收集和整理数据，利用先进的 AI 技术进行数据分析，识别市场趋势，并自动总结关键结论，提出相关策略建议，这些信息将有助于我们发现市场机会迅速采取行动。

### 2. 用户洞察

用户洞察是了解消费者需求和行为的关键。ChatGPT 能够分析线上用户社交媒体内容和电商行为数据，甚至进行情感分析。通过与 ChatGPT 的互动，我们可以深入了解消费者的喜好、需求和反馈，从而更好地满足他们的期望。ChatGPT 可以帮助我们制定用户调研方案、设计调研问卷和访谈提纲，并通过数据统计分析、语言分析和情感分析等方法，挖掘用户内心的真实想法和深层需求。

### 3. 品牌规划

品牌规划是塑造独特价值与魅力的关键。助力企业精准定位品牌价值，创造独特品牌形象和故事。相较传统方法,ChatGPT 能快速分析市场和消费者需求,提供品牌价值定位建议;协助设计师根据市场趋势生成品牌形象创意;并结合品牌定位和形象,快速生成吸引力强的品牌故事创意,为品牌塑造独特的价值与魅力。

### 4. 产品开发

在产品开发方面,ChatGPT 是创新者的得力工具。它可以帮助我们在产品概念创意、功能外观设计和用户原型测试阶段提供有力支持。通过与 ChatGPT 的互动,我们可以与它讨论产品功能和用户体验,以获得新的设计思路和改进建议。同时,ChatGPT 可以模拟消费者的反应,测试和评估我们的产品概念的可行性和市场接受度。这样,我们可以更快地验证和优化产品方案,提供满足消费者需求的创新产品。

### 5. 内容传播

内容传播是吸引目标受众的关键。ChatGPT 可以帮助我们打开创意脑洞,提供广告文案内容和社交媒体内容的创意。通过与 ChatGPT 的互动,我们可以获得新颖而有趣的创意想法,从而设计出引人注目的广告文案和社交媒体内容,吸引用户的关注和参与。此外,ChatGPT 还可以提供 SEO 搜索引擎优化建议,帮助我们提升内容质量,提升传播的影响力和效果。

### 6. 活动推广

活动推广是激发用户互动热情的重要手段。ChatGPT 可以帮助我们制定创新的活动想法,并撰写执行计划。通过与 ChatGPT 的互动,我们可以获得新颖而有趣的活动概念和策划思路,从而吸引用户的参与和互动。ChatGPT 可以提供活动效果评估和优化的指导,帮助我们不断改进活动方案,提升用户参与度和活动效果。

### 7. 直播电商

直播电商通过主播实时展示和推荐商品,为消费者创造了一个真实和互动的购物体验,同时也为品牌和商家开辟了一个高效的销售渠道。ChatGPT 的加入进一步赋能了这一模式,它可以协助撰写吸引人的直播脚本,提供建议优化直播背景,并支持虚拟数字人,从而帮助品牌和企业以更经济和专业的方式开展直播电商,提升直播的吸引力和转化率。

### 8. 客户服务

客户服务不只是企业与用户关系的桥梁,更是企业持续增长的关键。ChatGPT 可以辅助智能客服机器人提供 24/7 服务,在商品咨询、订单查询、问题解决、投诉处理和复购推荐等环节提供强大支持,通过与企业的商品数据库、订单系统和 FAQ 集成,这不仅降低成本,提高效率,还满足客户多样化需求,增强客户忠诚度和满意度，从而提高复购率和客单价，推动企业持续增长的飞轮。

### 1.3.3　四大价值：释放商业效应

基于 ChatGPT 在营销实战中的多场景应用，它带来的价值也是多方面的。具体来看，ChatGPT 可以帮助企业在以下四个方面释放商业效应。

**1. 降低成本，代替人工（省）**

（1）人工成本节约：通过自动化的方式，ChatGPT 可以替代一些传统由人工完成的工作，如内容创作、客户服务等，从而大大节约人工成本。

（2）时间成本节约：ChatGPT 能够 24/7 不间断工作，处理大量任务而无须休息，这样可以缩短工作时间，提高工作效率，进一步节约时间成本。

（3）培训成本节约：一旦配置和训练好，ChatGPT 可以长时间稳定工作，无须频繁培训和指导，减少培训成本。

**2. 提升效率，速度超快（快）**

（1）快速响应：无论是客户咨询还是市场分析，ChatGPT 都能提供即时的反馈和结果，保证了业务的快速响应。

（2）高效执行：在执行营销策略和计划时，ChatGPT 可以快速准确地完成任务，提高执行效率。

（3）自动化流程：ChatGPT 可以自动化执行多个营销流程，从而进一步提高整体营销效率。

**3. 保证质量，专业精准（好）**

（1）精准分析：通过 AI 技术，ChatGPT 可以进行深入精准的市场和用户分析，为决策提供科学依据。

（2）专业建议：ChatGPT 可以提供专业的营销和品牌建议，帮助企业更好地定位和推广。

（3）质量保证：在内容创作和客户服务等方面，ChatGPT 可以保证提供高质量的服务和内容。

**4. 创新体验，无限可能（多）**

（1）创新营销：ChatGPT 可以生成创新的营销策略和内容，为企业打开新的营销可能。

（2）个性体验：通过深入理解用户，ChatGPT 可以提供个性化的用户体验和服务。

（3）无限扩展：随着技术的不断进步和更新，ChatGPT 的能力也在不断扩展和增强，为企业带来无限的商业可能。

通过降低成本、提升效率、保证质量和创新体验，ChatGPT 为企业的营销活动带来了巨大的价值。这四大价值不仅帮助企业更有效地进行营销，还为企业的长期发展和竞争力提供了有力支持。通过合理利用和配置 ChatGPT，企业可以更好地适应市场变化，抓住商业机会，实现持续增长和成功。

## 1.3.4　能力边界：明智使用须知

ChatGPT 作为 AGI（人工通用智能）的雏形，在很多方面都展现出了强大的能力。但正如每位超级英雄都有自己的弱点，ChatGPT 也存在一些具体的限制。对于营销人员来说，了解这些限制并制定相应的策略是至关重要的。

### 1. 信息准确与事实验证

ChatGPT 在生成内容时可能会展现一定的创造性，给出令人惊喜或非传统的答案。然而，我们需要注意这种创造性的一面可能会导致一些不准确或不符合实际情况的答案，不少用户发现 ChatGPT 时不时会"一本正经地胡说八道"，比如自行篡改名著经典，或是在文章中引用根本不存在的文献资料，这也被称为大模型的"幻觉"。因此，在使用 ChatGPT 生成内容时，我们需要对其输出进行审查和评估，并进行关键事实的验证，以确保内容的准确性和可靠性。

### 2. 数据安全与隐私保护

尽管 ChatGPT 在处理用户查询时表现出高度的智能，但它仍然是一个机器学习模型，无法主动保证数据的安全和隐私。用户在与其互动时提供的任何信息，都有可能被存储和分析。因此，直接使用 ChatGPT 时，用户需要特别注意不要提供任何敏感或私人信息，以确保自己的数据安全。

### 3. 算法偏见与道德判断

由于 ChatGPT 的模型算法是从现有的互联网文本中学习的，它可能会无意中继承了某些文本中的偏见和歧视。这意味着在某些情境下，它可能会给出带有偏见或歧视的答案和建议。因此，我们有必要对 ChatGPT 的输出进行审查，确保其内容中没有任何偏见或歧视。同时在训练企业的私有模型时，可以设置明确的道德和伦理指导原则，确保其在涉及敏感话题时给出合适的答案。

### 4. 创新思维与复杂决策

尽管 ChatGPT 在语言理解和知识储备方面表现出色，但它仍然是一个基于数据的模型，缺乏真正的创新思维。当面对需要创新或复杂决策的问题时，ChatGPT 可能无法提供最佳的解决方案。在这些情境下，人类的直觉、经验和创造力仍然是不可或缺的。在涉及创新策略或复杂决策的问题上，我们仍然需要依靠人类的经验、知识和判断。最好的方式是将 ChatGPT 作为工具，共同协作完成工作，而不是完全依赖它。

在这个人工智能迅猛发展、大模型层出不穷的时代，我们依然需要独到的洞察和认知，深入分析和解决问题能力，让人工智能作为我们的工具和伙伴，而不是主人，我们要和人工智能紧密协作，创造一个人机共融、共同进步的美好未来。

# 1.4 本章小结

在本章中，我们对 ChatGPT 的技术革新、能力及其在营销领域的潜在应用进行了全面的探讨。

我们首先解析了生成式人工智能的革命性突破，特别是 ChatGPT 如何在短时间内吸引巨大的用户群体并引发全球范围内的 AIGC 浪潮。ChatGPT 作为生成式人工智能的代表，其诞生标志着 AI 从数据分析到内容创造的进化，不仅仅在技术上取得了革命性的突破，还在短时间内对营销领域产生了深远的影响。

通过深入了解 ChatGPT 的工作原理，包括自然语言处理（NLP）、生成式预训练模型（GPT）以及 Transformer 架构，我们得以洞察它的强大智能涌现背后的基本原理。

在技术原理的基础上进一步阐释了 ChatGPT 如何赋能营销实战，从七大能力（语言理解力、知识学习力、数据分析力、逻辑推理力、内容创造力、人机交互力、多模态扩展力）出发，具体说明了 ChatGPT 在市场分析、用户洞察、品牌规划、产品开发、内容传播、活动推广、直播电商和客户服务等八大场景中的应用潜力。此外，也指出了 ChatGPT 的四大价值：降低成本、提升效率、保证质量和创新体验。

最后，我们也讨论了 ChatGPT 的能力边界和使用时应注意的问题，例如，确保信息的准确性、数据安全和隐私保护、避免算法偏见和歧视等。这些讨论不仅为我们提供了如何利用 ChatGPT 赋能现代营销的见解，也为营销人员在实际操作中提供了明智使用的须知。

综上所述，ChatGPT 不仅是技术的突破，也为营销带来了深远的影响。企业可以通过利用 ChatGPT 的能力，结合传统营销策略，实现创新和效率的双重提升。未来，我们可以期待 ChatGPT 和生成式 AI 技术将在营销领域中继续扮演重要的角色，推动企业创造更多的商业价值。在本章中，我们对 ChatGPT 的技术革新、能力及其在营销领域的潜在应用进行了全面的探讨。

# 第 2 章

# 驾驭 ChatGPT：
## 释放 AI 无限潜能

掌握 ChatGPT 的使用，意味着你将拥有一把锐利的"AI 营销利剑"。然而，要充分发挥这一先进工具的潜能，不仅需要我们掌握 ChatGPT 的基本操作，更重要的是培养相应的认知、思维与技能。

在这一章中，我们将从理解提示词与 AI 思维出发，探讨通用提示框架的应用，学习如何进行专业角色的调教，以及如何进行私有模型的训练。此外，我们还会介绍如何将 ChatGPT 与各种插件和其他 AI 工具相结合，将 ChatGPT 的潜力发挥到极致，为营销应用实战创造更大的价值与可能性。

# 2.1 抓核心：提示词与 AI 思维

在使用 ChatGPT 的过程中，如何构建有效的提示词显得尤为关键。它直接影响着输出的质量。提示词与 AI 思维紧密相连，理解这种联系可以帮助我们更精准地设计和使用提示词，从而获得更为满意的答案。

## 2.1.1 初识提示词

### 1. 什么是提示词

提示词（Prompt）也叫"提示语"，它指的是我们在和 ChatGPT 或者其他生成式 AI 交互时输入的信息，旨在引导 ChatGPT 生成和输出与我们预期相符的回应内容，常见的提示词类型包括：

· 疑问型：通常是一个问题，例如："请问未来营销的趋势是什么？"

· 任务型：通常是一个任务或指令，例如"请帮我写一篇小红书笔记"。

· 反馈型：对 ChatGPT 之前的回应提供反馈，例如："这个答案太笼统了，能否给我更具体的营销策略？"

### 2. 提示词的价值

提示词是我们与 ChatGPT 交互的起点。没有提示词，ChatGPT 就不知道用户想要什么，提示词就像是给导航系统输入目的地。如果你输入的地址模糊或不准确，那么导航可能会把你带到一个和你预期不符的地方。同样，如果你给 ChatGPT 一个模糊或不明确的提示词，它可能会给你一个不太相关或不太准确的答案。

一个好的提示词可以最大化地调动 ChatGPT 的能力，帮助你得到最佳的结果。提示词的质量直接影响到 ChatGPT 输出的质量。正如《提问的力量》这本书里的一句话："一个好的问题，已经解决了问题的一半。"

### 3. 提示词的本质

关于提示词的本质，OpenAI 创始人 Sam Altman 说过这样一段话："为聊天机器人（ChatGPT）编写非常好的提示词是一项高水平技能，这正是运用简洁自然的语言进行编程的一个初步范例。"提示词的本质其实就是一种自然语言编程。

也就是说，虽然它使用的是自然语言，但是它的本质就是在编写一个"程序"，因为这个"程序"只要输入 ChatGPT 这个"系统"中就可以开始"运行"，并执行特定的任务，这个任务可以是回答一个问题、提供一个建议、策划一个方案、撰写各种文案等。它和之前的编程方式唯一不同的是提示词使用的是自然语言，也就是我们日常交流中使用的语言。

## 2.1.2　高质量提示词

高质量的提示词，就像一个优秀的领导给下属的指示，应该具备以下特征：

（1）清晰性：比如领导给下属的任务是"为下周的产品发布会准备一个PPT"，这个指示非常清晰，下属知道需要做什么。

（2）完整性：比如领导可以进一步指示："PPT 需要包括产品的功能、目标市场和预期销售额。"这样，下属就知道 PPT 的具体内容应该是什么。

（3）创新性：比如领导可能会说："在 PPT 中，我希望你能用一个新颖的方式来展示产品的功能，比如通过故事叙述或动画演示。"

具体到提示词，也是同样的道理。

### 1. 清晰性：明确具体不含糊

提示词必须清晰明确，避免任何可能的混淆或误解。这是因为 ChatGPT 会根据提示词的指示生成回答，如果提示词含糊不清，它可能无法准确理解你的需求。提示词越抽象，ChatGPT 的理解就越宽泛，越容易造成歧义或多重解读，提示词越清晰、越具体，ChatGPT 的回答越容易符合提问者的预期。

如果你需要烘烤一个蛋糕，你应该告诉 ChatGPT"我需要一个巧克力蛋糕的烘烤食谱"，而不是说"我想做些甜点"。如果你正在准备一个产品的营销方案，你告诉 ChatGPT："我需要一些营销点子。"ChatGPT 可能无法生成满足你需求的答案，因为这个提示词太过模糊。但是，如果你说："我需要一些关于推广我们新推出的环保运动鞋的创新营销策略。"ChatGPT 就会明白你的需求，能生成更符合你期望的答案。

### 2. 完整性：必要信息不缺失

提示词需要包含足够的信息，让 ChatGPT 能够理解你的需求。如果信息不足，

ChatGPT 可能无法给你真正有用的回答。

如果我们想让 ChatGPT 帮我们规划一条旅行路线，我们需要提供完整的信息，如："我计划下周去云南五天四夜旅行，我喜欢美食和休闲，不喜欢太紧张的行程，能帮我规划一下吗？"如果你想要优化你的网站以提高搜索引擎排名，你告诉 ChatGPT："我需要提高网站排名。"这个提示词明显就是信息不足，ChatGPT 可能无法生成全面的答案。如果你说："我需要提高我的网站在百度搜索引擎的排名，我的网站是一个售卖手工艺品的在线商店，你有什么建议吗？"ChatGPT 就可以根据你的具体情况生成更全面的答案。

**3. 创新性：新思维与启发性**

好的提示词还需要有创新性，避免给出过于简单或老套的问题和任务。这是因为 ChatGPT 有能力生成富有创新性的答案和内容。这意味着你的提示词可以尝试不同的视角和方向，以激发 ChatGPT 的创新性和多样性。

如果你正在为一篇小说寻找创新的叙述手法，你可以问 ChatGPT："如果从一只狗的视角来描述一个城市的日常，会是怎样的情景？"这样不仅具体清晰，而且启发了新颖的创作角度。

如果你正在策划一场发布会，你可以问 ChatGPT："如果我们的产品发布会采用虚拟现实（VR）技术来互动展示新产品，会是什么样的体验？"这个问题启发了新的技术应用，并可能带来新颖的营销策略。

通过这三个特征，我们可以确保与 ChatGPT 的交互更加高效和准确。正如一个好的领导能够明确、完整且有创意地指导团队，一个高质量的提示词也能够有效地指导 ChatGPT 生成高质量的输出。

## 2.1.3　提示工程与 AI 思维

AI 不仅是一种工具或技术，更重要的是，它代表了一种思维方式。为了充分发挥 AI 的潜力，我们不仅需要掌握相关技术，还要培养 AI 思维，学习如何与 AI 协作，并引导 AI 解决实际问题。这就涉及理解"提示工程"及其背后的 AI 思维。

**1. 什么是提示工程**

提示工程（Prompt Engineering）是一种系统研究、精心设计、持续优化提示词的方法。它不是简单地创建提示词，而是要确保这些提示词能够帮助模型更好地理解任务，从而有效引导 ChatGPT 生成高质量和相关的输出。

将其称为"工程"是因为这个过程需要结构化的方法、测试和迭代。就像建筑工程中的建筑师设计建筑，然后进行测试和修改以确保其稳固和安全一样，提示词工程师也需要设计、测试和优化提示词，以确保它们能够达到预期的效果。

提示词思维和工程思维的共同点：

（1）基于目标：无论是设计提示词还是开展工程项目，都是为了达到一个明确的目标。

（2）解决问题：两者都是为了解决特定的问题。在提示词工程中，问题可能是如何获得精准的内容输出；在工程中，问题可能是如何构建一个更稳固的桥梁。

（3）结构思维：无论是提示词还是工程项目，都需要对问题进行分析和拆解，将复杂问题简单化、简单问题标准化、标准问题流程化，最终一步一步解决问题。

（4）持续迭代：两者都需要不断地测试、评估和改进，以实现最佳效果。

简而言之，提示词工程和其他类型的工程都是为了达到一个目标，需要结构化的方法、测试和迭代。

**2. 提示工程师的核心能力**

优秀的提示工程师不仅能基于目标解决问题，还能引导 AI 实现目标。其核心能力实质上是面向 AI 的领导力，具体包括三个方面：

（1）提问力：提出清晰的问题，让 AI 思考。

·基于目标：无论是设计提示词还是领导一个团队，都需要明确的目标和方向。

·解决问题：领导者要基于目标分析问题、拆解问题，才能下达清晰的任务，同样提示词工程师也需要基于目标分析问题、拆解问题，才能提出清晰的问题，给出清晰的指令。

（2）判断力：做出准确的判断，给 AI 反馈。

·沟通反馈：领导者要与团队成员进行沟通，及时对他们的工作提出改进意见，提示词工程师同样需要根据 ChatGPT 的输出提出调整意见。

·决策判断：领导者需要根据团队成员提供的方案做决策，而提示词工程师也不能简单地直接接受它的输出内容，而是需要有自己的逻辑和思路，对 ChatGPT 输出的内容做出判断和选择。

（3）创新力：想出突破的创新，给 AI 启发。

·指引方向：领导者为团队提供方向和策略，提示词工程师则为 ChatGPT 提供方向和指引。

·持续创新：领导者需要不断地寻找新的方法和策略来提高团队的效率和

效果；同样，提示词工程师也需要不断地创新，找到更有效的提示词。

以上三大能力不正是一个优秀领导所应具备的吗？

**3. 提示工程师的能力进阶**

提示工程的核心在于有效地引导和调动 AI 的能力，以解决问题并创造价值。提示工程师的能力进阶可分为三个层次，从基础到高级。

（1）通用任务提示。本质是调取 ChatGPT 庞大的知识储备库，也就是它已经掌握的通用知识与基础能力。这相当于雇用了一个名牌大学的博士毕业生，而且是一个不限专业的"通用人才"。在这个阶段，我们需要掌握通用任务提示法，包括通用任务提示词的完整结构和基本技巧，以调动 ChatGPT 的通用知识和基础能力，解决一些基础和通用性的工作任务。

（2）专业角色调教。本质是调取 ChatGPT 强大的知识学习力，它可以快速学习掌握一些垂直专业领域知识。在这个阶段，你需要掌握专业角色调教法，让 ChatGPT 学习垂直行业领域中的最佳实践方法总结。这样可以使 ChatGPT 从一个刚毕业的应届博士生迅速转变为垂直专业领域的"专业骨干"。

（3）私有模型训练。在专业性的基础上，ChatGPT 还可以继续升级，结合企业或个人的私有数据库和知识库，让它成为企业的"私有专家"或者个人的"数字分身"。在这个阶段，我们需要了解私有模型训练的基础知识和必要技能。能够与技术开发团队共同协作，完成大模型的私有化定制、训练和部署工作。

## 2.2　派任务：通用提示框架

提示工程的基本工作是向 AI 模型指派任务，并获得理想的输出效果。那么，我们需要使用什么样的提示方法和技巧？这就是这一节将给大家介绍的通用提示框架。

### 2.2.1　什么是通用提示框架

既然提示词是自然语言编程的一种形式，那么它就有自己的通用语法结构。笔者基于提示工程的基本原理，经过不断实践和反复测试，最终总结了一套可操作、可复制的通用提示框架——"六要素"通用提示法。为了便于大家更容易理解、记忆和应用，笔者把它归纳提炼为六个字："人、事、因、果、时、令"。

（1）人：角色（Who），谁来做？

（2）事：任务（What），做什么？

（3）因：背景（Why），因为什么背景？

（4）果：结果（Result），需要什么结果？

（5）时：流程（When），分成哪些步骤？

（6）令：指令（How），按照什么要求？

这六大要素基本涵盖了通用任务提示的全部维度，我们可以根据任务本身的复杂度，以及对于 ChatGPT 输出结果精准度的要求，灵活选择组合这六大要素。换句话说，这是一个完整的结构框架，但并不意味着所有任务都需要使用全部要素，尤其是一些比较简单的任务，或者对于输出结果精准度要求不高的情况，可以只使用其中的几个要素，而不是全部要素。

## 2.2.2　具体案例示意

为了让大家更好理解六大要素的使用，我们用具体的案例作为示意，来看一看从初级、中级到高级的不同阶段提示词使用水平的表现。比如，我们要写一篇推荐一只特定品牌口红的小红书笔记。

### 1. 初级阶段：单要素

在初级阶段，大部分人往往只会使用一个要素——"事"，也就是具体的任务，比如这样提问：

**Prompt：**

**任务**：请给我写一篇推荐口红的小红书笔记。

**ChatGPT：**

[ 小红书口红推荐 ]

大家好！最近我一直在研究各种口红，找寻那些真正适合不同场合的口红，今天我要和大家分享一些我最爱的口红，它们不仅颜色鲜艳，而且持久不脱妆，绝对是小红书上值得一试的口红品牌。

（1）MAC 丝绒唇膏：如果你喜欢丝绒般柔滑的质地，MAC 的丝绒唇膏绝对是不二之选。我特别喜欢它的"Ruby Woo"色号，经典的红色，无论是工作日还是约会夜晚都非常适合。而且它的持久度超级长，不需要频繁补妆。

（2）Fenty Beauty 圣杯唇膏：Rihanna 的化妆品品牌一直备受瞩目，她的圣杯唇膏系列也不例外。我喜欢"Uncensored"这个色号，它是一款亮丽的红色，适合各种肤色。这款唇膏持久且易涂抹，不容易晕染。

（3）YSL 圣罗兰纯色唇膏：想要一款高贵典雅的口红吗？YSL 的纯色唇膏是不二选择。我最喜欢的色号是"Rouge Pur Couture"，它有多种颜色可供选择，从经典红到粉色，应有尽有。这款口红不仅包装精美，而且非常滋润，使嘴唇看起来更加饱满。

无论你喜欢哪种口红，记住在使用口红前要做好嘴唇的保养工作，保持嘴唇柔软，口红会更持久。希望这些口红推荐能帮助你在小红书上找到你心目中的完美口红！快来试试看吧，与我分享你的心得和照片吧！＃口红推荐＃小红书美妆

（注：以上口红推荐基于个人经验，不同人肤色和口红喜好不同，建议在购买前自行试色或咨询专业化妆师的建议）

**2. 中级：三要素**

到了中级阶段，除了交代"事"以外，开始学会进一步交代"因"和"果"，也就是开始使用三要素：任务、背景、结果。比如这样提问：

**Prompt:**

**任务：**请给我写一篇推荐口红的小红书笔记。

**背景：**品牌是雅诗兰黛，促销价格为 199 元，这款口红因其持久不脱色和丰富的色彩受到了众多女性的喜爱。

**结果：**目标是激发女性用户的购买欲，促进产品销售，使她们相信这是一次不容错过的购买机会。

**ChatGPT:**

小红书笔记：探索持久不脱色的唇妆魔法！

大家好，今天我要向你们推荐一款口红，这可是真正的口红界明星——雅诗兰黛！这款口红不仅因为其持久不脱色的神奇效果而备受追捧，还因其令人着迷的丰富色彩而让无数女性爱不释手。更令人兴奋的是，现在它的促销价格仅为 199 元！这是一次不容错过的购买机会，让我们一起来探索这款口红的魔力吧！

（1）持久不脱色：这款雅诗兰黛口红的持久不脱色效果简直令人难以置信！无论你是在白天工作、下午茶还是夜晚的派对上使用，它都能保持艳丽的色彩不褪色。你再也不用担心喝水、吃饭或亲吻会让口红消失了。它的持久力

绝对让你一整天都焕发自信！

（2）亲肤质地：这款口红不仅色彩丰富，而且质地柔滑细腻，涂抹时非常顺滑。它含有滋润成分，可以保护你的嘴唇免受干燥和裂纹的困扰，让你的嘴唇感觉柔软和滋润。无论是在寒冷的冬季还是干燥的夏季，这款口红都能给你的嘴唇提供最好的呵护。

（3）绝佳的性价比：这款口红在以 199 元的价格促销中，这绝对是一次超值的购买机会！无须花费大量金钱就能拥有一款高质量的口红，真是太划算了。而且，持久不脱色的效果意味着你不必频繁补妆，口红更加耐用。

总的来说，雅诗兰黛的这款口红是一款不容错过的美妆宝藏。它不仅让你的嘴唇闪耀迷人的色彩，还能让你的妆容保持完美一整天。现在正是购买的绝佳时机，让自己变得更加美丽自信吧！快去抓住这个机会，享受持久不脱色的唇妆魔法吧！＃口红推荐＃雅诗兰黛＃美妆分享

让我们一起成为最美的自己，雅诗兰黛口红，等你来挑选 🔒♡

### 3. 高级：六要素

到了高级阶段，意味着考虑更加全面，把六要素通通纳入到提示词中，比如这样问：

`Prompt：` ────────────────────────────

[ 角色 ]：你是一个知名美妆博主，具备专业的化妆知识和对市场上各种美妆产品的深入了解。

[ 任务 ]：请给我写一篇推荐口红的小红书笔记。

[ 背景 ]：品牌是雅诗兰黛，促销价格为 199 元，这款口红因其持久不脱色和丰富的色彩受到了众多女性的喜爱。

[ 结果 ]：目标是激发女性用户的购买欲，促进产品销售，使她们相信这是一次不容错过的购买机会。

[ 流程 ]：首先，简要介绍雅诗兰黛这个品牌和这款口红的特点；接着，详细描述促销价格和购买渠道；最后，分享一些使用后的感受和照片，以及为什么推荐给读者。

[ 指令 ]：语言要简洁明了，用词要真实感人，确保内容吸引人且易于理解。文章长度控制在 300 ～ 500 字之间，适当使用小红书常用的表情符号和标签，如"＃雅诗兰黛口红＃""♡口"。

ChatGPT：

"🔖 秋日魅力，与雅诗兰黛一起唇色倾城 ✨"

亲们 ♡□♡□，今天要给大家分享一个我近期超级爱用的口红，那就是雅诗兰黛的这款神仙口红 ✨✨！

首先，说到雅诗兰黛，相信很多女孩子都不陌生 😚□。它是一个拥有悠久历史的国际知名品牌，一直以来都是很多女性的心头好。而这款口红，更是因为它的持久不脱色和丰富的色彩受到了大家的喜爱 👏。

最让我惊喜的是，现在它有特别的优惠，原价的高贵口红，现在只要 199 元就可以入手了！购买渠道也非常简单，直接在雅诗兰黛的官方商城或者各大美妆店都可以找到。我自己已经入手了好几支，每次涂抹都感觉自己的气质提升了一个档次 ✨✨。色彩饱满，一抹即显，而且真的很持久，吃饭喝水都不怕。最重要的是，它的质地很滋润，不会让嘴唇感觉干燥 👍。

这里分享一下我使用后的照片，大家可以看看效果 👇[ 图片 ]

真心推荐给大家 [ 双手合十 ]，不仅仅是因为它的品质，更是因为这次的特别优惠实在是太诱人了 ♡□♡□。相信我，这绝对是一次不容错过的购买机会。

最后，希望大家都能找到自己喜欢的色号，美美地过每一天。

#雅诗兰黛口红##美妆推荐##口红控##不脱色##特别优惠#

通过这三个级别的示例，我们可以看到，随着提示词的要素增加，相当于我们提出的问题和要求越清晰具体，而 ChatGPT 返回输出给我们的内容也会越精准、具体。

### 2.2.3　六大要素使用

为了让大家掌握每一个要素的关键要领，接下来，我们将进一步深入讲解这六大要素的具体意义和撰写技巧。

**1. 角色（能力）**

**定义**：角色（能力）就是为 ChatGPT 分配一个特定的角色，它将决定 ChatGPT 在回答问题或执行任务的具体变现，包括专业水平、身份关系、语言风格等。

**作用**：通过角色设定，我们可以引导 ChatGPT 提供更专业、更准确、更符合预期的输出。

**分类**：角色设定可以根据你的需求进行多样化的设置，例如：

（1）专业角色：如民事律师、心理咨询师、营销专家等，可以提高输出的专业度。

（2）关系角色：如闺蜜、男友、老板等，可以让表达更有对象感。

（3）风格角色：如苏格拉底、乔布斯、鲁迅等，可以让输出内容带上鲜明的个人风格。

**具体举例：**

比如，你正在策划一场新品发布会，你可以设置 ChatGPT 的角色为"活动策划专家"，提问"作为一位有经验的活动策划专家，你认为我应该如何策划这场新品发布会以最大限度地吸引观众？"通过角色设定，ChatGPT 会尽可能地从一个专业策划师的角度给出建议，使你的问题得到更有效、更专业的答复。

**注意要点：**

除了给出角色定义，最好补充说明对这个角色的具体要求，包括描述具体的知识能力、身份关系、语言风格等，有助于 ChatGPT 更精准地理解这个角色定义背后的具体要求。

示例如下：

· 我想让你扮演一名 ×××，你具备……

· 假设你是 ×××，拥有……

· 请你担任 ×××，你要运用……

· 你是一位 ×××，善于……

**向 ChatGPT 提问：**

如果你不知道怎么定义角色和描述要求，也可以直接向 ChatGPT 提问。

·"我需要解决 [ 某个问题 ]，你认为哪种角色最适合？这个角色需要具备什么知识和能力？"

·"我需要一个具有 [ 某个专业 ] 背景的角色，你能帮助我定义它吗？"

·"假如我要你扮演 [ 某某 ] 角色，你想用哪些表现来适应这个角色？"

**2. 任务（主题）**

**定义**：任务（主题）是将你希望 ChatGPT 完成的具体任务明确地表达出来，包括任务的主题定义，以及其中包含的内容和分类。

**作用**：通过清晰定义任务，我们可以帮助 ChatGPT 更准确地理解我们的需求，并针对性地提供我们需要的信息或帮助。

**分类**：任务的类型可以非常多样，包括但不限于：

（1）信息查询：如"告诉我关于市场趋势的最新研究"。

（2）建议提供：如"推荐一些适合内容营销的策略"。

（3）创意生成：如"为我创作一个抖音短视频脚本"。

（4）技能指导：如"教我如何使用某个 AI 工具进行数据分析"。

**具体举例：**

假设你正在为一个新产品的发布会准备一份演讲稿，你可以这样定义任务："ChatGPT，我需要你为我写一份介绍我们新产品的演讲稿，要点包括产品的功能、优点、与竞品的对比以及预期的市场影响。"通过明确界定任务，ChatGPT 可以为你生成一份精准且有力的演讲稿。

**注意要点：**

（1）任务的定义应尽可能明确和具体，避免使用模糊或笼统的词汇。

（2）如果任务比较复杂，可以进一步列出细分的内容和步骤，也可以分解成多个子任务分步骤提问。

**向 ChatGPT 提问：**

如果我们不知道如何定义任务，我们可以向 ChatGPT 提问关于某个主题的基础知识，为定义任务提供更多的思路和方向。例如：

· 什么是内容营销？其中包含哪些具体环节？

· 我想制定一个品牌定位策略，需要考虑哪些因素？

· 我想使用 ChatGPT 进行数据分析，但不知道从何开始，你能提供一些基础指导吗？

这样向 ChatGPT 提问可以帮助我们从 ChatGPT 那里获得某个主题的基础知识。

**3. 背景（信息）**

**定义：**背景（信息）提供了任务的上下文信息，包括任务发生的原因、前置条件、相关事件或其他与任务相关的重要信息。

**作用：**提供背景可以帮助 ChatGPT 更全面地理解任务，从而提供更准确和相关的答案。

**分类：**背景信息从宏观到微观包括宏观背景、组织背景、个人背景、知识背景等。

（1）宏观背景：如"当前移动支付行业正处于高速发展阶段"。

（2）组织背景：如"我们公司是一家初创企业，主要从事 AI 技术研发"。

（3）个人背景：如"我是一个智能手表品牌的客服专员"。

（4）知识背景：如"我已经学习了基础的市场营销知识，但对高级策略不太了解"。

**具体举例：**

假设你想了解如何提高新产品的销售，你可以提供背景："我们公司是一家初创企业，最近发布了一个新产品，但初步的市场反应并不热烈。"这样，ChatGPT可以根据这个背景为你提供更具针对性的建议。

**注意要点：**

（1）背景信息应尽可能详细具体，提供足够的上下文信息，避免提供与任务不相关的背景，以免引起混淆。

（2）如果背景信息内容比较长，为了让它与其他内容有所区分避免误解，可以使用分隔符进行分隔，比如：### 具体内容 ###、"具体内容"、< 具体内容 >、{ 具体内容 } 等方式。

下面是一个分隔符使用具体示例：

品牌信息：

###

品牌名：零界。

品牌定位：新生代健康零食。

品牌理念：打破传统与创新的界限，让每一口都充满惊喜。

###

**向 ChatGPT 提问：**

如果不确定如何描述背景，你还可以向 ChatGPT 提问以获取更多的启示。例如：

·"我想提高产品销售，通常需要考虑哪些背景因素？"

·"我想了解 AI 在市场营销中的应用，你能给我一个背景概述吗？"

·"我想请你帮我构思产品广告创意，请问需要给你提供哪些背景信息？"

**4. 结果（目标）**

**定义：** 结果（目标）描述了你希望通过完成任务达到最终目标和关键结果，它不是具体的任务本身，而是任务执行后希望实现的目标或关键结果。

**作用：** 明确的结果描述可以帮助 ChatGPT 更准确地理解用户的真正需求和期望，从而提供更符合预期的答案或建议。

**分类：** 结果描述可以分为业务成果、传播效果、体验感受、知识掌握等各种类型。

（1）业务成果：如"我希望通过实施这些建议，产品销售能够提高 20%"。

（2）传播效果：如"我希望文章能够吸引至少 1000 个人阅读"。

（3）体验感受：如"增强用户对品牌的信任和忠诚度"。

（4）知识掌握：如"我希望通过你的辅导，帮助我熟练掌握内容营销的核心技巧"。

**具体举例：**

假设你是一家初创公司的市场营销经理，你想了解如何利用 AI 技术进行市场营销。你可以设置任务为："请为我提供一套利用 AI 技术进行市场营销的策略。"而你期望达成的结果可能是："我希望通过实施这些建议的策略，我们的广告投放能够更加精准，从而提高至少 30% 的广告转化率。"这样的结果描述明确指出了你希望达到的最终目标（提高至少 30% 的广告转化率）和关键结果（广告投放能够更加精准）。

**注意要点：**

（1）结果描述应尽可能明确和具体，指明你希望任务执行后达到的关键目标和最终效果。

（2）结果描述应与任务描述相互呼应，确保两者之间的逻辑关系清晰。

**向 ChatGPT 提问：**

如果不确定如何描述期望的结果，可以向 ChatGPT 提问以获取更多的启示。例如：

· "关于 AI 在市场营销中的应用，成功的标准通常是什么？"

· "我想制定一个市场策略，一个成功的策略应该带来哪些具体成果？"

· "我需要一篇关于某个主题的文章，写完后的理想效果应该是怎样的？"

**5. 流程（步骤）**

**定义：** 流程（步骤）描述了完成任务所需的流程、步骤或阶段，为 ChatGPT 提供了一个明确的执行路径。

**作用：** 通过明确的流程描述，可以确保 ChatGPT 按照预期的顺序和方式执行任务，从而提高输出的准确性和可操作性。

**分类：** 流程可以分为任务流程、内容流程、交互流程等。

（1）任务流程：描述完成整个任务所需的主要步骤和阶段，如"首先进行市场调研，然后制定策略，最后执行和监控"。

（2）内容流程：描述内容的组织结构，如提纲、顺序等，例如"开始时介绍背景，然后详述方法，最后总结结论"。

（3）交互流程：描述用户与 ChatGPT 之间的交互顺序，如"我会首先给你提供学习素材，你需要根据学习素材归纳方法模型，之后当我给你提供背景信息时，你需要根据归纳的方法模型生成具体内容"。

**具体举例：**

假设你想了解如何利用 AI 技术进行内容创作。你可以设置任务为："请为我提供一套利用 AI 技术进行内容创作的流程。"你期望的内容流程可能是："首先，提供文章的背景和引言，接着列出主要观点和论据，最后总结并给出结论。"而交互流程可能是："我首先提供文章的主题，ChatGPT 给出大纲建议，我再提供反馈，ChatGPT 根据反馈进行调整。"

**注意要点：**

（1）过程描述应尽可能明确和具体，列出所有关键的步骤或阶段。

（2）对于比较复杂的流程可以分行并使用序号来明确先后顺序，如"1，2，3，…"或"第一步、第二步、第三步……"

**向 ChatGPT 提问：**

如果不确定如何描述任务的过程，可以向 ChatGPT 提问以获取更多的启示。例如：

·"我想了解如何利用 AI 技术进行市场营销，通常的执行流程是怎样的？"

·"关于内容创作，一个完整的创作流程应该包括哪些步骤？"

·"我需要进行一次产品推广活动，你能为我列出一个推广活动的标准流程吗？"

**6. 指令（要求）**

**定义**：指令（要求）是我们向 ChatGPT 提出的关于如何执行特定任务的明确指示。这些指令可以是明确的任务要求，也可以是限制和约束。

**作用**：通过明确的指令，可以确保 ChatGPT 的输出更符合用户的具体要求，从而提高输出的满足度。

**分类**：指令类型包括了格式、长度、风格、限制等各种维度。

（1）格式指令：描述输出内容的具体格式或布局要求。例如："格式为论文""用表格形式呈现""提供视频脚本""用 Markdown/HTML/JSON/CSV 格式输出""加入小红书常用的 emoji 符号"等。

（2）长度指令：描述输出内容的长度要求，如"请确保内容不超过 500 字"或"视频时长控制在 3 ～ 5 分钟"。

（3）风格指令：描述输出内容的语言风格或调性，如"请用正式的商务语言"

或"请用轻松幽默的风格"。

（4）限制指令：描述输出内容的某些限制或禁止事项，如："避免涉及政治、宗教、歧视等敏感信息""避免使用空话或过于笼统的描述""不要评论和解释"等。

**具体举例：**

假设你想要 ChatGPT 为你撰写一篇关于"AI 在内容创作中的应用"的文章。你可以设置任务为："请为我撰写一篇关于 AI 在内容创作中的应用的文章。"你的指令可能是："请确保文章字数在 800 ～ 1000 字，使用正式的商务语言，格式要包括标题、摘要、正文和结论。"

**注意要点：**

（1）如果有多个指令，建议分行罗列，还可以在每一行用"–"符号作为开头，便于 ChatGPT 理解和执行。

例如：

– 请用轻松幽默的风格。

– 视频时长控制在 3 ～ 5 分钟。

– 避免涉及政治、宗教、歧视等敏感信息。

（2）除了使用常规的描述方式，还可以考虑使用示例或模板来提供更具体的指导。

例如：

请为我撰写一个关于"AI 的基本概念"的段落，参考以下模板：

###

定义：首先简要定义 AI 是什么。

应用：列举一两个 AI 的常见应用。

重要性：简短描述为什么 AI 如此重要。

###

**向 ChatGPT 提问：**

如果不确定如何给出具体的指令，可以向 ChatGPT 提问以获取更多的启示。

例如：

·"我想写一篇关于 AI 技术的微信文章，通常的格式和风格是怎样的？"

·"我需要一篇小红书笔记，你能给我一些常见的语言风格和格式建议吗？"

·"我想要一个产品说明书，通常的格式要求是怎样的？"

## 2.2.4　超级指令运用

在上一个小节中，我们讲到了通用提示词的"六要素"，最后一个要素是"指令"，在这些"指令"中，有一些经过很多研究者和使用者的经验，总结出了很多具有显著效果的"超级指令"，大家习惯把它称为"咒语"。这些"咒语"的存在展示了提示工程的强大威力。它表明通过精心设计的提示词，能让 AI 模型发挥出最大的潜能，让它在各种任务中表现得更加优秀。根据不同使用效果，下面介绍一些效果显著的"咒语"。

注：所有"咒语"同时提供了中文和英文，考虑到 ChatGPT 对中文的理解每次都不同，建议在生产力型提示词的输入中使用英文，以保证输出效果。此外，英文提示词带来的回复也很可能是英文。

### 1. 逻辑严密度

确保 ChatGPT 的输出内容逻辑清晰、条理分明，把复杂问题进行拆解，循序渐进，逐个突破，最后得到优质的输出结果。

咒语 1：

让我们一步一步思考。

（Let's think step by step.）

咒语 2：

让我们逐步来解决这个问题，以确保我们得到正确的答案。

（Let's work this out in a step by step way to be sure we have the right answer.）

咒语 3：

深呼吸，一步一步地解决这个问题。

（Take a deep breath and work on this problem step-by-step.）

### 2. 思维发散度

鼓励 ChatGPT 进行更广泛的思考，不仅仅局限于单一视角，而是打开不同的视角，增强创意和创新性。

咒语 1：

让我们从不同的角度来看这个问题。

（Let's look at this from multiple perspectives.）

咒语 2：

还有哪些可以考虑的角度？

（What are some alternative perspectives?）

咒语 3：

我需要多种可能的答案或建议。

（I need various possible answers or suggestions.）

### 3. 表达趣味度

鼓励 ChatGPT 生成更有趣、幽默、引人入胜的内容，使输出更加吸引人且娱乐性强。

咒语 1：

给我一些幽默和有趣的答案。

（Give me some humorous and fun answers.）

咒语 2：

我需要一些使人笑的答案或建议。

（I need some laugh-worthy answers or suggestions.）

咒语 3：

告诉我关于 [ 插入主题 ] 的笑话。

（Tell me a joke about [insert topic].）

### 4. 解释浅显度

确保 ChatGPT 的输出内容简单易懂，避免使用复杂的术语或过于深奥的概念，使得不同背景的用户都能轻松理解。

咒语 1：

用外行的话解释一下。

（Explain it in layman's terms.）

咒语 2：

解释一下，就当我是五岁小孩。

（Explain this as if I'm five.）

咒语 3：

将其转化为实际案例。

（Translate this into a real-world example.）

### 5. 信息准确度

针对 ChatGPT 可能存在的"幻觉"问题，确保输出内容是准确无误的，避免提供错误或误导性的信息。

咒语 1：

请提供来源或引用来支持这个答案。

（Provide sources or citations to back up this answer.）

咒语 2：

引用的论文可以在 Google Scholar 上找到。

（The cited papers can be found on Google Scholar.）

咒语 3：

请为我核实这个信息。

（Kindly verify this information for me.）

**6. 随机创新度**

针对 ChatGPT 生成内容在默认状态下通常比较中性刻板的问题，使用温度参数可以让生成文本更具随机性和创新性。

温度（Temperature）是在提示词中经常用到的一个参数，温度参数的数值通常在 0 到 1 之间。较高的温度值（例如，Temperature=0.8）会使 ChatGPT 生成的文本具有更高的创新性和随机性，这可能适用于需要创意输入的场景，比如创作一部小说或者脚本。相反，较低的温度值（例如，Temperature=0.2）会让 ChatGPT 生成更稳定、连贯和可预测的文本，这可能更适用于需要准确信息的场景，例如，编写技术文档或者进行数据分析。如果没有设置温度，系统默认的温度设定值是 0.5，以保持较为平衡的状态。

咒语 1：

为了确保内容的创新度，请将温度值设为 0.8（Temperature=0.8）。

咒语 2：

为了在严谨度和创新度保持平衡，请将温度值设为 0.7（Temperature=0.7）。

以上这些"咒语"可以帮助我们更精确地指导 ChatGPT，从而获得我们期望的输出。用好这些"咒语"不仅可以确保信息的准确性和专业性，还可以根据需要调整输出的风格。

综上所述，"六要素"通用任务提示词，为我们提供了一个可操作，可复制的通用框架，通过学习和掌握"六要素"通用提示框架词，我们可以更系统、更高效、更精准地与 ChatGPT 交互，从而获得更准确、更专业、更有价值的内容输出。

需要注意的是在大多数情况下，与 ChatGPT 交互并不是一次就能得到最佳结果，在 ChatGPT 输出结果不理想时，我们需要分析原因、修改提示、不断测试、持续循环，直到获得理想的结果。

# 2.3 教方法：专业角色调教

除了通过使用通用提示框架，调取 ChatGPT 的通用知识与基础能力，我们还可以使用专业角色调教法，调取它强大的知识学习力，快速学习掌握一些垂直专业领域知识。这样可以使 ChatGPT 从一个刚毕业的"应届博士生"迅速转变为垂直专业领域的"专业骨干"。

## 2.3.1 什么是专业角色调教

在使用 ChatGPT 的过程中，我们会发现一个现象，当我们在同一个对话框中持续讨论同一个主题，ChatGPT 会变得越来越聪明。为什么会这样？因为当我们与 ChatGPT 进行对话时，模型会使用其内部的注意力机制来捕获输入文本中的上下文信息。这意味着，当我们在同一对话中深入讨论同一主题时，模型能够读取并考虑到之前的对话内容，从而更好地理解当前的上下文、背景信息和用户意图。这种上下文敏感性是由模型的 Transformer 结构和自注意力机制共同实现的。

因为这种机制的存在，我们可以在不更改模型参数的情况下，通过输入特定领域的内容让模型学习和运用新知识、新方法，尽管这些知识和方法在预训练时并没有被纳入。这种方法也被称为"上下文学习"(In-Context Learning)，它的原理和人类举一反三来认识新事物的方法非常相似。

因此，我们可以在同一个对话框下，通过赋予 ChatGPT 某个特定角色，并"投喂"特定专业领域的知识和方法让模型进行学习，从而提高输出的精准度和专业度，这就是我们通常所说的专业角色"调教"。

## 2.3.2 为什么要调教

如果说在大模型的预训练阶段是将 ChatGPT 培养成一个拥有全科知识储备的名校博士，那么专业角色调教就是再训练阶段，就像是职场中的专业技能培训，使它能够胜任各种具体的专业岗位。让它从一个刚刚毕业的博士迅速成长为特定领域的"专业骨干"。

比如，我们可以通过提供专业的营销案例和方法模型，让 ChatGPT 学习并掌握营销知识与技巧，然后让它帮助我们设计营销策略，撰写营销文案，相当于我们"调教"出了一个专业的营销骨干。

在笔者看来，所谓"人工智能"，不只是机器智能，"人工"二字其实是"人"与"工"的合一，也就是人类智能和 AI 工具智能的合一，人工智能 = 人的智能 × AI 工具的智能。因此，人工智能并不能取代人类智能，而是放大人类智能。让人工智能模型通过学习和掌握人类知识和经验，用更低的成本、更高的效率，去创造更大的产出和价值，这正是以 ChatGPT 为代表的生成式 AI 赋能千行百业的基本方式。

## 2.3.3　如何调教

既然人工智能 = 人的智能 × AI 工具的智能，要把这个智能放大效应发挥到极致，就需要在这两个方面同时着力。

一方面是人的智能，要提供更好的人类经验，也就是要把行业最佳实践方法论教给它。什么叫行业最佳实践方法论？最好的归纳、最好的总结、最好的模型、最好的文章、最好的书籍、最好的课程等，这些都是行业最佳实践方法论的来源。另一方面是 AI 工具的智能，要使用更好的调教方法，让它学得更快、更准、更有效。

笔者在不断实践的过程中，总结了一些关于专业角色的调教的基本方法，具体包括三个步骤。

（1）知识摸底：了解 ChatGPT 已经具备什么知识，同时也可以向 ChatGPT 学习相关专业知识。

（2）资料投喂：提供相关的专业知识让 ChatGPT 学习，并总结归纳专业方法模型。

（3）模型应用：让 ChatGPT 根据归纳的方法模型执行具体的任务。

接下来，我用一个关于"金句创作"的专业方法调教作为案例进行演示。

**第一步：知识摸底："你知道吗？"**

面对一个具体的专业课题，我们首先要了解 ChatGPT 在这个课题上，已经具备的通用知识有多少，相当于我们问它"你知道吗？"。这样做的目的，一方面是可以调取它的通用知识，弥补我们自己知识的不足；另一方面也可以发现它目前的知识盲区，以便我们之后有针对性地投喂相关资料，弥补它的知识不足。

首先，我们可以看看它对金句的概念是否了解。

Prompt：

你知道什么是"金句"吗？

ChatGPT:

当然，"金句"在中文中通常指的是一些非常有深度、有哲理或者有启发性的句子。这些句子往往简短但意味深长，能够在短时间内给人留下深刻的印象。在文学、电影、音乐或日常生活中，我们都可能遇到这样的"金句"。它们往往能够概括一个复杂的观点或情感，使人们对某个主题有更深入的理解。

从它的回答可以看出，ChatGPT 对于"金句"的概念还是非常清晰的。那么接下来，我们再看看它是否了解金句写作的方法模型。

Prompt:

金句创作有哪些经典有效的结构模型？

ChatGPT:

创作金句时，有一些经典的结构模型可以参考，这些模型可以帮助我们构建简洁、有力、富有哲理的句子。以下是一些常见的结构模型：

（1）对比法：通过对比两个相反或不同的事物，强调某一观点。

例如："生命不能倒带，但回忆可以重播。"

（2）因果法：描述因果关系，强调某一观点的重要性。

例如："种下希望的种子，收获幸福的果实。"

（3）设问法：通过提出问题，引导读者思考，并给出答案。

例如："人生的意义是什么？是不断追求、不断成长。"

（4）排比法：使用重复的结构或词汇，增强句子的节奏和韵律。

例如："生如夏花之绚烂，死如秋叶之静美。"

（5）夸张法：通过夸大事物的特点，强调某一观点。

例如："他的笑容，犹如春天的阳光，温暖了整个世界。"

（6）借喻法：通过比喻，将一个事物比作另一个事物，形成生动的形象。

例如："时间是医生，也是杀手。"

（7）反讽法：通过表面上的称赞或批评，实际上表达相反的意思。

例如："这真是一个'完美'的失败。"

（8）总结法：对某一主题或观点进行简洁、有力的总结。

例如："人生不在于活得长，而在于活得有意义。"

当然，撰写金句并不仅仅限于这些结构模型，关键在于深入思考、捕捉

生活中的细节和情感，以及对语言的独特运用

从这个回答我们可以看出：ChatGPT 对于金句创作的方法模型有一定了解。如果我们的要求不高，觉得已经够用，就可以让它以这个方法模型为准，根据我们提供的主题或关键词开始创作了。如果我们的要求更高，那么接下来就可以"投喂"专业资料，让它学习并归纳方法模型。

**第二步：资料"投喂"：请你学习！**

让 ChatGPT 学习相关的专业材料，可以是直接给出方法模型，也可以给出参考案例让它归纳方法模型，还可以给它未经整理的原始材料，比如网页、文档等让它学习。如果是网页或 PDF 文件，需要调用 ChatGPT 的一些插件（Plugin）。

**方法 1：给模型**

这种方法就是直接给出方法模型，内容一般包含：结构/步骤、技巧/要点、例子/参考等。

---

`Prompt：`

现在你是一个金句创作高手，请学习金句写作方法模型：三种典型结构及写作技巧：

（1）对立结构：这是 A，同时也是 –A。

技巧：选择两个截然相反的词或概念，将它们放在同一个句子中，形成对比，从而产生冲击力。

例子：时间是我们的蜜糖，也是我们的毒药。

（2）等同结构：不是 A → B，而是 B=A。

技巧：挑选两个看似不相关或对立的概念，通过句子结构将它们联系起来，使之等同，从而产生新的意义。

例子：没有通向真诚的路，真诚本身就是路。

（3）定义结构：A 就是……

技巧：选择一个常见的概念或词汇，然后给出一个出乎意料或与众不同的定义，从而引发思考和共鸣。

例子：教育就是当一个人把在学校所学全部忘光之后剩下的东西。

**方法 2：给案例**

这种方法就是给出具体的参考案例，让 ChatGPT 学习并归纳总结方法模型，可以给出单个复杂案例（比如文章、脚本或方案），也可以是多个简单案例（比如金句集）。

**Prompt：**

请学习以下金句案例，并分类总结几种金句的典型结构和写作技巧：

这是一个最好的时代，也是一个最坏的时代。

爱情是我们的蜜糖，也是我们的毒药。

没有通向真诚的路，真诚本身就是路。

没有什么障碍可以阻挡你，能阻挡你的只有你自己。

多年以后，我不再爱着你，而是成了你。

教育就是当一个人把在学校所学全部忘光之后剩下的东西。

如果你打了半小时牌，仍然不知道谁是菜鸟，那么你就是。

**方法 3：给资料**

除了直接给出方法模型或参考案例，我们也可以给它提供一些未经整理的原始资料，内容来源可以是文章、书籍、课件等，提交形式可以是直接输入文字，也可以是网页、PDF 文档等，通过调用相关插件进行读取。比如访问网页的 WebPilot、阅读 FDF 文件的 AskYourPDF 等。

**Prompt：**

请调用插件读取 [ 具体网址 URL]，学习总结金句创作的方法模型：金句的几种结构及其写作技巧。

**ChatGPT：**

当然可以，以下是金句的结构及其写作技巧的总结：

（1）对立结构：这是 A，同时也是 –A。

技巧：选择两个截然相反的词或概念，将它们放在同一个句子中，形成对比，从而产生冲击力。

例子：时间是我们的蜜糖，也是我们的毒药。

（2）等同结构：不是 A → B，而是 B=A。

技巧：挑选两个看似不相关或对立的概念，通过句子结构将它们联系起来，使之等同，从而产生新的意义。

例子：没有通向成功的路，成功本身就是路。

（3）定义结构：A 就是……

技巧：选择一个常见的概念或词汇，然后给出一个出乎意料或与众不同的定义，从而引发思考和共鸣。

例子：教育就是当一个人把在学校所学全部忘光之后剩下的东西。

这些结构和技巧为我们提供了一种方法，帮助我们创作出有深度、有冲击力的句子，使其更具吸引力和传播力。

通过资料"投喂"，我们发现 ChatGPT 归纳总结的方法模型已经非常专业。那么，接下来我们我就可以基于这个模型开始应用执行了。

**第三步：模型应用：照此执行！**

为了巩固调教成果，我们可以对 ChatGPT 归纳总结的方法模型进行命名，方便之后通过指名的方式调用这个模型。让它照此执行，我们来看看具体的效果。

**Prompt：**

很好，请记住这个金句结构和写作技巧，我们叫它金句 1 号模型，之后，请根据我给出的关键词或短句，发展出金句。

**ChatGPT：**

明白，已记住"金句 1 号模型"。请给出关键词或短句，我会根据金句 1 号模型为您发展出金句。

**Prompt：**

成长。

**ChatGPT：**

使用"金句 1 号模型"为您发展出关于"成长"的金句：

（1）对立结构：成长是疼痛的转化，同时也是快乐的积累。

（2）等同结构：成长不是为了目标，成长的过程本身就是目标。

（3）定义结构：成长就是在每一次跌倒中，找到站起来的力量。

**Prompt：**

教养。

**ChatGPT：**

使用"金句 1 号模型"发展出的金句如下：

（1）对立结构：教养是内心的优雅，同时也是对外界的包容。

（2）等同结构：教养不是为了获得荣耀，教养本身就是一种荣耀。

（3）定义结构：教养就是在喧嚣中保持沉默，在冲突中展现风度。

**Prompt：**

爱情。

**ChatGPT：**

使用"金句 1 号模型"发展出的金句如下：

（1）对立结构：爱情是心灵的甘露，同时也是其深处的刺痛。

（2）等同结构：爱情不是为了获得幸福，爱情的过程就是一种幸福。

（3）定义结构：爱情就是当两颗心不再追求彼此，而是同步跳动。

通过专业方法调教，可以看到 ChatGPT 的内容输出质量明显提高，我们可以根据需要进行筛选和微调。按照这种方式，ChatGPT 就可以根据我们的需求和命题源源不断输出优质内容。

在调教模型的过程中需要不断优化和迭代。根据 ChatGPT 的输出，发现其中的不足，并对最初的提示词进行修改和调试，随着经验的积累和技巧的成熟，我们可以调教出更多更好 ChatGPT 专业角色，帮助我们提高效率，降低成本，优化质量，创新价值。

## 2.4　练模型：私有模型训练

在专业性的基础上，ChatGPT 还可以继续升级，结合企业或个人的私有数据库和知识库，让它成为企业的"私有专家"或者个人的"数字分身"。在这个阶段，我们需要了解私有模型训练的基础知识和必要技能。能够与技术开发团队共同协作，完成大模型的私有化定制、训练和部署工作。

### 2.4.1　什么是私有模型

私有模型是在通用模型的基础上针对垂直的行业领域、具体企业或个体的业务需求进一步训练，以适应特定的应用场景或需求，也就是说私有模型是基于基础模型进行定制的。在 AI 时代，私有模型将会成为企业和个人的新宠。它们不仅能够为企业业务提供赋能，化身企业的数字员工，还能为个人创造全新的数字分身。

### 1. 企业私有专家

企业私有模型可以视为定制化的私有专家。对内可以构建企业的知识体系，通过模拟人脑的学习机制，让企业的知识和经验得到有效的积累和传承。对外赋能用户交互，通过模拟人类的对话模式，提高沟通效率和用户满意度。企业私有模型可以应用于客户服务、产品推荐、内容创作、数据分析等多种场景，帮助企业提高工作效率和创新能力。

### 2. 个人数字分身

对于个人而言，私有模型更像是一个数字分身，每个人都可以拥有一个定制的、个性化的大模型，这个模型可以理解和模拟个人的思维和行为，成为一个真正的 AI 数字分身。比如美国著名网红卡琳·玛乔丽就是一个典型的例子。数字人开发者团队利用她 2000 小时的 YouTube 内容与 OpenAI 的 GPT-4 技术结合，创建了一个可供雇用的"虚拟女友"，每分钟收费 1 美元。除了类似的娱乐互动，个人数字分身还可以应用于很多其他场景，如个人助理、内容创作、在线教育等。

## 2.4.2　为什么要训练私有模型

GPT 的基础模型提供了人人可用的通用知识和基础能力，但在特定的行业领域和业务场景中知识和能力非常有限，因此，我们要基于 GPT 的基础模型训练自己的私有模型，包括企业模型和个人模型。私有模型的价值巨大，主要体现在以下几个方面。

### 1. 数据安全性

私有模型可以在企业内部的安全环境中进行训练和部署，确保敏感数据不会被外部访问或泄露。对于某些行业，如金融、医疗等，数据安全和隐私保护是受到严格法规要求的。私有模型可以帮助企业满足这些法规要求，避免法律风险。

### 2. 服务专属性

私有模型只为特定的对象服务。例如，针对企业的客户服务私有模型，只会推荐企业的自己的产品，而不会推荐竞争对手的产品。

### 3. 性能优越性

私有模型可以在企业自己的硬件上进行训练和部署，这可以确保最佳的性能和响应时间。此外，企业还可以根据需要进行模型的优化和调整。

### 4. 竞争差异性

通过使用私有模型，企业可以获得独特的竞争优势。因为模型是为特定的业务需求定制的，所以它可以为企业提供独特的视角和解决方案，这是通用模型无法提供的。

**5. 成本经济性**

虽然私有模型的初次投资可能较高，但长期来看，它可能更为经济。企业可以避免使用第三方服务产生的持续费用，并且可以更好地控制和管理其数据和资源。

**6. 迭代灵活性**

私有模型为企业提供了更大的灵活性，使其能够根据业务需求进行迭代和优化。这意味着企业可以更快地适应市场变化，持续改进其服务和产品。

## 2.4.3  如何训练

在通用模型的基础上训练私有模型，就是要在保障数据安全与隐私的前提下，利用自己的私有数据和私有知识对基础模型进行定制化训练，并部署到具体的应用场景中。基于 GPT 基础模型进行私有模型训练，目前有两种可用的模式可供选择：一是基于 GPT 模型的微调（Fine-tune），二是使用"API+ 外部数据库"。以下是关于这两种模式的优劣势的分析。

**1. 基于 GPT 模型的微调**

**优点：**

·功能定制化：微调允许开发人员为特定用例创建定制模型，提高模型的准确性和效率。

·数据安全性：OpenAI 承诺微调 API 的数据完全归客户所有，保证了数据的安全性和隐私性。

·减少提示依赖：与仅使用提示工程相比，微调可以减少对提示的依赖，从而更直接地获得所需的输出。

**缺点：**

·成本：微调有一定的成本，包括初始训练成本和使用成本。

·过拟合风险：如果微调数据集不够多样或过于特定，模型可能会过拟合，导致在实际应用中的泛化能力下降。

**2. 使用"API+ 外部数据库"**

**优点：**

·灵活性：可以根据需要随时调整和更新外部数据库，而无须重新微调模型。

·安全性：尽管 OpenAI 承诺，但私有数据库显然更能确保敏感数据的安全性。

·扩展性：可以轻松地添加更多的数据和信息，使模型更加丰富和多样。

**缺点：**

·维护成本：需要持续维护和更新外部数据库。

·操作复杂：需要设计和实现 API 与数据库的交互逻辑。

那么我们该如何进行选择呢？一般来说，对于需要特定、定制化解决方案的企业或个人，建议选择基于 GPT 模型的微调。对于需要更大灵活性和扩展性的应用，建议选择"API+ 外部数据库"。

下面介绍一下这两种模式的具体操作步骤。

**1. 基于 GPT 模型的微调**

（1）准备数据

·收集数据：首先，你需要收集和整理用于微调的数据。这些数据应该是与你的特定用例相关的，并且能够代表你希望模型学习的各种情况和场景。

·数据清洗：清洗和预处理数据，包括去除重复项、修复错误、处理缺失值等，以确保数据的质量和一致性。

·数据格式化：将数据格式化为 OpenAI 平台所接受的格式。

（2）上传文件

·文件格式：确保数据文件符合 OpenAI 的要求，通常是 CSV 或 JSON 格式。

·上传过程：通过 OpenAI 平台的用户界面或 API，将准备好的数据文件上传。

（3）创建微调任务

·设置参数：在 OpenAI 平台上创建微调任务时，你需要设置一系列参数，包括学习率、批次大小等，以控制微调过程。

·启动任务：提交微调任务，OpenAI 平台将开始使用你提供的数据微调模型。

（4）使用微调模型

·测试模型：完成微调后，首先进行测试，以确保模型的性能满足你的要求。

·部署模型：可以选择在 OpenAI 平台上直接使用微调后的模型，或将其部署到你自己的服务器或云环境中。

**2. API+ 外部数据库**

（1）建立数据库

·选择数据库系统：根据你的需求和技术栈，选择合适的数据库系统，如 MySQL、MongoDB 等。

·初始化数据库：安装和配置数据库系统，创建必要的数据库和表。

（2）数据整理与导入

·数据预处理：对收集到的数据进行预处理，包括数据清洗、格式转换等。

·导入数据：使用数据库管理工具或编程接口，将预处理后的数据导入数据库中。

（3）API 集成

·集成 OpenAI API：在你的应用中集成 OpenAI 的 API，以便可以通过 API 调用 GPT 模型。

·数据库交互逻辑：编写和实现与外部数据库交互的逻辑，以便在 API 调用过程中查询和使用数据库中的数据。

（4）持续维护

·数据更新：根据需要持续更新数据库中的数据，以反映最新的信息和知识。

·系统监控：监控数据库和 API 的运行状态，及时发现和解决任何问题。

随着 AI 技术的发展，私有模型训练过程将会变得越来越简单，但真正的挑战在于数据，尤其是私有知识和数据的积累。比如在营销领域，各个媒介平台规则属于行业通用知识，而品牌的定位、形象和语言风格把控则属于企业的私有知识。企业必须持续积累自己的私有知识和数据资产，这是形成竞争差异的关键。而私有知识和数据资产积累有助于更好地训练改进模型，将得到更好的数据产出，从而进一步积累企业独有知识和数据，形成 AI 应用的正向反馈闭环。

## 2.5　加工具：插件与其他 AI 软件

ChatGPT 是迄今为止最强大的生成式 AI 大模型，但它也有自己的局限和边界。为了将其智能潜力发挥到极致，我们需要借助各种工具的加持，从而达到如虎添翼的效果。这不仅包括 GPT 的插件应用，还包括与各种其他 AI 软件的结合。

### 2.5.1　GPT 插件的应用

OpenAI 于 2023 年 5 月 12 日开始上线测试版的插件功能。通过插件可以访问和使用一些特定的服务和资源。ChatGPT 开放联网和插件功能后，意味着它将不再受限于预训练数据中的知识，同时第三方开发者也可以基于 ChatGPT 增强自家应用程序的功能。可以说插件彻底改变了 ChatGPT 的玩法，大大拓展了 ChatGPT 的各种能力。

截至 2023 年 11 月，插件功能的使用权限只针对 Plus 会员开放。会员点击主页左上角 ChatGPT 模型选项，在下拉菜单中会出现一个名为"Plugins"的选项，如图 2-1 所示。

点击这个 Plugins 选项后，选择 Plugin Store（插件商店），就可以看到插件列表，如图 2-2 所示。在这里选择并安装需要的插

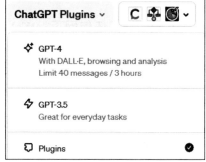

图 2-1　ChatGPT 模型下拉菜单及
Plugins 选项

件。安装之后再次开启一个新对话时，就可以通过勾选的方式调用这些插件（每次最多同时使用 3 个）。

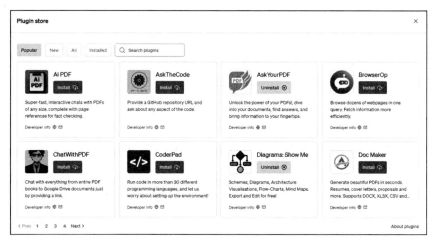

图 2-2　Plugin Store（插件商店）

下面推荐一些我们在营销工作中比较常用的插件。

**1. 搜索插件的插件：PlugFinder**

简单来说，这是一个帮助你找到插件的插件。它允许用户通过关键词或多重查询来查找特定的插件。它返回与查询匹配的插件列表，包括插件的名称、描述和功能，帮助用户快速选择合适的插件。有了这个插件，我们可以开始去探索和发现各种功能强大的插件。为了让大家更好利用这个插件，推荐两条超级好用的提示词：

Prompt1：在 Plugin Store 中有什么插件可以实现 [ 具体功能 ]？

Prompt2：如何运用 [ 具体插件名 ] 完成 [ 具体功能 ]？

有了这两条提示词，你就可以去你想要的各种插件，并迅速掌握具体的操作流程和方法。

**2. 轻松访问任何网页：WebPilot**

这个插件允许用户提供一个或多个 URL，并可选择请求与之交互、提取特定信息或处理 URL 的内容。通过 WebPilot 可以迅速获取互联网上的实时信息，概括指定网页的主要内容，或从指定网站中提取具体信息，以及执行涉及多个步骤的复杂网络搜索任务，从而高效地整合和提供网络上的信息。

**3. 读取 PDF 大文档：AskYourPDF**

AskYourPDF 插件是一个专门用于从 PDF 文档中快速提取信息的工具，它通过接受用户提供的 PDF 的 URL 链接或文档 ID（doc_id）来工作。如果提供了 URL，插件首先验证它是一个正确的 URL。验证 URL 后，插件继续下载 PDF 并将其内容存储在向量数据库中。如果用户提供了 doc_id，插件直接从数据库中检索文档。然后，插件扫描存储的 PDF，找到用户查询的答案或检索特定的细节。

用户可以把一个文档转换成一个 PDF 格式，通过 https：//askyourpdf.com/upload 这个网站上传，生成文件地址的 ID，然后把这个 ID 输入 ChatGPT 请它读取，ChatGPT 就可以调动 AskYourPDF 这个插件，提取这个 PDF 文件中的信息，根据你的提问和要求进行各种处理。

**4. 收集并分析数据：Wolfram**

"Wolfram"插件为用户提供访问 Wolfram Alpha 和 Wolfram Cloud 的能力，支持动态计算和策划数据检索。市场营销人员可利用此插件进行深入的数据分析和处理，以洞察市场趋势和消费者行为。插件能通过自然语言查询快速获取市场、行业和竞争对手的信息。同时，它还提供预测模型构建和运行工具，助力市场动态和销售业绩的预测。其强大的绘图和可视化功能可帮助创建直观的市场分析图表和报告，为市场策略的制定和演示提供支持。

**5. 快速总结视频内容：Video Summary**

Video Summary 插件主要用于从 YouTube 视频中生成摘要。用户只需提供 YouTube 视频的 URL，不用完整观看完视频，ChatGPT 就可以提供有关视频的详细信息。适用于各种类型的视频，包括教育、娱乐、新闻等。

**6. 生成各种图表：Show Me Diagrams**

"Show Me Diagrams"是一个图表创建和渲染插件，支持多种图表类型和语言。图表类型包括流程图、类图、状态图、甘特图、饼图、时间线等。支持语言包括 Mermaid、PlantUML、D2. Nomnoml 等。用户可以通过 ChatGPT 生成相应的图表代码，再由 Show Me Diagrams 生成相应的图表，还可以在线编辑和优化。生成的图表可分享或嵌入其他平台。

除了以上各种第三方插件，我们还可以直接使用 OpenAI 官方开发的插件，下面介绍一下这两个重要官方插件的功能。

### 1. 使用必应浏览：Browse with Bing

用户能够通过 Bing 进行浏览和搜索，它为用户提供了一种直接在聊天界面中访问和交互网络内容的方式。与 WebPilot 类似，"Browse with Bing"也可以通过特定的 URL 直接访问网页，但它更进一步地整合了 Bing 的搜索能力，为用户提供了一种高效、直观的网络浏览体验。通过"Browse with Bing"，用户可以在一个统一的界面中完成搜索、浏览、信息提取和处理等多种网络任务，极大地提高了网络信息检索和处理的效率和便利性。

### 2. 高级数据分析：Advanced Data Analysis

Advanced Data Analysis（高级数据分析），前身为 Code interpreter（代码解释器）。先来看一下官方介绍：一个能够编写和执行 Python 代码，并且能够处理文件上传的 ChatGPT 版本。尝试寻求在数据分析、图像转换或编辑代码文件方面的帮助。

高级数据分析可以说是 GPT 官方推出的一个终极插件（截至 2023 年 10 月，高级数据分析和插件商店是并列的，也就是在选择使用高级数据分析模式时，无法同时使用插件商店的任何插件），我们可以把它理解成 ChatGPT 的一个超级补丁，它的价值就在于弥补 ChatGPT 之前被用户吐槽的各种问题。我们知道 ChatGPT 是一个 LLM（大语言模型），它的第一撒手锏是"文本"，相对而言，数据分析、代码编写、图像转换等功能则相对偏弱，而上传文本的字数限制，还有一本正经胡说八道的"幻觉"问题也经常被用户吐槽。而它的出现，试图一次性解决这些问题。它就像一个超级数据分析师、软件工程师及图像处理专家。

首先，它是一个超级数据分析师，可以清洗混乱数据，并将其转换为清晰精美的可视化图表，还可以把数据集转换为一个完全功能的 HTML 网站。其次，它也是一个图像处理专家，如果你上传图片、PDF 或压缩包，它也可以处理，例如把 PDF 变成图片，它还可以把文字和 Gif 变成 MP4 视频。另外，值得注意的是它支持上传最大 100MB 的 PDF，这个也很大程度上解决了之前最多 32K 的文本字数限制问题。最后，它也是一个超级软件工程师，它之所以有如此强大的功能是因为它里面内置了一个 Python 解释器，可以运行 Python 代码，调用诸多 Python 生态库。

比如：Matplotlib 可以生成各种图表，Qrcode 可以生成二维码，PIL 可以编辑图片，Graphviz 可以生成流程图等。

使用 Python 代码的另一个好处是它还可以避免了 LLM 经常一本正经胡说八道的"幻觉"问题。Python 在运行时，如果发生错误，它会直接报错，再做进一步的调整和修改工作就能获得一个相对准确的结果，这意味着 ChatGPT 可以处理非常复杂的数学推理问题，并且能够更准确地运行指令。

## 2.5.2　其他 AI 软件的结合

在 AIGC 领域，AI 生成的内容包括文字、代码、图像、视频、3D、游戏等多种形式。而这些形式的应用落地需要一定的时间。根据红杉资本预测，下游应用落地节奏为：文字 = 代码 > 图像 > 视频 /3D/ 游戏。目前，随着技术的快速发展，文字和图像等领域已有相对成熟的应用呈现，而视频、3D 和游戏的落地还需要更长的时间。接下来，我们将重点介绍 ChatGPT 与图像生成、平面设计、PPT 制作及视频制作等 AI 软件的结合与应用。

**1. 图像生成：DALL·E 3**

DALL·E 3 是 OpenAI 推出的图像生成类 AI 工具，如图 2-3 所示。DALL·E 3 于 2023 年 10 月正式对 ChatGPT Plus 和企业客户开放使用。在 DALL·E 3 加持下 ChatGPT 开启了多模态输出模式。

图 2-3　OpenAI 官网上的 DALL·E 3 简介

**DALL·E 3 的基本操作：**

用户在 ChatGPT 上选择 DALL·E 3 功能模式之后，只要通过自然语言文本对话的方式，就可以直接提出图片生成需求，操作非常简单。相比其他同类 AI 工具，DALL·E 3 具有以下优势。

（1）不需要复杂的提示词

DALL·E 3 最大的特点和优势要数它与 ChatGPT 集成，原生构建在 ChatGPT

之上。因此它可以通过 ChatGPT 直接生成绘画提示词，这意味着用户不需要学习复杂的"咒语"，只需要对 ChatGPT 说一个简单想法，ChatGPT 就会自动生成扩展后的详细提示词，还可以通过对话的方式提出修改意见。

（2）生成精准画面和文字

DALL·E 3 可以精准地生成质量极高的图片，相比其他的文本生成图像 AI 工具会经常忽略掉某些提示词的情况，DALL·E 3 完全遵循用户提供的文本内容，从背景到人物，甚至是有些模糊的形容词，都能够活灵活现地完美呈现。除此之外，它突破了其他同类 AI 工具无法控制画面文字的问题。截至 2023 年 10 月，DALL·E 3 已经能够根据用户的提示要求，比较准确地在画面中生成指定的英文内容，但对于中文内容还无法做到准确生成。

（3）保持主体形象的一致性

在 ChatGPT 的环境下，DALL·E 3 可以根据对话的上下文，基于同一主体形象生成不同的动作和状态并保持形象和风格的一致性，这意味着它可以轻松生成连续的故事绘本或视频分镜画面。

（4）作品属于用户且可商用

用户使用 DALL·E 3 生成的作品属于用户，不需要 OpenAI 与任何人的授权即可商用，另外，DALL·E 3 会拒绝生成活跃艺术家风格的图像，艺术家本人还可以通过向 OpenAI 平台提交申请，禁止使用自己的作品用于 DALL·E 3 图像生成，这个举措进一步避免了侵权风险。

（注：除了 DALL·E 3，其他同类的 AI 工具还包括 Midjourney、Stable Diffusion、文心一格、触手等。）

**2. 平面设计：Canva**

Canva 是一款支持多平台（网页端、iPhone、iPad 及 Android 端）的在线平面设计工具。Canva 提供丰富的设计模板、版权图片、原创插画。用户可以在选择喜欢的模板之后，通过简单修改即可在几分钟内创建出海报、简历、Banner、名片等各类设计。

（注：除了 Canva，其他同类的 AI 设计工具还包括稿定 AI、懒设计等。）

**Canva 的基本操作：**

第一步：打开 Canva 的官网（https://www.canva.com），注册账号之后即可登录使用。Canva 为中国用户提供了中文官网，如图 2-4 所示，使用起来更加方便。

第二步：根据自己的需求，从"模板素材"入口进入，选择一个需要的设计模板，点击"编辑模板"。

图 2-4　Canva 中国区官网主页

第三步：进入模板编辑页面，可以使用网站提供的编辑功能和素材进行编辑后导出即可。

Canva 提供了很多免费的模板和素材可供使用，如果还想使用更多优质模板和素材，可以升级为会员。

我们可以结合 ChatGPT、DALL · E 3 和 Canva 来生成各种平面广告，步骤如下：

（1）提供背景信息和广告目标，让 ChatGPT 生成广告创意与文案。

（2）根据生成的广告创意，让 DALL · E 3 直接生成创意画面。

（3）根据生成的创意画面和广告文案，使用 Canva 的工具和模板设计平面广告。

**3. 视频制作：Runway**

Runway 是一款功能强大的视频制作 AI 应用，目前已经发布了 Runway-Gen2 版本。只要输入文本即可为你自动生成视频，如果视频中有不需要的物体可以进行移除。它可以将文本转换为图像，或者对现有的图像进行修改和扩展。它还有慢动作视频制作功能，可以使图像动起来。另外，对于需要特定功能的用户，Runway Gen-2 还提供了自定义 AI 训练的选项。

（注：除了 Runway，其他同类的 AI 视频应用还有 Fliki、Make-A-Video、Dreamix、Imagen Video、Pictory、Deepbrain、剪映、腾讯智影等。）

**Runway 的基本操作：**

第一步：打开 Runway 的官网（https://runwayml.com），如图 2-5 所示。注册账号之后即可登录，另外也可以直接使用谷歌或苹果账号登录。

第二步：可以选择 Start with Image（图生视频）或 Start with Text（文生视频）

两种模式。如果已经准备好了图片，可以选择 Image to Video 模式，如图 2-6 所示。

图 2-5　Runway 的官网主页

图 2-6　Runway 的图生视频模式页面

**第三步**：直接上传已经准备好的图片，设置相关要求，如图 2-7 所示。单击"Generate"按钮，即可自动生成相应的动态视频。

图 2-7　Runway 的图生视频模式操作页面

Runway 的 Gen-2 可以免费体验，免费试用额度 105 秒，一次只能生成 4 秒视频，即每个账号可生成 26 个 Gen-2 视频。如果还想生成更多视频，体验去水印，提升分辨率，可以购买会员。

我们可以用 ChatGPT、DALL·E 3 和 Runway Gen-2 相结合的方式进行广告视频制作，具体步骤如下：

（1）根据前期确认的创意方向，要求 ChatGPT 生成细化的分镜脚本。

（2）根据分镜脚本，要求 DALL·E 3 生成多张分镜画面。

（3）把多张分镜视觉图分步投入 Runway Gen-2，生成视频并进行编辑剪辑组合。

**4. PPT 制作：MindShow**

MindShow 是一款出色的视觉呈现工具，专注于创建引人入胜的 PPT。它内置了丰富的模板、图表和设计元素，让用户可以轻松地制作出专业级别的幻灯片。它可以根据你输入的大纲文字，通过强大 AI 人工智能自动为你生成漂亮的 PPT 页面，你只需要关注内容，不需要担心格式。MindShow 是一个国内网站，全中文界面，使用起来更加方便。

（注：除了 MindShow，其他同类的 PPT 制作 AI 应用还包括：TOME、Gamma、MotionGo、闪击 PPT 等。）

**MindShow 的基本操作：**

打开官网 https://www.mindshow.fun/，注册账号之后登录，即可进入"我的文档"页面，如图 2-8 所示，开始进行 PPT 制作。

图 2-8　MindShow 官网"我的文档"页面

截至 2013 年 11 月，升级后的 MindShow 推出了自带的 PPT 文本内容 AI 生成功能。不过考虑到 ChatGPT 在文本内容生成上的强大能力，笔者推荐使用 ChatGPT 和 MindShow 的共同配合来完成 PPT 制作，具体步骤如下：

**第一步**：描述你的 PPT 主题和要求，让 ChatGPT 生成 PPT 内容，并用 MarkDown 格式输出，如图 2-9 所示。

**第二步**：将 ChatGPT 生成的 MarkDown 格式的 PPT 文字内容复制粘贴到 MindShow 的 MarkDown 格式内容导入框，如图 2-10 所示。之后单击"导入创建"按钮。

**第三步**：点击"导入创建"按钮之后即可进入 PPT 编辑页，如图 2-11 所示。

编辑页的左侧可以编辑修改 PPT 文字内容，右侧可以选择和更换各种免费或付费的模板及其他功能。

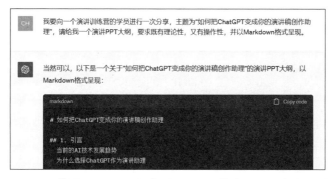

图 2-9　使用 ChatGPT 生成 MarkDown 格式的 PPT 文字内容

图 2-10　MindShow 的 MarkDown 格式内容导入框

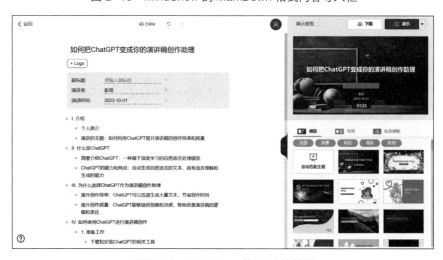

图 2-11　MindShow 的 PPT 编辑页

**第四步**：编辑修改完成之后，单击编辑页右侧顶部"下载"按钮，就可以获得一份高质量的 PPT 了。

# 2.6 本章小结

这一章我们介绍了如何驾驭 ChatGPT 的基本方法。从提示词与 AI 思维开始，逐步深入更高级的使用技巧和策略。

在第 2.1 节"抓核心：提示词与 AI 思维"中，我们了解了提示词的概念和背后的 AI 思维，以及如何运用提示词有效地激活 ChatGPT 的潜能，引导其提供高质量的输出。

在第 2.2 节"派任务：通用提示框架"中，我们介绍了构建通用提示框架的方法，也就是"六要素"通用提示框架，这是一种结构化的提示方法，它能调用 ChatGPT 的庞大知识储备库，就像起用一个无所不知的"通用人才"。通过这种方法，我们可以让 ChatGPT 解决一系列基础和普遍的工作任务，提高输出质量，提升工作效率。

在第 2.3 节"教方法：专业角色调教"中，详细讲述了专业角色调教法的重要性。通过这种方法，ChatGPT 能够迅速学习并掌握垂直专业领域的知识，变身一个领域内的"专业骨干"，大大提升其在特定领域的工作能力。

在第 2.4 节"练模型：私有模型训练"中，我们了解到私有模型训练不仅能进一步提升 ChatGPT 的专业性，还可以通过结合企业或个人的私有数据，定制成一个企业的"私有专家"或个人的"数字分身"。本节内容为读者提供了完成大模型私有化定制、训练和部署工作的必要知识和关键要领。

最后，第 2.5 节"加工具：插件与其他 AI 软件"中，展示了如何将 ChatGPT 与其他 AI 工具和插件相结合，这种跨工具的整合为 ChatGPT 的应用开辟了新的可能性，尤其是在营销领域，这种整合能够为实战应用带来更加丰富和多元的解决方案。

接下来，让我们深入探索 ChatGPT 在营销领域的实战应用技巧。

# 第 3 章

# AI+ 市场分析：
## 发现未来新蓝海

市场分析是揭示市场机会的关键，它帮助我们洞察市场的深层动态和潜在趋势。在这个数据驱动的时代，AI 技术，特别是 ChatGPT，为市场分析提供了强大的支持和无限可能。

本章将详细介绍如何借助 ChatGPT 的力量，进行深入而准确的"AI+市场分析"，从而发现那些隐藏在市场信息中的宝贵机会。我们将一起探索如何设计市场分析框架，收集和分析相关数据，总结和解读分析结果，从而发现市场机会，并制定市场策略。通过本章的学习，你将能够更有效地利用 ChatGPT 进行市场分析，发现未来新蓝海，开辟市场新蓝图。

## 3.1　ChatGPT 如何助力市场分析

市场分析是对特定市场的系统研究，旨在了解市场规模、增长率、趋势、消费者需求以及竞争对手的情况等。它不仅为企业提供了对市场的深入了解，更是为商机发现、品牌定位、产品开发和营销策略提供了关键的数据支持。

但是，传统的市场分析方式面对很多困难。首先，大规模的数据收集和处理经常耗费大量的资源，使得成本居高不下。其次，从数据海洋中筛选出真正有价值的信息是一项艰巨的任务。最后，如何将这些分析成果转化为实战策略，更是考验企业的智慧。而现在，利用 ChatGPT 这样的先进工具，可以在市场分析的各个环节提供强大支持。

**1. 建立分析框架**

·传统方法：营销人员通常依赖自己的知识和经验来建立分析框架，这个过程可能比较主观而缺乏足够的专业性。

·ChatGPT 辅助：ChatGPT 可以快速提供各种市场分析框架，营销人员根据具体需求和目标，建立更科学和客观的分析框架。

**2. 数据收集**

·传统方法：需要投入大量人力和时间，通过各种方式（如问卷、访谈、网络爬虫等）来收集数据。

·ChatGPT 辅助：ChatGPT 可以快速从各种在线资源中收集数据，大大减少数据收集的时间和成本。

**3. 数据分析**

·传统方法：需要使用专业的数据分析工具进行分析，这个过程复杂且耗时。

・ChatGPT 辅助：ChatGPT 可以快速识别数据中的模式和趋势，提供分析观点。

**4. 归纳分析结论**

・传统方法：营销人员需要手动归纳和总结数据分析的结果，比较依赖个人经验和主观判断。

・ChatGPT 辅助：ChatGPT 可以根据数据分析结果，自动归纳和总结关键的市场洞察和发现。

**5. 提出策略建议**

・传统方法：基于归纳的分析结论，企业需要进行多轮讨论和思考来提出策略建议。

・ChatGPT 辅助：ChatGPT 可以根据归纳的分析结论，自动生成具体和实用的策略建议，帮助企业更快地做出决策和采取行动。

接下来，我们用一个具体的案例来进行演示。假设一个初创公司希望进入智能家居市场，应该如何借助 ChatGPT 进行市场分析呢？首先，我们要建立一个分析框架。

# 3.2　建立分析框架

我们可以向 ChatGPT 提供背景信息和分析需求，询问合适的分析框架，并根据这个分析框架设计一段"六要素"通用任务提示词，在此基础上开展后续的市场分析工作。

## 3.2.1　询问分析框架

我们先提供自己的背景信息，并说明分析需求，让 ChatGPT 为我们提供一个可行的市场分析框架。

**Prompt：**

我是一个创业者，准备进入中国的智能家居行业，我希望了解市场概况，识别潜在商机，制定营销策略，请为我提供一个市场分析框架。

**ChatGPT：**

很好，你已经有了一个明确的方向，即进入中国的智能家居市场。根据你的需求，为你提供的市场分析框架如下：

（1）市场概况：了解中国智能家居市场的总体规模，包括产品定义、产品分类、市场总体规模、市场增长率、主要参与者、主要驱动因素和未来发展趋势，这将帮助你了解这个市场的潜力和吸引力。

（2）消费需求：了解中国消费者对智能家居产品的需求和偏好，包括他们最关心的产品特性，购买决策的影响因素，以及他们的购买行为等。这将帮助你了解你的目标客户，并设计满足他们需求的产品。

（3）竞争环境：了解中国智能家居市场的主要竞争者，包括他们的市场份额、产品和服务、定价策略、销售和营销策略，以及他们的优势和弱点。这将帮助你了解市场的竞争态势，并找到区别于竞争者的策略。

（4）商业机会：基于以上的市场概况、消费需求和竞争环境的分析，识别中国智能家居市场的潜在商业机会。这可能包括未被充分满足的消费者需求、新的市场细分，或者新的销售和营销策略等。

（5）营销策略：基于以上的分析，制定你的产品定位、定价策略、销售和营销策略。这将包括你的产品或服务应该具有哪些特性，你应该如何定价，如何推广你的产品或服务，以及如何分配你的资源等。

以上就是你的研究目标。在进行市场分析时，你应该尽量收集和分析相关的数据和信息，以便更准确地了解市场的情况，并做出更好的决策。

我们看到 ChatGPT 提供了一个比较合适的分析框架。接下来，就可以根据这个分析框架，设计一个市场分析的任务提示词。

## 3.2.2 设计任务提示

我们采用"六要素"通用提示框架来设计一段完整的提示词，输入对话框。考虑到市场分析的实际需要，Plus 会员可以提前添加这些插件：可以访问和读取网页的 WebPilot、PDF 文档的 AskYourPDF，可以收集数据并进行分析的 Wolfram。这些插件可以在分析过程中发挥作用。

Prompt：

**角色**：假设你是一位具有丰富经验的市场分析师和营销策划者，拥有对中国智能家居市场进行深度分析的专业知识，同时能够根据分析结果，制定适应市场需求的营销策略。

**背景**：我是一位创业者，正在筹备在中国开展智能家居业务，我需要对市场进行深度研究。

**任务：**请你帮我进行中国智能家居市场的深度分析。

**目标：**根据分析结果识别未来的市场机会，并制定出一套完整的营销策略。

**流程：**通过调用合适的插件访问互联网获取相关信息，信息来源优先选择国家统计局数据、行业研究报告、招股说明书等，根据我设定的步骤，请一步一步思考并输出：

（1）市场总体规模：了解中国智能家居市场的总体规模，包括但不限于产品定义、产品分类、总体规模、增长率、主要驱动因素、主要参与者等。

（2）市场趋势预测：预测中国智能家居市场的发展趋势，包括但不限于技术、产品、价格、渠道等。

（3）用户消费需求：了解中国消费者对智能家居市场产品的需求和偏好，包括消费者最关心的产品特性、购买决策的影响因素，以及消费者购买行为等。

（4）主要竞争对手：了解中国智能家居市场的主要竞争者，包括他们的市场份额、产品和服务、定价策略、销售和营销策略，以及他们的优势和弱点。

（5）商业机会：基于以上的市场概述、消费者行为和竞争环境的分析，识别中国智能家居市场的潜在商业机会。这可能包括未被充分满足的消费者需求、新的市场细分，或者新的销售和营销策略等。

（6）营销策略：基于以上的分析，制定你的产品定位、定价策略、销售和营销策略。这将包括你的产品或服务应该具有哪些特性，你应该如何定价，如何推广你的产品或服务，以及如何分配你的资源等。

**指令：**

·每次只输出一个步骤中的内容，在每一步中，我可能会提出一些问题或者修改意见，请回答我的问题，按照我的修改意见进行修改，在我确认并说"继续"时，再进入下一步。

·为了确保市场分析的准确性和市场策略的创新性，请将温度值设为 0.7。

·如果你明白，请回复"明白"。

## 3.3　收集分析数据

根据我们的提示词的设定，ChatGPT 可以从各种在线资源中收集数据，通过它的算法和模型识别数据中的模式和趋势，并提供具体的分析结论。我们来看它如何一步一步展开数据的收集和分析工作。

### 3.3.1 市场总体规模

在我们输入了前面的提示词之后，ChatGPT 就会给出回应。

**ChatGPT：**

明白，让我们开始吧。

首先，我将通过插件访问互联网，从国家统计报告、行业研究报告、招股说明书等来源获取关于中国智能家居市场的相关信息。接下来，我将按照您提供的步骤进行分析和输出。

关于第一个问题：市场总体规模。我们首先了解中国智能家居市场的总体规模，包括产品定义、产品分类、总体规模、增长率、主要驱动因素、主要参与者等。

为此，我将使用 WebPilot 插件搜索相关的国家统计报告和行业研究报告。

Used WebPilot

根据我从 Statista 网站获取的信息，以下是关于中国智能家居市场的总体规模的一些关键数据和信息：

**产品定义**：智能家居是指通过互联网技术将家居生活与各种智能设备连接起来，实现家居自动化、远程控制和智能互动的系统。

**产品分类：**

（1）智能安全与监控：如智能摄像头、智能门锁等。

（2）智能照明：如智能灯泡、智能开关等。

（3）智能家电：如智能冰箱、智能空调等。

（4）智能健康：如智能体重秤、智能血压计等。

（5）其他：如智能插座、智能窗帘等。

总体规模：据预测，到 2025 年，中国智能家居市场的规模将达到约 5000 亿元人民币。

增长率：中国智能家居市场的年复合增长率预计为 20%。

**主要驱动因素：**

（1）互联网技术的快速发展。

（2）消费者对智能生活的日益增长的需求。

（3）政府对智能家居产业的政策支持。

**主要参与者：**

一些大型的科技公司如小米、华为、阿里巴巴等都在智能家居市场有所布局。

这些数据为我们提供了中国智能家居市场的一个初步概览。接下来，我们将深入研究市场的发展趋势。

您是否有关于这部分的任何问题或需要更深入的解释？

我们看到ChatGPT调用了WebPilot插件访问互联网，并根据提示词中设定的要求，优先从国家统计报告、行业研究报告、招股说明书等来源获取信息，提供了第一步市场总体规模的分析，基本符合预期，可以继续下一步。

## 3.3.2 市场趋势预测

根据前面的提示词的设定，我们只要输入"继续"，ChatGPT就会继续回答下一个问题。为了避免出现偏差，我们也可以复述一遍原来的问题。

**Prompt：**

继续。

市场趋势预测：预测中国智能家居市场的发展趋势，包括但不限于技术、产品、价格、渠道等。

**ChatGPT：**

关于中国智能家居市场的发展趋势，我从多个来源进行了综合分析，以下是主要的预测趋势：

**1. 技术趋势**

·AI与IoT的融合：随着人工智能技术的进步，智能家居设备将更加智能化，能够更好地理解和预测用户的需求。例如，通过AI技术，智能音响可以更准确地识别用户的语音指令，智能冰箱可以根据用户的饮食习惯推荐食谱等。

·5G技术的推广：5G技术的普及将极大地提高智能家居设备的连接速度和稳定性，使得设备之间的数据传输更加迅速和稳定。

**2. 产品趋势**

·多功能化：未来的智能家居产品将不再仅仅满足基本的功能需求，而是融合多种功能。

·例如，智能灯泡不仅可以调节亮度和颜色，还可以播放音乐、检测室内空气质量等。

·个性化定制：随着消费者对个性化需求的增加，智能家居产品将提供更多的定制化服务，如特定的外观设计、功能组合等。

### 3. 价格趋势

·价格逐渐亲民：随着技术的进步和规模化生产，智能家居产品的成本将逐渐降低，价格也将更加亲民。

·高端市场竞争加剧：对于高端市场，品牌将更加注重产品的品质、设计和服务，价格可能会有所上涨。

### 4. 渠道趋势

·线上销售持续增长：随着电商平台的发展，越来越多的消费者选择在线购买智能家居产品。

·线下体验店的兴起：为了让消费者更直观地了解和体验产品，一些品牌可能会开设线下体验店。

综上所述，中国智能家居市场在未来仍然有很大的增长空间，技术的进步和消费者需求的变化将是市场发展的主要驱动力。对于创业者来说，抓住技术和消费者需求的变化，提供高质量和个性化的产品和服务，将是获得市场竞争优势的关键。

ChatGPT 根据要求从技术、产品、价格、渠道几个角度提供了趋势预测，我们可以根据分析需要继续深挖。例如可以要求它对技术趋势进行更深入的分析。

**Prompt：**

在技术趋势中，请进一步分析以 ChatGPT 为代表的 AIGC 技术发展对于智能家居的影响？

**ChatGPT：**

当然可以。AIGC（Artificial Intelligence General Chatbot）技术，以 ChatGPT 为代表，是近年来 AI 领域的一大进展。这种技术在智能家居领域的应用和影响可以从以下几个方面进行分析：

### 1. 增强的用户交互体验

·语音助手的升级：AIGC 技术可以使智能家居设备更好地理解用户的指令，提供更自然的交互体验。例如，用户可以与智能音响进行更复杂的对话，而不仅仅是简单的指令。

·个性化推荐：基于用户与设备的互动，AIGC 可以更准确地了解用户的喜好和需求，从而提供更个性化的服务和建议，如音乐、新闻、食谱等。

**2. 设备间的智能协同工作**

通过 AIGC 技术，不同的智能家居设备可以更好地协同工作。例如，当用户告诉智能音响他们想看电影，智能灯泡可以自动调暗灯光，智能窗帘可以自动拉下，为用户创造一个舒适的观影环境。

**3. 安全性和隐私保护**

AIGC 技术可以帮助智能家居设备更好地识别和防范潜在的安全威胁。例如，智能摄像头可以通过 AI 技术识别异常行为，并及时通知用户。

同时，随着技术的发展，对用户隐私的保护也将得到加强。例如，设备可以在本地处理和存储数据，而不是上传到云端，从而减少数据泄露的风险。

**4. 设备的自我学习和优化**

AIGC 技术使得智能家居设备可以根据用户的使用习惯和反馈进行自我学习和优化。例如，智能空调可以根据用户的喜好自动调整温度，智能音响可以根据用户的听歌习惯推荐音乐。

综上所述，AIGC 技术将极大地推动智能家居市场的发展，为用户提供更加智能、便捷和安全的生活体验。对于创业者来说，抓住这一技术趋势，结合自己的产品和服务，将是获得市场竞争优势的关键。

我们看到 ChatGPT 的回答已经非常详细，符合我们的预期，可以继续下一步。

## 3.3.3　消费需求分析

根据我们前面的提示词的设定，只要输入"继续"，ChatGPT 就会继续回答下一个问题。为了避免出现偏差，也可以复述一遍原来的问题。

**Prompt：**

继续。

用户消费需求：了解中国消费者对智能家居市场产品的需求和偏好，包括消费者最关心的产品特性、购买决策的影响因素，以及消费者购买行为等。

**ChatGPT：**

很抱歉，我没有找到关于中国消费者对智能家居市场产品的需求和偏好的具体数据。但我可以根据我之前的知识为您提供一些概括性的信息：

**1. 产品特性**

·智能化：消费者越来越期望家居产品具有智能化功能，如远程控制、语音控制和自动化设置。

·安全性：随着对隐私和数据安全的关注增加，消费者更加重视智能家居产品的安全性。

·互联性：产品之间的互联性是消费者的一个重要需求，他们希望不同品牌和类型的设备能够无缝集成。

**2. 购买决策的影响因素**

·价格：尽管消费者愿意为高质量的产品支付更高的价格，但价格仍然是一个重要的考虑因素。

·品牌信誉：知名品牌往往更受消费者的信赖，因为它们通常提供更好的产品质量和客户服务。

·用户评价：消费者在购买前往往会查看其他用户的评价，以了解产品的性能和可靠性。

**3. 消费者购买行为**

·线上购买：随着电商的发展，越来越多的消费者选择在线购买智能家居产品。

·体验购买：尽管线上购买很受欢迎，但许多消费者仍然喜欢在实体店体验产品后再做购买决策。

这些信息是基于笔者之前的知识，如果您需要更具体或最新的数据，则建议查找专门的市场研究报告或进行消费者调查。

在调用插件的情况下，ChatGPT 还是无法从网上搜索到关于智能家居市场产品的需求和偏好的具体数据，原因在于很多重要数据并未公开，而是需要一定的权限或费用，这是目前 ChatGPT 在数据搜索上存在的局限性。但是它还是根据之前的知识提供了一些概括性信息，具备一定的可参考性。如果我们希望进一步挖掘有用信息和观点，还可以继续追问。

**Prompt:**

请分析：消费者购买智能家居产品存在的顾虑和障碍有哪些？

ChatGPT：

对于消费者在购买智能家居产品时的顾虑和障碍，以下是一些常见的考虑因素：

（1）安全性和隐私问题：智能家居设备通常需要连接到互联网，这可能会引发关于数据泄露和隐私侵犯的担忧。消费者可能会担心他们的个人信息、家庭习惯或其他敏感数据被不当使用或被黑客攻击。

（2）技术复杂性：对于不熟悉技术的消费者来说，设置和管理智能家居设备可能会感到困难。这可能会导致他们对购买这些设备产生犹豫。

（3）兼容性问题：不是所有的智能家居设备都能与其他设备完美兼容。消费者可能会担心他们购买的设备不能与他们现有的系统或其他新设备协同工作。

（4）价格：尽管智能家居设备的价格正在逐渐降低，但它们目前仍然可能比传统家居设备贵。对于预算有限的消费者来说，这可能是一个重要的考虑因素。

（5）设备的持久性和质量：由于智能家居市场相对较新，消费者可能会对某些品牌或产品的质量和耐用性持怀疑态度。

（6）依赖性问题：依赖于智能家居设备可能会导致在设备故障或互联网连接中断时家庭功能受到影响。

（7）更新和维护：智能设备可能需要定期的软件更新，这可能会导致设备的暂时停机或功能受到限制。

（8）环境和健康担忧：一些消费者可能会对智能家居设备的辐射或其他潜在的健康风险表示关切。

为了克服这些障碍，制造商和零售商需要提供更多的教育和培训资源，确保他们的产品是安全、可靠和易于使用的，并提供优质的客户支持。

ChatGPT 提供的回答已经非常详细，我们可以继续进入下一步。

## 3.3.4　竞争对手扫描

根据前面的提示词的设定，我们只要输入"继续"，ChatGPT 就会继续回答下一个问题。为了避免出现偏差，也可以复述一遍原来的问题。

Prompt：

继续。

主要竞争对手：了解中国智能家居市场的主要竞争者，包括他们的市场份额、产品和服务、定价策略、销售和营销策略，以及他们的优势和弱点。这将帮助你了解市场的竞争态势，并找到区别于竞争者的策略。

**ChatGPT：**

当然，我们继续进行下一个问题的分析：

很抱歉，我没有找到关于中国智能家居市场的主要竞争者的详细信息。但根据我之前的知识，可以为您提供一些关于中国智能家居市场的主要竞争者的概述。

（1）小米：小米是中国智能家居市场的领军企业之一，拥有一系列的智能家居产品，如智能灯泡、智能插座、智能摄像头等。小米的优势在于其生态系统的完整性和价格亲民。

（2）华为：华为也在智能家居市场有所布局，推出了一系列与其手机、平板和其他设备相互兼容的智能家居产品。

（3）阿里巴巴：通过其子公司天猫智能，阿里巴巴在智能家居市场也有所作为，提供了一系列的智能家居解决方案。

（4）京东：京东通过其子公司京东智能，也在智能家居市场进行了布局，提供了一系列的智能家居产品和解决方案。

（5）其他品牌：除了上述的几个大品牌外，还有很多其他的品牌和创业公司在智能家居市场进行了布局，如海尔、格力、美的等。

这些竞争者在市场上各有其优势和策略，例如小米和华为主要依靠其硬件产品的生态系统，而阿里巴巴和京东则依靠其强大的线上销售渠道。对于创业者来说，了解这些竞争者的策略和优势，可以帮助您更好地定位自己的产品和服务，找到市场上的空白点。

如果您需要更详细的信息，则建议您查阅相关的行业研究报告或咨询专业的市场研究机构。

在调用插件的情况下 ChatGPT 还是没有从网上搜索到几个竞争对手的具体数据，它根据自己之前的知识提供了一些概述。在这种情况下，我们需要对它提供的信息进行核实，避免 ChatGPT 存在的"幻觉"问题，也就是可能和事实不符。如果有关于竞争对手的调研报告，可以将它转换成一个 PDF 格式的文档，通过"https://askyourpdf.com/upload"这个网站上传，生成文件地址的 ID，然后把这个 ID 输入 ChatGPT 请它读取，并提出相关问题，ChatGPT 就可以调动 AskYourPDF 这个插件，提取这个 PDF 文件中的信息，根据你的问题进行分析和归纳。

如果核实过 ChatGPT 提供的信息没有问题，我们可以继续要求它用表格的方式进行整理，还可以进一步补充相关信息。

## Prompt：

请对以上几个企业分别进行分析，包括产品和服务、定价策略、销售和营销策略，以及它们的优势和弱点。以表格形式呈现。

## ChatGPT：

当然可以，表 3–1 是对中国智能家居市场中几个主要竞争者的分析。

表 3–1　中国智能家居市场主要竞争者分析

| 企业 | 产品和服务 | 定价策略 | 销售和营销策略 | 优势 | 弱点 |
|---|---|---|---|---|---|
| 小米 | 智能灯泡、智能插座、智能摄像头、智能家居套件等 | 亲民、性价比高 | 线上商城、线下体验店、与其他小米产品的捆绑销售 | 完整的生态系统、价格亲民、品牌知名度高 | 产品线繁多，部分产品可能存在品质问题 |
| 华为 | 智能音响、智能屏、智能摄像头等 | 中高端定价 | 华为商城、线下专卖店、与华为手机等设备的捆绑销售 | 技术先进、与华为其他设备高度集成、品牌效应好 | 价格相对较高，市场渗透率相对较低 |
| 阿里巴巴（天猫智能） | 智能音响、智能家居控制中心、智能门锁等 | 不同产品线有不同的定价策略，从亲民到高端都有 | 主要通过天猫、淘宝等电商平台销售，大量的营销活动和广告投放 | 强大的线上销售渠道、与阿里生态高度集成 | 依赖电商平台，线下渠道较弱 |
| 京东（京东智能） | 智能插座、智能摄像头、智能门锁等 | 中端定价，性价比为主 | 主要通过京东商城销售，与其他京东自营产品的捆绑销售 | 强大的电商背景、快速的物流服务 | 品牌知名度相对较低，产品差异化不足 |

这只是一个简要的分析，每个企业的策略和市场表现都是多变的，需要定期进行市场调研和分析来获取最新的信息。希望这个表格能为您提供一个初步的了解。

# 3.4　归纳分析结论

如果数据的收集和分析已经比较充分，可以进一步要求 ChatGPT 根据数据分析的结果，自动归纳和总结关键的市场洞察，识别潜在的商业机会，提供可行的创业方向。

### 3.4.1 识别潜在的商业机会

根据前面提示词的设定，只要输入"继续"，ChatGPT 就会继续回答下一个问题。为了避免出现偏差，也可以复述一遍原来的问题。

**Prompt：**

继续。

商业机会：基于以上的市场概述，消费者行为和竞争环境的分析，识别中国智能家居市场的潜在商业机会。这可能包括未被充分满足的消费者需求、新的市场细分，或者新的销售和营销策略等。

**ChatGPT：**

基于对中国智能家居市场的深入了解，以下是一些潜在的商业机会：

**1. 未被充分满足的消费者需求**

·高度集成的智能家居解决方案：尽管市场上有许多智能家居产品，但提供一个完整、高度集成的解决方案的公司仍然很少。为消费者提供一个一站式的解决方案，可以简化他们的购买决策和使用体验。

·数据安全和隐私保护：随着对数据安全和隐私的关注增加，提供更安全、更有隐私保护的智能家居产品将是一个巨大的机会。

**2. 新的市场细分**

·针对老年人的智能家居产品：随着中国老龄化的加速，为老年人提供的智能家居产品将是一个巨大的市场。这些产品可以包括健康监测、紧急呼叫和家庭安全等功能。

·可持续的智能家居产品：随着消费者对环境保护的关注增加，提供节能和环保的智能家居产品将是一个有吸引力的市场细分。

**3. 新的销售和营销策略**

·体验中心：尽管线上销售是主流，但为消费者提供一个线下体验中心，让他们可以亲自体验和了解产品，将是一个有效的营销策略。

·他品牌的合作：通过与其他品牌合作，如家具品牌、装修公司等，可以为消费者提供更完整的家居解决方案，并扩大市场份额。

**4. 技术创新**

·和大数据的应用：通过 AI 和大数据技术，可以为消费者提供更个性化的服务和建议，提高用户满意度和忠诚度。

·连接技术：随着 5G 和 IoT 技术的发展，开发使用这些新技术的智能家居产品将是一个巨大的机会。

总之，中国智能家居市场仍然有很大的增长空间和潜在机会。对于创业者来说，关键是找到市场上的空白点，提供与众不同的产品和服务，满足消费者的真正需求。

## 3.4.2　提供可行的创业方向

ChatGPT 已经提供了关于商业机会的分析，在此基础上我们可以进一步要求它给出具体的创业方向。

### Prompt：

请根据以上商业机会，进行合理的组合，提出 3 ～ 5 个可行的创业方向，每个方向的说明包括细分市场、目标人群、产品需求、技术创新。

### ChatGPT：

当然可以，以下是基于上述商业机会的几个可行的创业方向：

**1. 老年人智能健康家居**

·细分市场：老年人健康管理和家居安全。

·目标人群：60 岁以上的老年人及其家庭。

·产品需求：健康监测设备（如心率、血压监测）、紧急呼叫系统、家居安全设备（如防摔传感器、夜间照明）。

·技术创新：AI 健康数据分析，预测潜在健康问题并提前警告；IoT 技术实现设备间的无缝连接。

**2. 绿色智能家居解决方案**

·细分市场：环保和节能的智能家居。

·目标人群：环保意识强烈的家庭和年轻消费者。

·产品需求：节能智能灯泡、智能温控系统、空气质量监测和净化设备。

·技术创新：使用 AI 技术进行能源管理和优化，自动调整家居设备的工作状态以节省能源。

### 3. 智能家居体验中心与装修一体化服务

· 细分市场：家居装修与智能家居集成服务。

· 目标人群：即将或正在进行家居装修的家庭。

· 产品需求：提供从家居设计、装修到智能家居产品选择和安装的一站式服务。

· 技术创新：使用 AR/VR 技术为消费者提供虚拟家居体验，帮助他们更好地选择和布局智能家居产品。

### 4. 个性化智能家居定制服务

· 细分市场：高端个性化智能家居市场。

· 目标人群：高收入家庭和对家居有特殊需求的消费者。

· 产品需求：根据消费者的具体需求和喜好，提供定制化的智能家居解决方案。

· 技术创新：使用 AI 技术分析消费者的生活习惯和偏好，为他们提供更个性化的产品推荐和服务。

这些创业方向都有很大的市场潜力，但也需要进行深入的市场调研和技术研发，确保产品和服务真正满足消费者的需求。希望这些建议能为您提供一些启示。

ChatGPT 根据我们的要求提供了几个创业方向建议。如果我们还不满意，可以要求它重新提供，也可以直接点击刷新回应（Regenerate Response），不过记得把前面已经提供的答案复制保存到本地文档以备后用。如果对其中某个方向感兴趣，则可以进入下一步。

# 3.5   提出策略建议

ChatGPT 可以根据前面提出的方向，进一步提供更加具体和实用的策略建议，帮助我们更快地做出决策并采取行动。

## 3.5.1   提供营销策略

从 ChatGPT 提供的创业方向中，选择出一个合适的，让它继续回答下一个问题，即提供具体的营销策略建议。

Prompt：

以方向 1 为例，继续。

营销策略：制定产品定位、定价策略、销售和营销策略。这将包括你的产品或服务应该具有哪些特性，你应该如何定价，你应该如何推广你的产品或服务，以及你应该如何分配你的资源等。

## ChatGPT：

针对方向 1——老年人智能健康家居，以下是相关的营销策略：

### 1. 产品定位

关键词：安全、健康、便利、关爱

特性：

· 设备简单易用，界面清晰，操作无障碍。

· 实时健康监测与预警功能，如心率、血压异常提醒。

· 紧急呼叫系统，一键呼叫家人或医疗机构。

· 家居安全设备，如夜间照明、防摔传感器等。

### 2. 定价策略

· 成本加成法，确保产品质量的同时，考虑到老年人的消费能力，定价适中。

· 套餐服务，如基础健康监测套餐、高级家居安全套餐等，满足不同需求。

### 3. 销售策略

· 线上：官方网站、电商平台（如天猫、京东）。

· 线下：合作医疗机构、老年人社区、养老院等，设立销售点或体验中心。

· 合作伙伴：与健康保险公司、医疗机构等进行合作，提供套餐服务。

### 4. 营销策略

· 教育营销：组织线上线下讲座，教育老年人及其家庭如何使用智能家居提高生活质量。口碑营销：鼓励满意的用户分享他们的使用体验，为他们提供优惠或礼品。

· 社交媒体营销：在微信、微博等平台上发布相关内容，吸引关注。

· 合作营销：与老年人关心的其他品牌或服务（如健康食品、养老服务等）进行合作推广。

### 5. 资源分配

· 研发：投入资源开发更加人性化、更加贴合老年人需求的产品。

· 市场调研：定期进行市场调研，了解老年人的真实需求和反馈。

· 销售与服务：培训销售和客服团队，确保他们能够提供专业、贴心的服务。

· 营销与推广：根据营销策略，合理分配广告预算，确保每一分钱都花在刀刃上。

这只是一个初步的营销策略，具体实施时还需要根据市场反馈进行调整和优化。希望这些建议能为您提供一些启示。

### 3.5.2 制作报告 PPT

ChatGPT 根据我们的要求提供了具体的市场进入营销策略。如果我们对它给出的内容比较满意，最后可以让它生成 PPT 提纲，并以 MarkDown 格式输出，我们可以把市场分析的内容成果制作成一份 PPT（具体操作可以参见本书"2.6.2 其他 AI 软件的结合"中关于 PPT 制作的内容）。

Prompt：

我需要根据以上关于智能家居的市场分析，制作一份 PPT，请拟订一个提纲，以 MarkDown 格式输出。

ChatGPT：

当然可以，以下是一份关于智能家居市场分析的 PPT 提纲，使用 MarkDown 格式：

（具体内容略）

这只是一个基本的提纲，您可以根据实际需要进行调整和补充。希望对您有所帮助！

至此，我们通过一个具体案例，演示了如何使用 ChatGPT 辅助市场分析的全过程。

## 3.6 本 章 小 结

市场分析是企业制定战略的基础，包括确定分析框架、数据收集、数据分析和策略制定等关键步骤。而 ChatGPT，可以在所有这些步骤中提供有力的支持。

**1. ChatGPT 已经具备的能力**

（1）数据收集与整理：ChatGPT 能从网络上快速收集并整理市场相关的数据和信息，为市场分析提供数据支持。

（2）文档处理：ChatGPT 可以帮助您处理和分析大量的市场相关文档和报告，提取有用的信息。

（3）市场趋势预测：通过分析历史和当前数据，ChatGPT 能识别并预测市场的趋势和动态。

（4）消费需求分析：通过对市场信息和报告的搜集，提供有关消费需求的分析观点。

（5）竞争对手分析：搜集有关竞争对手的信息，帮助企业了解竞争环境和制定策略。

（6）提供策略建议：根据分析结论提供策略建议，推动企业更快决策和采取行动。

**2. 目前还存在的不足**

（1）数据来源有限：在无定制开发的情况下，ChatGPT 只能收集网络上的公开数据。

（2）数据准确性：虽能收集和整理数据，但数据的准确性和可靠性需要进一步验证。

（3）分析深度：ChatGPT 的市场分析可能相对表面，需要人工进行更深入的分析和解读。

**3. 需要注意的问题**

（1）提供更多数据：除了直接搜索网络数据，可以提供更多可靠数据让 ChatGPT 分析。

（2）进行数据验证：在使用 ChatGPT 收集数据时，需要进行准确性和可靠性的验证。

（3）结合人工分析：将 ChatGPT 的分析结果与人工分析相结合，以获得更深刻的市场见解。

**4. 未来发展的趋势**

（1）自动化实时数据收集：通过更先进的技术，ChatGPT 将实现自动化实时市场数据收集与整合，提供实时的市场信息和数据更新，帮助企业及时了解市场动态。

（2）插件和工具全面集成：集成更多高级市场分析工具和插件，为企业提供更全面的市场分析服务。

（3）策略制定的精准性：利用深度学习和其他 AI 技术，将为企业提供更加精准和实用的市场策略建议。

ChatGPT 已经在市场分析方面展现出强大的能力和广阔的潜力。通过不断的优化和升级，它将成为企业市场分析的重要助手，帮助企业更深入了解和把握市场，为商机发现、品牌定位、产品开发和营销策略提供有力支持。

## 第 4 章

# AI+ 用户洞察：
## 走进消费者的心

深刻理解消费者的需求和行为是营销成功的基石。在这个信息爆炸的时代，我们需要更精准的工具和方法来洞察消费者的心理。

本章将专注于利用 ChatGPT 进行"AI+ 用户洞察"，可以更深入地了解消费者。我们将一起探讨如何构建有效的用户洞察任务框架，运用 ChatGPT 进行线上数据抓取和线下用户调研，以及如何从这些数据中提炼出有价值的用户洞察。通过本章的学习，将掌握利用 ChatGPT 进行用户洞察的方法和技巧，从而更好地理解消费者，为其营销策略提供坚实的基础。

# 4.1 ChatGPT 如何助力用户洞察

用户洞察不是对用户行为的简单观察，而是深入挖掘用户的需求、动机、情感和痛点。精准的洞察能够帮助我们做出更有效的营销决策，提升产品或服务的吸引力，从而更好地满足用户需求，实现市场目标。

然而，获取有效的用户洞察并不是一件容易的事情。传统的用户洞察研究方法需要我们投入大量的时间和精力，包括进行用户调研、数据收集、分析和报告编写等。这些工作不仅耗时耗力，而且需要处理和解析大量的用户数据。而现在，利用 ChatGPT 这样的先进工具，可以帮助我们更高效、有针对性地进行用户洞察。

在用户洞察的各个环节，ChatGPT 都可以发挥重要作用：

**1. 线下用户调研**

·传统方法：需要组织线下调研团队，通过问卷、访谈等方式收集用户数据，这个过程可能耗时且成本高。

·ChatGPT 辅助：ChatGPT 可以基于自己的基础知识和通用能力，在问卷调查、用户访谈等各个环节提供专业指导和支持，提高工作效率，降低人力成本。

**2. 线上数据抓取**

·传统方法：通常需要手动收集社交媒体、电商平台上的用户数据。

·ChatGPT 辅助：ChatGPT 可以快速从各种在线平台上抓取丰富的用户数据并提供分析。

**3. 洞察成果提炼**

·传统方法：企业需要手动分析和提炼用户数据，得出用户洞察，这个过程可能依赖个人经验和主观判断。

·ChatGPT 辅助：ChatGPT 可以对基础数据进行快速分析、准确提炼，为企业提供清晰和准确的用户洞察。

**4. 应用策略建议**

·传统方法：企业需要根据用户洞察进行多轮讨论和思考，来确定如何将洞察应用于产品开发和市场营销。

·ChatGPT 辅助：ChatGPT 可以根据用户洞察报告，自动生成具体和实用的策略建议，帮助企业更快地做出决策并采取行动。

接下来，我们通过一个具体的案例来进行演示如何借助 ChatGPT 进行用户洞察。比如一个汉服领域的创业者希望获得汉服品类的用户画像和需求洞察。第一步，我们要建立一个任务框架。

# 4.2　线下用户调研

ChatGPT 可以基于自己的基础知识和通用能力，在问卷调查、用户访谈等各个环节提供专业指导和支持，帮助调研团队提高工作效率，降低人力成本。

## 4.2.1　建立任务框架

根据线下用户调研的基本流程，我们先设计一段完整的"六要素"通用提示词，让 ChatGPT 在线下用户调研各个环节，为我们提供专业辅助。

Prompt：

**角色**：假设你是一个用户洞察专家，擅长使用各种专业的用户洞察方法。

**背景**：我是一个专注于汉服领域的创业者。

**任务**：通过问卷调查、用户访谈、焦点小组等方式，直接向用户了解他们对汉服的看法和需求。

**目标**：洞察用户对于汉服的产品需求和情感需求，并形成完整的用户画像和洞察报告。

**流程**：请通过以下问题清单一步一步思考，并指导我完成数据收集、分析和洞察的全过程。

（1）什么是问卷调查？如何通过问卷调查进行汉服的用户洞察，具体的步骤是什么？

（2）根据我们的背景需求，拟订一份可行的问卷调查执行计划和调查问卷表。

（3）什么是用户访谈？如何通过用户访谈进行汉服的用户洞察，具体的步骤是什么？

（4）根据我们的背景需求，拟订一份可行的用户访谈执行计划和访谈问题表。

**指令：**

·请按照问题清单的顺序，每次只输出一个问题的答案。

·每一个问题的结尾增加一条关于"在这个过程中 ChatGPT 可以协助的工作"的说明。

·针对你给出的答案我可能会提出疑问，请对我的疑问进行详细解答，直到我说"继续"时，再继续回答下一个问题。

·考虑到我是一个 IT 小白，请使用外行也能听懂的语言进行讲解，对于过于深奥的专业术语进行必要的解释说明。

·为了获取更准确和具有深度的洞察，设置温度值为 0.6。

·如果你明白我意思，请回复"明白"。

**ChatGPT：**

明白，让我们开始吧！

## 4.2.2　问卷调查

我们来问 ChatGPT：什么是问卷调查？如何通过问卷调查进行汉服的用户洞察？具体的步骤是什么？

**Prompt：**

从第一个问题开始。

**ChatGPT：**

**什么是问卷调查？**

问卷调查是一种通过设计一系列问题，收集目标受众的意见、态度、行为、需求等信息的研究方法。它可以是纸质的，也可以是电子的，如在线问卷。

**进行汉服的用户洞察的问卷调查步骤如下：**

（1）确定研究目的：明确你想要了解的内容，例如用户对汉服的认知、购买意愿、使用场景等。

（2）设计问卷：根据研究目的，设计相关问题。问题应该简洁、明确，避免引导性问题。

（3）选择样本：确定你的目标受众，例如对汉服感兴趣的年轻人、已经购买过汉服的消费者等。

（4）分发问卷：可以选择线上平台如问卷星、腾讯问卷等进行分发，或者在汉服相关的活动、社群中进行分发。

（5）收集数据：在设定的时间内，收集用户的回复。

（6）数据分析：对收集到的数据进行整理和分析，找出用户的需求、痛点、偏好等。

（7）形成报告：将分析结果整理成报告，为后续的产品设计、营销策略提供参考。

在这个过程中 ChatGPT 可以协助的工作：

· 帮助设计问卷问题。

· 提供数据分析建议。

· 协助整理和撰写报告。

请问您对此有什么疑问吗？

**Prompt：**

继续。

**ChatGPT：**

根据我们的背景需求，拟订一份可行的问卷调查执行计划和调查问卷表。

**问卷调查执行计划：**

（1）目的：了解目标用户对汉服的认知、购买意愿、使用场景和情感需求。

（2）目标受众：18 ～ 35 岁的年轻人，尤其是对文化和时尚感兴趣的群体。

（3）问卷形式：在线问卷。

（4）分发渠道：社交媒体、汉服相关社群、大学校园等。

（5）时间：调查期为两周。

（6）奖励机制：参与问卷的用户有机会获得汉服折扣券或小礼品。

**调查问卷表：**

（1）基本信息：

· 性别：男 / 女 / 其他

·年龄：18 ～ 24 岁 /25 ～ 30 岁 /31 ～ 35 岁 / 其他

·职业：学生 / 上班族 / 自由职业者 / 其他

（2）你之前是否购买过汉服？是 / 否

（3）你对汉服的了解程度是？非常了解 / 比较了解 / 一般 / 不太了解 / 完全不了解

（4）你购买汉服的主要原因是什么？（多选）

·对汉文化的喜爱

·时尚潮流

·参加特定活动或节日

·朋友推荐

·其他（请说明）

（5）你希望汉服有哪些改进或特点？（多选）

·更多的款式选择

·更加舒适的材质

·更合理的价格

·更多的配饰选择

·其他（请说明）

（6）请描述一下你理想中的汉服形象或场景。

（7）对于汉服，你有什么其他的建议或意见？

**在这个过程中 ChatGPT 可以协助的工作：**

·根据收集到的数据，进行初步的数据分析和可视化。

·提供对问卷设计的建议和优化。

请问您对此有什么疑问吗？

ChatGPT 根据我们的要求，不仅回答了："什么是问卷调查？""如何通过问卷调查进行汉服的用户洞察？""具体的步骤是什么？"还直接为我们拟订了一份可行的问卷调查执行计划和调查问卷表，可以说已经相当专业。我们继续下一步。

### 4.2.3　用户访谈

我们来继续问问 ChatGPT 什么是用户访谈？如何通过用户访谈进行汉服的用户洞察，具体的步骤是什么？根据前面的提示词设定，只要输入"继续"，ChatGPT 就会继续往下回答。

**Prompt：**

继续。

**ChatGPT：**

**什么是用户访谈？**

用户访谈是一种定性研究方法，通过与目标用户进行一对一的深入交谈，了解他们的需求、痛点、想法和感受。与问卷调查不同，用户访谈更加深入和个性化，可以获得更丰富和细致的信息。

**进行汉服的用户访谈的步骤如下：**

（1）确定目的：明确你想要从访谈中得到的信息，例如用户对汉服的情感连接、购买和使用的经验等。

（2）选择受访者：基于你的研究目的，选择合适的受访者。例如，你可能想要访谈已经购买过汉服的用户，或者对汉服感兴趣但还没有购买的用户。

（3）设计访谈指南：列出你想要讨论的主题和问题，但保持灵活性，根据受访者的回答进行调整。

（4）进行访谈：选择一个安静、舒适的地方进行访谈，确保受访者可以放松并开放地分享他们的想法。

（5）记录和整理：在访谈过程中进行记录，之后整理关键信息和观察。

（6）分析和总结：基于所有访谈的结果，找出共同点和差异，形成用户洞察。

**在这个过程中 ChatGPT 可以协助的工作：**

· 帮助设计访谈指南和问题。

· 提供对访谈结果的分析建议。

· 协助整理和撰写访谈总结。

请问您对此有什么疑问吗？

**Prompt：**

继续。

**ChatGPT：**

根据我们的背景需求，拟订一份可行的用户访谈执行计划和访谈问题表。

**用户访谈执行计划：**

（1）目的：深入了解用户对汉服的情感连接、购买和使用的经验。

（2）受访者选择：选择 20 名已经购买过汉服的用户和 10 名对汉服感兴趣但还没有购买的用户。

（3）访谈形式：面对面或视频通话。

（4）时间：每次访谈预计持续 45 分钟到 1 小时。

（5）地点：选择一个安静、舒适的地方，如咖啡馆的静谧角落或线上视频通话平台。

（6）奖励机制：为了鼓励用户参与，可以提供一些小礼品或汉服折扣券。

**访谈问题表：**

（1）请描述一下你第一次知道汉服是什么时候？是通过什么途径了解的？

（2）你购买汉服的初衷是什么？是因为喜欢其设计、文化意义，还是其他原因？

（3）你通常在哪些场合穿着汉服？为什么选择这些场合？

（4）你认为汉服在设计、舒适度、价格等方面有哪些优点和不足？

（5）你是否会推荐身边的人尝试穿着汉服？为什么？

（6）对于"国潮"这一概念，你是如何理解的？

（7）你希望未来汉服或国潮品牌能有什么样的发展或改进？

（8）除了穿着，你还有其他与汉服文化相关的兴趣或活动吗？

（9）请分享一次你穿着汉服的难忘经历。

（10）你对汉服或国潮品牌有什么建议或期望？

**在这个过程中 ChatGPT 可以协助的工作：**

·根据受访者的反馈，调整和优化访谈问题。

·提供对访谈结果的初步分析和建议。

·协助整理访谈内容，形成结构化的总结。

请问您对此有什么疑问吗？

我们看到，不管是问卷调查还是用户访谈，ChatGPT 都能为我们提供专业支持。借助 ChatGPT 我们可以用更低的成本、更快的速度完成线下用户调研工作。

# 4.3 线上数据抓取

ChatGPT 能够借助第三方插件比如 WebPilot，以及官方的 Web Browsing 访问网络，快速抓取相关数据进行分析和归纳，为用户洞察提供丰富的数据来源和专业的洞察观点。

## 4.3.1　建立任务框架

为了有序开展线上数据的抓取和初步分析，我们采用"六要素"提示框架，设计一段完整的任务提示词。

**Prompt：**

**角色：** 假设你是一个专业的用户洞察专家，也是一个 ChatGPT 营销应用专家。

**背景：** 我是一个专注于中国汉服领域的创业者。

**任务：** 我需要针对中国市场的汉服消费者做一个专业深入的用户洞察。

**目标：** 把用户洞察的成果用于发现市场机会，制定产品开发创新、品牌价值定位和市场营销策略，成为中国汉服市场的领先品牌。

**流程：** 让我们一步一步思考，按照以下流程一步步进行：

**1. 社交媒体数据的抓取与分析**

利用 Browse with Bing 功能来搜索并分析社交媒体（微博为例），关于汉服的讨论和内容，了解用户对于汉服的需求和偏好。

**2. 电商平台数据的抓取与分析**

利用 Browse with Bing 功能来搜索和分析电商平台（以淘宝为例），关于汉服的销售数据和用户评价等信息，了解哪些汉服款式受欢迎，用户对什么功能或设计有需求。

**3. 专业用户洞察报告抓取与分析**

优先选择国家统计局、行业权威研究机构、阅读量排名领先的中国汉服市场用户洞察报告，并归纳其中关于汉服用户洞察的核心观点。

**指令：**

· 让我们从第一步第 1 点开始，按照流程规定的步骤以此展开，每次只讨论一个点。在我确认并说"继续"时，你再开始进入下一个步骤，以此类推。

· 为了保证内容的专业度和创新度，请将温度值设定为 0.7。

· 在你给出的答案结尾，给我三个如何向你继续提问的示例。

· 如果你明白，请回复"明白"。

**ChatGPT：**

明白，让我们开始吧！

## 4.3.2 数据收集与分析

### 1. 社交媒体数据的抓取与分析

利用 Browse with Bing 功能来搜索并分析社交媒体（微博为例），关于汉服的讨论和内容，了解用户对于汉服的需求和偏好。

**Prompt：**

从第一步开始。

**ChatGPT：**

Finished browsing

基于微博上的汉服相关讨论和内容，我们可以提炼出汉服用户的一些具体需求和偏好。

**多样化的设计和配饰：**

用户对汉服的不同设计和配饰表现出浓厚的兴趣。他们在社区中分享和讨论不同的配饰，如发簪发带、耳坠耳钉、项链璎珞、手镯戒指、荷包、鞋子包包等，以及如何将这些配饰与汉服搭配起来。

**摄影和展示：**

汉服用户喜欢通过摄影来展示和分享他们的汉服造型。这可能表明用户喜欢通过视觉方式展示汉服的美，并欣赏其他用户的创意和设计。

**传统文化的探讨和体验：**

用户在微博上讨论了与汉服和传统文化相关的话题，如汉服与旗袍的区别，以及传统的价值和意义。这表明汉服用户可能对传统文化有浓厚的兴趣和尊重，希望通过穿着汉服来体验传承传统文化。

**社区互动和交流：**

汉服用户喜欢在社区中互动和交流，包括讨论争议话题、分享购买和设计心得，以及参与汉服相关的活动和赠品活动等。

**新颖和创意的体验：**

一些汉服社区正在探索新的互动体验，例如体感互动的汉服自拍馆，为用户提供不同寻常的体验。

通过这些讨论和内容，我们可以看出汉服用户不仅仅满足于传统的汉服设计，还寻求新颖、创意和多元化的体验，同时也愿意在社区中交流和分享。

Prompt：

汉服用户有没有表现出对某些特定款式或品牌的偏好？

ChatGPT：

汉服用户在社交媒体上展现出了对某些特定汉服款式和品牌的偏好。以下是一些发现。

**品牌偏好：**

"十三余"是一个受欢迎的汉服品牌，它的创始人连雨馨（小豆蔻儿）通过社交媒体和线上销售平台淘宝天猫成功地吸引了大量粉丝和消费者。在不到 5 年的时间里，"十三余"的年销售额达到了 3 亿元人民币，成为汉服品类的头部品牌。

汉尚华莲和九锦司也是受关注的汉服品牌，它们甚至在一个特殊活动中合作，并在纽约时代广场的大屏幕上展示了它们的汉服，以期让更多人了解和认识汉服文化。

**款式偏好：**

苏式汉服是一种受欢迎的汉服款式，以苏州的文化历史为背景，将苏州的人文历史和景色风光融入汉服设计中，这种款式的汉服由品牌苏子衿推广。

**汉服文化的推广：**

汉服品牌"十三余"的创始人鼓励粉丝"将汉服穿出家门"和"将汉服穿出国门"，通过这种方式，她成功地吸引了一大批年轻人，特别是"Z 世代"的用户，加入了汉服文化的推广行列。

通过以上的信息，我们可以看出汉服用户在社交媒体上对某些特定的汉服品牌和款式确实有所偏好。这些偏好往往与品牌的文化背景、设计理念以及社交媒体上的推广活动有关。

### 2. 电商平台数据的抓取与分析

利用 Browse with Bing 功能来搜索和分析电商平台（以淘宝为例），关于汉服的销售数据和用户评价等信息，了解哪些汉服款式受欢迎，用户对什么功能或设计有需求。根据前面的提示词设定，只要输入"继续"，ChatGPT 就会继续往下回答。

Prompt：

继续。

**ChatGPT：**

根据收集到的信息，以下是在淘宝平台上受欢迎的汉服款式及用户对汉服功能或设计的需求。

**受欢迎的汉服款式：**

明制汉服和宋制汉服是受欢迎的汉服款式，这些款式通常具有纯色设计，偶尔有绣花点缀。

马面裙和立领衫也是淘宝平台上受欢迎的汉服款式。

对于男童，国学服和中国风古装是热销产品，价格较为亲民。

**用户对功能或设计的需求：**

用户喜欢清新淡雅，日常大方的汉服设计，注重舒适度和天然的面料。

有些用户更倾向于性价比高的汉服，特别是在打折时，他们更愿意购买设计美丽，款式多变，但价格较低的汉服。

用户也关注品牌，一些受欢迎的汉服品牌包括汉尚华莲、重回汉唐、梨花渡、如梦霓裳和锦上堇瑟等。

以上信息给出了一些淘宝平台上受欢迎的汉服款式，以及用户对于汉服功能或设计的需求。这些信息可以为您在发现市场机会，制定产品开发创新、品牌价值定位和市场营销策略时提供有价值的参考。

**Prompt：**

请抓取淘宝平台 2023 年汉服的最新数据，做一个市场分析。

**ChatGPT：**

根据我从多个不同页面收集的信息，2023 年汉服市场在淘宝平台上的情况表现如下：

**销售情况：**

2023 年 9 月，淘宝平台上的汉服商家销售情况非常出色，其中提及"十三余"销量爆棚，多家商家创下了新的销售高峰。

**购买渠道：**

2022 年至 2023 年，近 70% 的消费者选择在淘宝、闲鱼等线上平台购买汉服，而 49.8% 的消费者选择在线下汉服实体店购买。

**市场规模：**

2022 年，中国汉服市场规模预计达到 125.4 亿元，2023 年市场规模继续扩大，预计 2025 年市场规模将达到 191.1 亿元。

**市场趋势：**

淘宝天猫平台上，"通勤汉元素"成为越来越多消费者的选择，这种新的汉服设计更符合当代的穿着习惯和审美特征，降低了汉服的准入门槛，让汉服拥有了更加"普适"的流行基因。

这些数据和趋势显示了淘宝平台上汉服市场的活跃性和消费者对汉服的热爱，同时也反映出市场上新汉服设计和流行元素的影响。

我们看到 ChatGPT 可以借助 Browse with Bing 这个官方插件访问网络，从电商平台快速抓取相关数据并进行分析，为用户洞察提供丰富的数据来源和初步分析。

**3. 专业用户洞察报告抓取与分析**

我们可以让 ChatGPT 优先选择国家统计局、行业权威研究机构、阅读量排名领先的中国汉服市场用户洞察报告，并归纳其中的关于汉服用户洞察的核心观点。根据前面的提示词设定，只要输入"继续"，ChatGPT 就会继续往下回答。

**Prompt：**

继续。

**ChatGPT：**

我们从多个来源整理了一些关于汉服市场的数据和分析，以帮助你更好地理解市场规模、消费者行为和市场趋势。以下是我们从不同的报告和分析中提炼出的核心观点：

**消费规模：**

中国汉服市场消费规模为 125.4 亿元，预计 2025 年市场规模将增长到 191.1 亿元，同比增长 13.2%。另一份报告预测，从 2023 年到 2025 年，中国汉服行业的市场规模将达到约 630 亿元。

**消费群体：**

"Z 世代"（"95 后"）是汉服的主要消费群体。

**消费行为：**

疫情前，消费者购买汉服主要是为了旅游、拍摄或赠送。但疫情防控期间，更多人因为兴趣爱好而继续购买汉服。现在，汉服市场热度快速回升，消费者不仅希望穿着汉服拍照，还想穿着汉服上班和逛街，汉服消费已经成为消费者展示个性和品位的新生活方式。

**消费渠道：**

大约 70% 的消费者通过淘宝、闲鱼等线上平台购买汉服，而 49.8% 的消费者选择在线下汉服实体店购买。线上平台提供了丰富的汉服选择和相对较低的价格，而线下实体店为消费者提供了更好的体验感。汉服品牌可以同时发展线上商店和线下实体店，以满足消费者的多样化需求，并提高品牌知名度。

**相关服务：**

随着汉服产业的发展，汉服写真、汉服租赁和汉服体验馆也将成为产业中必不可少的一环。跨界 IP 合作和线下活动可能是汉服品牌打破原有用户圈层，提升品牌知名度的重要方法。

**未来趋势：**

随着"95 后"和"00 后"逐步走向经济舞台中央，他们有望成为国潮消费的主力人群。汉服在多个城市"出圈"，成为文旅界的"顶流"，进一步释放市场潜力。

我们看到 ChatGPT 通过线上数据抓取和分析，可以提供丰富的数据来源和专业的洞察观点，这些可以作为我们进行用户洞察的重要参考和有力启示。

# 4.4  洞察成果提炼

当我们通过线上数据抓取，结合线下用户调研，收集了大量数据之后还可以进一步借助 ChatGPT 强大的逻辑推理能力，帮助我们进一步提炼洞察成果。

比如，我们可以把一份用户调研报告转换成 PDF 格式，通过"https：//askyourpdf.com"这个网站上传，生成文件地址的 ID 标识符，然后把这个 ID 标识符输入 ChatGPT，请它读取这个文件，ChatGPT 就可以调动 AskYourPDF 这个插件，提取这个 PDF 文件中的信息，根据你的提问和要求进行各种处理。

## 4.4.1  用户画像建立

上传好 PDF 文件并获取到 ID 标识符之后，我们撰写一段提示词，输入给 ChatGPT。基于初步的用户洞察报告建立用户画像。

Prompt：

假设你是一个用户洞察专家，擅长根据用户调研数据洞察用户需求，发现市场机会。请调动插件 AskYourPDF 读取：[ 这里填写文档上传后获得的 ID 标识符 ]，按照以下要点进行归纳，建立汉服爱好者的"用户画像"。

（1）基本属性（年龄、性别、地域分布等）。

（2）兴趣爱好（除汉服外其他兴趣爱好）。

（3）消费习惯（购买频率、消费金额等）。

（4）购买渠道（从哪些渠道购买汉服产品）。

（5）信息渠道（从哪些渠道了解相关信息）。

**ChatGPT：**

根据提供的数据文档内容，我为你归纳了汉服爱好者的"用户画像"如下：

**1. 基本属性**

年龄：18 ～ 24 岁占比最高，达到 45.1%。

性别：女性占比为 88.2%，男性占比为 11.8%。

地域：一线城市占比为 37.5%，二线城市占比为 33.5%，三线及以下城市占比为 29.0%。

**2. 兴趣爱好**

除汉服外，汉服爱好者还喜欢摄影（占比为 54.5%）、手工 DIY（占比为 48.5%）和古风音乐（占比为 42.8%）。

**3. 消费习惯**

购买频率：每年购买 1 ～ 3 套汉服的占比为 74.5%，4 ～ 6 套的占比为 69.3%，7 ～ 10 套的占比为 76.1%。

消费金额：汉服平均每套花费 777.5 元，相较于普通服装稍贵。

**4. 购买渠道**

汉服爱好者更习惯于从线上渠道购买汉服，其中综合电商平台（如天猫、京东）占比为 70.0%，汉服品牌官网占比为 54.4%，专门的汉服商城（如同袍、汉服荟）占比为 48.9%，线下实体店和汉服定制工作室也占据了一定的比例。

**5. 信息渠道**

第一次接触汉服信息的渠道主要是短视频平台（如抖音、快手）占比为 54.5%，社交平台（如微信、微博、小红书）占比为 48.5%，视频平台（如 B 站）占比为 42.8%。

目前获取汉服信息的渠道中，汉服类 App 占比为 9.2%，线下活动占比为

9.1%，影视剧／电视节目占比为 8.9%。

## 4.4.2　市场机会发现

根据用户洞察报告的文档数据信息，让 ChatGPT 进一步分析并发现市场机会。

Prompt：

请根据以上 PDF 文档信息，按照以下要点进行归纳和推理，并发现市场机会。

（1）明确需求（总结用户明确提到的需求）。

（2）隐性需求（挖掘用户可能没有明确表达但实际上存在的需求）。

（3）机会发现（结合用户痛点和隐性需求发现未来潜在的市场机会）。

ChatGPT：

根据提供的数据文档内容，我为你归纳和推理了以下信息：

**1. 明确需求**

汉服已经成为一种大众流行消费，是新时代国潮文化的复兴。

电商平台数据显示，汉服经济已经达到 20 多亿元。

汉服爱好者中，有不少人有穿 cos 服、JK 制服、Lolita 服装等小众服装的经历。

**2. 隐性需求**

汉服爱好者不仅仅局限于汉服，他们也可能对其他小众服装如 cos 服、JK 制服、Lolita 服装有兴趣。

进入汉服圈层后，汉服爱好者更愿意从专门的汉服类 App 中获取信息和与同好探讨与汉服相关的话题。

**3. 机会发现**

改良汉服的市场潜力：除制式考究的"传统汉服"外，糅合了现代元素或二次元元素的"改良汉服"也受到了不少人的欢迎。这意味着市场上有机会推出结合现代元素的改良汉服，满足更多年轻人的审美需求。

汉服信息平台：短视频平台如抖音、快手等，以及社交平台如微信、微博、小红书等，都是汉服爱好者获取汉服信息的主要渠道。这为相关平台提供了推出与汉服相关内容的机会，吸引更多的用户。

汉服与其他小众服装的结合：汉服爱好者中有很多人也喜欢 cos 服、JK 制服、Lolita 服装等。这为市场提供了一个机会，即结合汉服与其他小众服装的特点，创新设计新的服装款式，满足多元化的消费需求。

这些信息为市场提供了多种可能的机会，企业和品牌可以根据这些洞察进行产品设计和市场策略的调整，以更好地满足用户需求。

我们看到 ChatGPT 从我们提供的初步的用户洞察报告中提炼出了更深入的结论和成果。接下来，我们还可以让它基于这些成果，提供进一步的营销应用策略建议。

## 4.5　应用策略建议

ChatGPT 可以根据用户洞察报告和具体结论，自动生成具体和实用的策略建议，帮助我们更快地做出决策和采取行动。

**Prompt：**

请继续读取：[PDF 文档上传后获得的 ID 标识符 ]，并根据你归纳总结的要点，进一步给出相关建议，包括：

（1）产品创新方向。

（2）品牌价值定位。

（3）市场营销策略。

**ChatGPT：**

基于你提供的文档内容和之前的归纳总结，我为你提供以下相关建议：

**1. 产品创新方向**

·改良汉服：除制式考究的"传统汉服"外，糅合了现代元素或二次元元素的"改良汉服"也受到了不少人的欢迎。可以考虑结合现代元素、二次元元素或其他流行文化元素，设计新款的汉服，满足年青一代的审美需求。

·日常穿着：考虑推出包含汉元素的日常现代服装，满足用户在日常生活中展现国潮风格的需求。

·技术创新：利用现代技术，如智能面料和可持续材料，以增加产品的舒适度和环保性。

**2. 品牌价值定位**

·年轻化：汉服爱好者的年龄主要集中在 20 ～ 30 岁，品牌应该定位为年轻、时尚、活力的形象。

·文化传承：强调汉服作为中华文化的传承，结合现代审美，展现中华文化的魅力。

·多元化：鼓励用户展现个性，提供多种风格和设计的汉服，满足不同用户的需求。

**3. 市场营销策略**

·短视频营销：利用短视频平台如抖音、快手等进行品牌宣传和产品展示，吸引年轻用户的关注。

·社交媒体推广：在社交平台如微信、微博、小红书等发布与汉服相关的内容，与用户建立互动关系，提高品牌知名度。

·线下活动：组织汉服主题的线下活动，如汉服走秀、汉服文化沙龙等，加强与用户的互动，提高用户的品牌忠诚度。

·合作推广：与其他小众服装品牌如 cos 服、JK 制服、Lolita 服装等进行合作推广，共同开发新的市场机会。

结合用户的明确需求、隐性需求和痛点，以上建议可以帮助品牌更好地满足用户需求，抓住市场机会，实现品牌和产品的持续增长。

我们看到 ChatGPT 基于用户洞察报告的成果，进一步提供了将洞察成果转化为市场应用的策略建议。至此，我们借助 ChatGPT 完成了用户洞察的全过程。

# 4.6  本 章 小 结

用户洞察对于揭示用户行为、需求、动机和期望至关重要，为企业提供指导以改进产品或服务。ChatGPT 在用户洞察的过程中能够提供很多实质性的帮助。

**1.ChatGPT 已经具备的能力**

（1）线下用户调研辅助：ChatGPT 能协助设计和分析线下用户调研问卷，提高调研的效率和准确性。

（2）线上数据挖掘辅助：ChatGPT 能自动抓取和整理网络上的用户数据和反馈，为用户洞察提供丰富的线上数据。

（3）洞察结论提炼：通过 AI 算法，ChatGPT 能从大量数据中提炼出关键的用户洞察结论。

（4）成果应用建议：ChatGPT 能根据洞察结论，提供针对性的市场策略和产品优化建议。

**2. 目前还存在的不足**

（1）线下调研辅助表面化：虽能协助调研，但可能缺乏对特定用户群体深层需求的理解。

（2）线上数据抓取局限：数据抓取主要依赖网络公开信息，缺乏企业内部和专业数据。

（3）结论提炼深度有限：虽能提炼结论，但分析深度和准确性还有待提高。

**3. 需要注意的问题**

（1）深化线下调研辅助：通过深入了解用户需求和行为，优化线下调研的设计和分析。

（2）增加数据来源：结合企业内部数据和专业市场报告，丰富数据来源和渠道。

（3）提升结论提炼算法：持续优化和升级结论提炼算法，提高洞察的深度和准确性。

**4. 未来发展的趋势**

（1）智能数据抓取升级：ChatGPT 将能实现更高效和全面的用户数据自动抓取。

（2）线下调研辅助深化：未来，ChatGPT 将提供更加深入和精准的线下调研辅助服务。

（3）结论提炼优化：通过 AI 技术，实现更深入和精准的用户洞察结论提炼。

ChatGPT 在用户洞察方面已经展现出巨大的潜力和价值。随着技术的快速发展，它将为用户洞察提供更大的支持，帮助企业更好地满足用户需求，创造更大的商业价值。

# 第 5 章

# AI+ 品牌规划：
## 塑造价值的魅力

品牌不仅是企业的标识，还是其核心价值的体现。一个具有魅力的品牌能够深刻地影响消费者的心智，塑造独特的价值感知。

在本章中，我们将深入探索如何通过 ChatGPT 进行"AI+ 品牌规划"，为你的品牌塑造价值的魅力。你将学习到如何利用 ChatGPT 精准定位品牌价值，设计引人注目的品牌形象 Logo，并创作出充满吸引力的品牌故事。这一切将共同助力为你的品牌赋予不一样的价值魅力，打动并留住消费者的心。

# 5.1　ChatGPT 如何助力品牌规划

在市场营销中，品牌规划是一项至关重要的任务。通过品牌规划，企业可以更清晰地传达其品牌价值、形象和故事，与目标受众建立深厚的情感连接，提高品牌忠诚度和市场影响力。

然而品牌规划是一个系统性的过程，涉及品牌价值定位、品牌形象设计和品牌故事创作。传统的品牌规划过程通常需要品牌经理、设计师、市场研究员和创意团队的协同工作，可能需要大量的时间、资源和经验。

而 ChatGPT 的出现，为品牌规划工作带来新的工具和方法，在品牌规划的各个环节中，ChatGPT 都可以发挥重要作用。

**1. 品牌价值定位**

·传统方法：企业通常依赖市场调研和团队讨论来确定品牌的价值定位，这个过程可能耗时且主观。

·ChatGPT 辅助：ChatGPT 可以快速分析市场发展趋势、目标用户需求和竞争环境，结合品牌核心竞争力，提供精准的品牌价值定位建议。

**2. 品牌形象设计**

·传统方法：品牌形象设计通常需要设计师通过自己的经验和创意来完成，过程比较漫长，且市场的适应性不一定强。

·ChatGPT 辅助：ChatGPT 可以根据品牌价值定位和目标用户需求，提供品牌形象设计的创意和建议，并可调用 ChatGPT 原生自带的 DALL·E 3 直接生成设计图。

**3. 品牌故事创意**

·传统方法：品牌故事的创意通常依赖团队的创意和经验，而且需要多次修改和调整。

·ChatGPT 辅助：ChatGPT 可以根据品牌的价值定位和目标用户需求，生成品牌故事的创意和建议，撰写有吸引力和感染力的品牌故事。

接下来，我们通过一个具体的案例来进行演示，如何借助 ChatGPT 进行"AI+ 品牌规划"。不如就以我的 AI 教育推广业务为例，看看 ChatGPT 能够做什么。首先，我们先建立一个任务，通过"六要素"通用提示框架设计一段完整的提示词，把它输入一个新建的对话框。

另外，Plus 会员用户可以根据实际需要，提前勾选添加这些插件：可以访问和读取网页的 WebPilot、可以访问和读取 PDF 文档的 AskYourPDF 等。

**Prompt：**

**角色：** 假设你是一个品牌规划与设计专家，具备深厚的理论知识和实践经验。

**背景：** 我是一个 AI 知识教育与应用推广领域的创业者。

**任务：** 请协助和指导我完成我的品牌规划。

**目标：** 为我打造一个具有独特价值与魅力的品牌系统。

**流程：** 让我们一步一步思考，按照以下三个板块展开：

（1）品牌价值定位：包含核心价值、目标受众、市场定位、品牌差异化等。

（2）品牌形象设计：包含品牌标识、色彩、字体、其他元素等。

（3）品牌故事创意：包含品牌起源、使命和愿景、品牌成长与发展等。

**指令：**

·我会按照三个板块的顺序，依次向你提问，请根据我的问题提供协助和指导，清晰说明你的建议和理由。

·为了确保规划的严谨性和创意度，温度值设为 0.7。

·如果你明白，请回复"明白，让我们开始吧"。

**ChatGPT：**

明白，让我们开始吧。请提出您关于"品牌价值定位"的第一个问题，我会根据您的需求为您提供协助和指导。

## 5.2　品牌价值定位

ChatGPT 可以通过自然语言处理技术，分析市场发展趋势、目标用户需求，以及竞争对手的优势和劣势，结合品牌的核心竞争力，提供精准的品牌价值定位建议。

## 5.2.1 询问操作方法步骤

在开始之前，我们不妨直接咨询一下 ChatGPT，在品牌价值定位上它能为我们做什么。

**Prompt:**

我要完成第一步品牌价值定位：包含核心价值、目标用户、市场定位、品牌差异化等，请问：你可以协助我做什么？具体的步骤如何展开？我需要提供什么？如何向你提问？

**ChatGPT:**

当然可以，品牌价值定位是品牌建设的基石。以下是我们可以按照的步骤和您需要提供的信息：

### 1. 核心价值

我可以做的：帮助您明确和定义品牌的核心价值。

您需要提供的：您的企业文化、产品或服务的核心优势，以及您希望传达给客户的主要信息。

如何提问：

例如，"我们的 AI 教育产品的核心优势是什么？"或者，"我们希望客户通过我们的产品获得什么样的体验或价值？"

### 2. 目标用户

我可以做的：帮助您确定和描述目标用户的特征。

您需要提供的：您希望的客户群体、他们的需求、他们的消费习惯等。

如何提问：

例如，"我们的 AI 教育产品最适合哪类客户？"或者，"我们的目标客户的主要需求是什么？"

### 3. 市场定位

我可以做的：帮助您确定品牌在市场中的位置。

您需要提供的：竞争对手的信息、您的产品或服务与竞争对手的差异等。

如何提问：

例如，"在 AI 教育市场中，我们的竞争对手主要是谁？"或者，"与竞争对手相比，我们的产品有哪些独特之处？"

**4. 品牌差异化**

我可以做的：帮助您确定品牌的独特之处，使其在市场中脱颖而出。

您需要提供的：您认为的品牌的独特之处、您希望品牌与竞争对手有何不同等。

如何提问：

例如，"我们的 AI 教育产品有哪些功能是竞争对手所没有的？"或者，"我们的教学方法与其他品牌有何不同？"

现在，您可以根据上述步骤和提问方式，开始向我提供相关信息和提问，我会为您提供详细的建议和指导。

经过我们的提问，ChatGPT 给出了非常专业细致的指引，包括需要提供什么信息，以及如何向它提问，我们就按照这个指引一步一步展开。

## 5.2.2　定义用户核心价值

首先我们可以提供产品的基本信息，并询问它如何定义产品带给用户的核心价值。

**Prompt：**

以下是我们的产品说明：

**产品定义**：面向个体的 AI 技能培训课程，内容以 ChatGPT 的提示工程为主，其他 AIGC 软件为辅，包括图像、视频等。

**产品价值**：不只是教授 AI 工具的基本操作，而是从 AI 原理入手，建立 AI 思维，掌握驾驭 AI 工具的系统方法论，并将它应用于自己的行业领域和工作场景，从而达到降低成本、提高效率、改善质量、创新模式的目标，放大十倍百倍的生产力。

请问：我们的产品带给用户的核心价值是什么？

**ChatGPT：**

您的产品说明已经非常详细，根据您提供的信息，我们可以总结出产品的核心价值如下：

（1）深入理解 AI 原理：您的产品不仅仅是教授 AI 工具的使用，更重要的是帮助用户从 AI 的基础原理入手，深入理解 AI 的工作机制和应用原理。

（2）培养 AI 思维：通过学习，用户将培养出 AI 思维，能够更好地理解和应用 AI 技术，从而在各个领域和场景中更有效地使用 AI 工具。

（3）系统方法论：您的产品提供了一套系统的 AI 应用方法论，帮助用户不仅学会使用 AI 工具，还能够掌握如何更有效地将 AI 技术应用于实际工作和项目中。

（4）行业应用：产品强调 AI 技术在不同行业和领域的应用，帮助用户将 AI 技术应用于自己的行业和工作中，实现成本降低、效率提高、质量改善和模式创新。

（5）生产力放大：通过学习和应用您的产品，用户可以实现生产力的显著提升，达到"放大十倍百倍的生产力"的目标。

**核心价值总结：**

您的产品的核心价值在于提供深入而系统的 AI 教育和培训，帮助用户从理论到实践，全面掌握 AI 技术，并能够将 AI 技术有效地应用于实际工作和项目中，实现显著的效益和价值。您的产品不仅传授知识和技能，更重要的是培养用户的 AI 思维和能力，帮助他们在 AI 时代更好地适应和发展。

我们看到，ChatGPT 给出了用户核心价值的提炼，还是比较准确的。接下来，我们继续追问关于如何区隔竞争对手，强化独特竞争优势的问题。

### 5.2.3　强化独特竞争优势

我们可以问我们的竞争对手是谁，我们的独特优势，让 ChatGPT 给出具体分析。

**Prompt：**

在中国，面向职场成人的 AI 技能培训课程市场中，我们的竞争对手主要是谁？与竞争对手相比，我们的产品有哪些独特之处？为了搜集最新市场信息，你可以调动插件访问互联网。

**ChatGPT：**

根据搜索结果，中国面向职场成人的 AI 技能培训课程市场上有一些主要的提供者和平台，例如：

**百度 AI 课程：**

提供了覆盖 CV、NLP、推荐、部署等多个子方向的课程。

提供产业级目标检测、商品识别、车辆 ReID 等不同场景下的技术方案和识别系统构建解析的课程。

提供了 PaddleOCR 算法和模型的深度解析课程。

提供了详解飞桨最新开源的语音技术的课程，如语音翻译、语音合成、语音识别等。

提供了详解边缘端软硬件适配、模型效果调优、AI 模型迭代的课程。

**您产品的独特之处可能包括：**

独特的教学内容和方法：如果您的课程不仅教授 AI 工具的使用，还从 AI 原理入手，培养学员的 AI 思维，这将是一个重要的差异化点。

系统的 AI 应用方法论：您提供的系统方法论可以帮助学员更有效地将 AI 技术应用于实际工作，这也是一个独特的价值点。

行业应用的深入讲解：如果您的课程深入讲解 AI 技术在不同行业和领域的应用，这将帮助学员更好地理解和应用 AI 技术，也是一个独特之处。

ChatGPT 不仅给出了主要竞争对手信息，还提炼了产品的独特之处，但是感觉还不够，我们不妨继续追问如何继续强化这种独特性。

**Prompt：**

为了进一步突出我们的核心价值和独特性，我们应该在课程规划、教学方式等方面做出哪些强化和创新？

**ChatGPT：**

为了进一步突出您的核心价值和独特性，以下是在课程规划、教学方式等方面的一些建议。

**课程规划：**

（1）实践导向：设计更多的实践项目和案例研究，让学员在真实的场景中应用所学知识。

（2）行业专题：开设特定行业的 AI 应用课程，如 AI 在医疗、金融、制造等行业的应用。

（3）前沿技术：定期更新课程内容，加入最新的 AI 技术和工具，如强化学习、生成对抗网络等。

（4）跨学科融合：结合其他学科，如心理学、经济学、艺术等，探讨 AI 在这些领域的应用和影响。

**教学方式：**

（1）混合学习：结合线上视频、线下实践工作坊和研讨会，提供多种学习方式。

（2）项目驱动：鼓励学员完成实际项目，将所学知识应用于实际问题。

（3）导师制：邀请行业专家和学者作为导师，为学员提供一对一的指导和建议。

（4）互动学习：利用 AI 技术，如智能助教、虚拟实验室等，提供实时反馈和个性化建议。

**创新：**

（1）AI 助教：开发 AI 助教系统，为学员提供 24/7 的答疑和辅导。

（2）虚拟实验室：提供在线的 AI 实验平台，学员可以实时测试和验证自己的模型。

（3）社群学习：建立学习社群，鼓励学员之间的交流和合作，分享经验和资源。

（4）持续学习：提供持续学习的机会，如定期的技术更新研讨会、行业趋势分析等。

总之，关键是始终保持与时俱进，紧跟技术和行业的发展，同时注重学员的实际需求和体验，提供高质量、实用的教育内容和服务。

在我们的追问之下，ChatGPT 给出了进一步强化核心价值和独特性的建议，每一条建议都很有参考价值，接下来我们不妨继续追问未来还可以做哪些战略延伸和拓展。

**Prompt:**

围绕我们的核心价值和独特性，未来还可以做哪些战略延伸和拓展？包括但不限于目标人群、业务范围、商业模式等。

**ChatGPT:**

围绕您的核心价值和独特性，未来的战略延伸和拓展可以考虑以下方向：

**目标人群：**

（1）企业培训：为企业提供定制化的 AI 培训，帮助企业员工提升 AI 技能，满足企业的特定需求。

（2）中小学生：开发适合中小学生的 AI 启蒙课程，培养他们的 AI 兴趣和基础技能。

（3）退休人员：为退休人员提供 AI 普及课程，帮助他们了解 AI 的基本概念和应用。

**业务范围：**

（1）工具开发：基于您的教学内容，开发一些实用的 AI 工具或插件，供学员使用。

（2）AI 咨询服务：为企业提供 AI 技术咨询，帮助企业制定 AI 战略和实施方案。

（3）AI 研究中心：建立 AI 研究中心，进行前沿技术的研究和开发，与高校和研究机构合作。

**商业模式：**

（1）订阅制：提供年度订阅服务，学员可以无限制地访问所有课程和资源。

（2）企业合作：与企业合作，为其员工提供特定的培训，收取培训费用。

（3）认证与证书：提供 AI 技能认证和证书，学员完成课程后可以获得官方认证，增加其职业竞争力。

（4）线下活动：组织线下的 AI 研讨会、工作坊和大会，收取参会费用。

**其他拓展：**

（1）国际化：将课程翻译成其他语言，进入国际市场，满足全球学员的需求。

（2）社群建设：建立 AI 学习社群，鼓励学员之间的交流和合作，分享经验和资源。

（3）公益活动：开展 AI 公益活动，如为农村学校提供免费的 AI 教育，提高 AI 技术普及率。

总之，围绕您的核心价值和独特性，有很多可能的延伸和拓展方向。关键是始终与时俱进，紧跟技术和市场的发展，同时注重用户的实际需求和体验，提供高质量、实用的产品和服务。

我们看到，ChatGPT 的建议已经相当专业，每一条都具备参考价值。经过这一系列的提问，我们对于品牌价值定位，甚至未来发展方向的思路也更加清晰。

## 5.2.4  品牌价值定位文案

接下来，我们可以让 ChatGPT 直接生成品牌价值定位文案。

Prompt：

请结合以上分析，为我们的品牌撰写 5 组品牌价值定位文案，具体包括品牌名（叫什么）、定位语（是什么）和口号（给你什么价值）、使命（要干什么）、愿景（要干成什么样子）、价值观（遵循什么原则）的组合。请考虑在品牌名中融入"新"字。因为我的名字中有一个"新"字。

**ChatGPT：**

当然可以，以下是为您的品牌撰写的五组品牌价值定位组合建议：

**1. 品牌价值定位文案一**

· 品牌名：新智 AI 学院

· 定位语：AI 原理与实践的桥梁

· 口号：掌握真 AI，开启新未来

· 使命：为每一个学员提供系统的 AI 教育，培养未来的 AI 领袖

· 愿景：成为中国领先的 AI 教育品牌，推动 AI 教育的普及和发展

· 价值观：真实、创新、务实、共赢

**2. 品牌价值定位文案组合二**

· 品牌名：新思维 AI 学派

· 定位语：培养 AI 的新思维

· 口号：新思维，新未来

· 使命：帮助学员建立 AI 思维，掌握 AI 的系统方法论

· 愿景：让 AI 思维成为每个人的基本技能，推动社会的智能化发展

· 价值观：思维、方法、实践、成果

**3. 品牌价值定位文案组合三**

· 品牌名：新纪元 AI 研究所

· 定位语：引领 AI 教育的新纪元

· 口号：新纪元，新思维，新未来

· 使命：将 AI 原理与实践完美结合，为学员提供最前沿的 AI 教育

· 愿景：让每个人都能轻松掌握 AI，开启技术新纪元

· 价值观：专业、前沿、务实、合作

**4. 品牌价值定位文案组合四**

· 品牌名：新界 AI 探索

· 定位语：探索 AI 的无限可能

· 口号：打开新界，探索未知

· 使命：为学员提供全面、深入的 AI 教育，帮助他们探索 AI 的无限可能

・愿景：成为 AI 教育的领跑者，推动 AI 技术的广泛应用和创新

・价值观：探索、创新、开放、共享

**5. 品牌价值定位文案组合五**

・品牌名：新潮 AI 研习社

・定位语：跟随新潮，领略 AI 魅力

・口号：新潮流，新机遇

・使命：为学员提供最新、最实用的 AI 教育，帮助他们把握 AI 的新机遇

・愿景：成为 AI 教育的风向标，引领 AI 教育的新潮流

・价值观：新颖、实用、领先、共创

这些只是基于您提供的信息和我的理解为您提供的建议，您可以根据自己的实际情况和需求进行调整和完善。希望对您有所帮助！

经过以上一连串的提问和互动，ChatGPT 给出了关于品牌价值定位的完整文字表述，我们可以在它提供的建议基础上进行调整和优化，最终得到自己满意的品牌定位文案版本。接下来，我们继续探讨品牌形象 Logo 设计。

## 5.3　品牌形象设计

通过 ChatGPT 及其原生自带的 DALL·E 3 工具，可以进行品牌形象标识（Logo）的创意和设计，帮助我们在很短的时间内，完成本来需要专业设计师才能胜任的工作。从目前（截至 2023 年 10 月）实际效果来看，可能还没有达到完美的效果，但不失为一个可以快速获取大量设计思路和素材的好办法。下面我们来看具体的操作步骤。

### 5.3.1　第一步：让 ChatGPT 提供创意设计思路

我们可以采用这个提示词模板：

"假设你是一个高级 Logo 设计师，请根据 [ 名称 ] 这个名称，提供 Logo 创意设计思路，表达如下内涵：### 具体内涵 ###"

Prompt：

假设你是一个高级品牌 Logo 设计师，请根据 [ 新思维 AI 学派 ] 这个名称，提供 Logo 的创意设计思路，表达如下内涵：

###

定位语：培养 AI 的新思维

口号：新思维，新未来

使命：帮助学员建立 AI 思维，掌握 AI 的系统方法论

愿景：让 AI 思维成为每个人的基本技能，推动社会的智能化发展

\###

**ChatGPT：**

首先，感谢您选择我为您提供 Logo 的创意设计思路。以下是基于"新思维 AI 学派"名称的 Logo 设计思路：

**1. 主要元素**

· 大脑图形：代表思维和智慧，强调 AI 的思维培养。

· 电路板纹理：融入大脑图形中，代表 AI 和技术的结合。

· 书本或学术帽：代表学派、学习和教育。

**2. 设计构思**

在 Logo 的中心位置，设计一个半边为人类大脑、半边为电路板纹理的大脑图形。这代表了人类思维与 AI 的完美结合，突出"新思维"的概念。大脑上方可以加上一个打开的书本或学术帽，强调学术和教育的重要性。在大脑或书本下方，用简洁的线条设计出一个向上的箭头，代表"新未来"的方向和愿景。

**3. 颜色选择**

· 蓝色：代表科技、未来和智慧。

· 金色：代表高质量、高级和尊贵。

· 绿色：代表创新、生长和希望。

**4. 字体选择**

选择简洁、现代的无衬线字体，以突出科技和现代感。"新思维 AI 学派"可以放在 Logo 的下方或右侧，而"新思维，新未来"这个口号可以放在 Logo 的下方，作为一个补充。

**5. 附加元素**

可以在 Logo 的背景或旁边加入一些代表技术、数据和网络的图标或线条，增强 AI 和技术的感觉。

**6. 整体风格**

现代、简洁、科技感强，同时融入教育和学术的元素，使其更具学派的特色。

　　这只是一个初步的设计思路，真正的 Logo 设计还需要多次修订和完善。希望这个思路能为您提供一些灵感和方向。如果您需要进一步的设计或可视化，请告诉我。

　　ChatGPT 给出了关于 Logo 设计的思路，大部分建议都非常专业，我们可以根据自己的需求，在其中进行取舍和微调，就可以得到不错的创意设计思路。

## 5.3.2　第二步：撰写使用 DALL·E 3 设计 Logo 的提示词

　　可以参考以下模板撰写提示词：

　　"设计一个 [ 样式类型 ]Logo，采用 [ 颜色 ] 的 [ 符号 ] 在 [ 背景 ] 上，包括 [ 元素 ] 作为额外的设计元素，避免任何文本、阴影和逼真的细节。适用于 [ 网站、名片、T 恤印刷等媒介 ]。"

　　**要点说明：**

　　（1）目前 DALL·E 3 不擅长处理汉字设计，基本都是乱码，所以我们可以用它生成 Logo 图形之后，再用其他设计软件添加文字即可。

　　（2）我们可以选择适合自己品牌特点的 Logo 样式类型，比如：字母、吉祥物、徽章、几何图形、极简主义、抽象、复古、渐变、3D 等。

　　（3）通常情况下，DALL·E 3 生成的图会比较精美复杂，而大部分的品牌 Logo 设计崇尚简洁，这里推荐使用一句反向提示词"无任何文本、阴影和逼真的细节"，有助于避免过于复杂的设计。

　　根据 ChatGPT 提供 Logo 创意设计思路，结合我们的选择和取舍，可以形成以下两个设计方向的提示词。

　　**方向一：图形 Logo**

**Prompt：**

　　设计一个 AI 教育科技公司的 2D 图形 Logo，图形包含神经网络、芯片的元素，使用蓝色和黄色，体现智慧与科技，背景为白色，简洁，扁平化，无任何文本、阴影和逼真的细节。适用于网站、名片、T 恤印刷等媒介。

　　**方向二：字母 Logo**

**Prompt：**

　　设计一个 AI 教育科技公司的字母 Logo，字母为"AI"，主体使用蓝色和黄色，体现科技感，光芒效果，背景为白色，2D，极简，扁平化，无任何文本、阴影和逼真的细节，适用于网站、名片、T 恤印刷等媒介。

### 5.3.3　第三步：调用 DALL · E 3 生成 Logo 设计图

Plus 会员用户可调用 DALL · E 3 功能，输入 Logo 设计提示词，即可生成设计图。基于以上两个方向的提示词，DALL · E 3 输出的 Logo 图，分别如图 5-1 和图 5-2 所示。

**方向一：图形 Logo**

图 5-1　DALL · E 3 根据方向一生成的 Logo 设计图

**方向二：字母 Logo**

图 5-2　DALL · E 3 根据方向二生成的 Logo 设计图

如果对 DALL · E 3 第一次输出的设计图不满意，可以调整提示词或直接重新生成，直到获得满意的结果。

# 5.4 品牌故事创意

ChatGPT 可以根据品牌的价值定位和目标用户需求，生成品牌故事的创意和建议，撰写有吸引力和感染力的品牌故事。具体怎么做呢？

## 5.4.1 咨询品牌故事方法模型

我们不妨先询问 ChatGPT 关于品牌故事的基础知识和方法模型。

**Prompt:**

请问品牌故事有哪几种类型？分别有什么合适的方法模型？

**ChatGPT:**

品牌故事是品牌传播的核心，它为品牌赋予情感和人性，使消费者更容易与品牌产生共鸣。品牌故事的类型有很多，但以下是几种常见的类型及其合适的方法模型：

**1. 起源故事（Origin Story）**

描述：这种故事描述了品牌是如何诞生的，它的初衷和背后的动机。

方法模型："挑战—解决方案—结果"。首先描述创始人面临的挑战或问题，然后描述他们如何找到或创造了一个解决方案，最后描述这个解决方案如何帮助他们或其他人。

**2. 使命故事（Mission Story）**

描述：这种故事描述了品牌的使命、愿景和价值观，以及品牌为什么要做它所做的事。

方法模型："为什么—怎么做—什么"。首先描述品牌的深层次原因（为什么），然后描述品牌是如何实现这个使命的（怎么做），最后描述品牌提供的具体产品或服务（什么）。

**3. 成功故事（Success Story）**

描述：这种故事描述了品牌如何帮助客户或用户成功地解决了一个问题或实现了一个目标。

方法模型："问题—行动—结果"。首先描述客户或用户面临的问题，然后描述他们如何使用品牌的产品或服务，最后描述他们得到的结果或收益。

**4. 文化故事（Culture Story）**

描述：这种故事描述了品牌的文化、价值观和工作方式，以及品牌如何培养和维护这种文化。

方法模型："价值观—行为—结果"。首先描述品牌的核心价值观，然后描述品牌是如何通过具体的行为来体现这些价值观的，最后描述这种文化给品牌带来的好处或成功。

### 5. 未来故事（Future Story）

描述：这种故事描述了品牌的未来愿景，以及品牌如何计划实现这个愿景。

方法模型："现状—愿景—路径"。首先描述品牌当前的状态或市场环境，然后描述品牌的未来愿景或目标，最后描述品牌计划如何达到这个愿景。

当然，每个品牌的故事都是独特的，上述的方法模型只是一个参考框架，可以根据品牌的实际情况进行调整和创新。

我们看到 ChatGPT 给出了创作品牌故事的几种方法模型，总体来说还是相当专业的，我们可以在此基础上，进一步要求它根据品牌背景，推荐合适的方法模型。

**Prompt:**

请根据我的品牌背景，推荐三个最合适的品牌故事模型。

**ChatGPT:**

基于您的品牌背景，即面向个体提供 AI 技能培训课程，不仅教授 AI 工具的基本操作，而是从 AI 原理入手，建立 AI 思维，并将其应用于实际行业和工作场景，以下是三个推荐的品牌故事模型。

### 1. 起源故事（Origin Story）

为什么推荐：描述品牌的诞生背景和初衷可以帮助消费者理解品牌的核心价值和动机，与品牌产生情感上的共鸣。

方法模型："挑战—解决方案—结果"。

挑战：在 AI 技术日益普及的今天，大多数人仍然只停留在工具的使用层面，缺乏对 AI 原理的深入了解和真正的 AI 思维。

解决方案：您创立了这个品牌，提供深入浅出的 AI 教育，帮助学员从 AI 原理入手，建立 AI 思维，并将其应用于实际行业和工作场景。

结果：学员不仅掌握了 AI 工具的使用，更重要的是，他们学会了如何驾驭 AI，将其应用于实际工作，实现了效率、质量和创新的提升。

### 2. 使命故事（Mission Story）

为什么推荐：描述品牌的使命和愿景可以帮助消费者理解品牌的长远目

标和追求，增强品牌的吸引力。

方法模型："为什么—怎么做—什么"。

为什么：我们相信，真正的 AI 教育不仅仅是教授工具的使用，更重要的是培养 AI 思维和应用能力。

怎么做：我们提供系统的 AI 培训课程，从 AI 原理入手，结合实际案例和工作场景，帮助学员掌握 AI 的系统方法论。

什么：我们的课程包括 ChatGPT 的提示工程、图像、视频等多种 AI 技术，满足学员的不同需求。

**3. 成功故事（Success Story）**

为什么推荐：通过描述品牌如何帮助学员成功地掌握 AI 技能和应用于实际工作，可以展示品牌的实际效果和价值。

方法模型："问题—行动—结果"。

问题：一名内容营销专家希望通过 AI 技术优化内容创作和分发，但面临如何精准定位受众和预测热门话题的挑战。

行动：学员参加了您的 AI 培训课程，从 AI 原理入手，学习了如何使用 AI 工具进行内容分析、受众行为预测和热门话题挖掘。

结果：经过培训，学员成功地应用了 AI 技术进行内容营销，实现了内容的精准定位和高效传播，大幅提高了内容的影响力和受众参与度。

这三个品牌故事模型都与您的品牌背景和核心价值紧密相关，可以帮助您更好地传达品牌信息和吸引目标受众。

ChatGPT 根据自己推荐的三个故事模型，列出了内容结构，我们可以进一步要求它将内容进行细化，生成具体的品牌故事文本。

## 5.4.2　选择模型撰写内容

我们从 ChatGPT 提供的几个故事模型中选择适合自己的模型，比如我们选择"起源故事"和"成功故事"这两个模型来进行演示。

Prompt：

请基于起源故事的模型，进一步将内容细化，赋予具体的人物、背景、情节、细节等要素，要求真实可感，能够引发强烈的认同与共鸣，我的称呼是"新哥"。

---
**ChatGPT：**

---

在一个寒冷的冬日，新哥坐在咖啡馆里，对面是一位年轻的设计师小张。小张满脸焦虑地说："新哥，我真的很想学习 AI，但大部分课程都是教我们如何使用工具，我想了解更深层次的原理和思维。"新哥深有同感，他回想起自己初入 AI 领域时，也曾面临同样的困惑。大多数课程都是浅尝辄止，没有真正触及 AI 的核心。他想，为什么不创立一个真正深入浅出的 AI 教育平台，帮助像小张这样的年轻人建立真正的 AI 思维？

于是，新哥开始深入研究 AI 原理，与业内专家进行深度交流，甚至亲自设计课程大纲。他希望每一位学员都能从 AI 的基础原理入手，逐步建立起 AI 思维，最终能够将 AI 技术应用于实际工作和生活中。

几个月后，新哥的 AI 培训课程正式上线。课程内容涵盖了 ChatGPT 的提示工程、图像、视频等多种 AI 技术，结合真实的工作场景和案例，帮助学员掌握 AI 的系统方法论。

小张是第一批参加新哥课程的学员，经过培训，他不仅掌握了 AI 工具的使用，更重要的是，他学会了如何从 AI 原理出发，解决实际工作中的问题。

他成功地应用 AI 技术优化了设计项目，得到了客户的高度认可。看着小张的成功，新哥深感欣慰。他知道，这只是开始，还有更多的人需要他的帮助。他决心继续努力，为更多的人提供高质量的 AI 教育，帮助他们实现自己的梦想。

这就是新哥的 AI 之旅，一个充满挑战和机遇的旅程，一个帮助无数人实现梦想的旅程。

ChatGPT 已经生成了一个不错的品牌故事，我们可以在此基础上进一步提供反馈意见，持续优化提升。

### 5.4.3　反馈意见持续优化

我们可以让 ChatGPT 进一步细化内容，让内容更丰满，更符合我们的品牌背景和具体需求。

---
**Prompt：**

---

请基于成功故事的模型，进一步将内容细化，赋予具体的人物、背景、情节、细节等要素，要求真实可感，能够引发强烈的认同与共鸣，我的称呼是"新哥"。

ChatGPT：

**成功故事：内容营销专家的转变之路**

在繁华的上海，李梅是一名资深的内容营销专家，为一家知名的时尚品牌工作。她每天都要面对大量的内容创作和分发任务，但随着社交媒体的变化和受众口味的多样化，她发现自己越来越难以精准定位受众和预测热门话题。尽管她努力调查和研究，但效果仍然不尽如人意。

一天，她在网络上偶然看到了"新哥"的 AI 技能培训课程，课程介绍中提到可以帮助学员使用 AI 工具进行内容分析、受众行为预测和热门话题挖掘。李梅心想，这或许是她寻找的解决方案。

她决定报名参加。课程中，新哥深入浅出地讲解了 AI 的原理，结合实际案例，手把手教学员如何使用 AI 工具。李梅对一个模块产生了特别浓厚的兴趣，那就是如何通过 AI 分析大量的社交媒体数据，预测未来的热门话题。

课程结束后，李梅迫不及待地将所学应用到工作中。她使用 AI 工具分析了近一个月的社交媒体数据，成功预测了下一个月的三大热门话题。基于这些话题，她策划了一系列的内容活动，结果令人震惊：内容的阅读量和分享量都大幅增加，品牌的影响力和受众参与度也随之提高。

李梅深感自己的转变，她感谢新哥的培训课程，为她打开了一个全新的世界。她说："在 AI 的帮助下，我不再是一个传统的内容营销专家，而是一个真正的数字时代的内容策略师。"

这个故事展示了 AI 技能培训的实际效果和价值，也体现了新哥对学员的深入指导和帮助。

可以看到，ChatGPT 在我们提出的细化要求下，生成了细节更加丰满的品牌故事，我们可以在此基础上继续提出更进一步的修改意见，也可以自己直接动手调整细节，最终获得满意的效果。

至此，我们通过一个具体案例演示了如何使用 ChatGPT 辅助品牌规划的全过程，相信你已经看到了 ChatGPT 在品牌规划上的强大能力。

## 5.5　本章小结

品牌规划是企业建立品牌形象和价值的核心活动，包括品牌价值定位、品牌形象设计和品牌故事创意等关键环节。ChatGPT 通过其先进的技术，可以为品牌规划的各个环节提供协助。

**1. ChatGPT 已经具备的能力**

（1）品牌价值定位：ChatGPT 能协助企业快速准确地定位品牌的核心价值和目标市场。

（2）品牌形象设计：ChatGPT 能提供创意的品牌形象设计建议，并可调用 ChatGPT 原生自带的 DALL·E 3 直接生成设计图。

（3）品牌故事创意：利用 AI 技术，ChatGPT 能生成富有创意和感染力的品牌故事，增强品牌的情感连接和认同感。

**2. 目前还存在的不足**

（1）价值定位的深度：虽然 ChatGPT 能协助定位品牌价值，但可能需要更多行业和市场知识来提供深入的定位建议。

（2）形象设计的个性化：ChatGPT 的设计建议可能较为通用，可能需要人工参与以确保品牌形象的个性化和独特性。

（3）故事创意的原创性：虽然 ChatGPT 能生成品牌故事，但可能仍需人工参与以确保故事的原创性和创意。

**3. 需要注意的问题**

（1）深化价值定位：结合企业的实际需求和市场趋势，进一步深化品牌价值的定位。

（2）个性化形象设计：与专业设计师合作，进一步个性化和优化品牌形象设计。

（3）原创性故事创意：结合企业文化和市场需求，创作更多原创和有影响力的品牌故事。

**4. 未来发展的趋势**

（1）个性化定位：ChatGPT 将能更精准地分析企业和市场需求，提供个性化的品牌价值定位方案。

（2）智能创意设计：未来，ChatGPT 将生成更多富有创意和创新的品牌形象和故事。

（3）实时策略调整：通过实时分析市场反应，ChatGPT 将帮助企业及时调整品牌策略和行动。

ChatGPT 在品牌系统规划的各个环节中都展现出了它的潜力和价值。随着技术的不断进步，它还将在品牌规划中发挥更大价值。

第 6 章

# AI+ 产品开发：
## 打开创新百宝箱

在竞争日益激烈的市场中，产品不仅要满足消费者的基本需求，还需要具有创新和独特的价值，以区别于竞争对手并吸引消费者的注意。本章将专注于"AI+产品开发"的环节，探索如何利用 ChatGPT 打开创新的"百宝箱"，为产品注入独特和创新的价值。

你将学习如何使用 ChatGPT 生成新的产品概念和创意，设计产品的功能和外观，并通过用户测试模拟来优化产品设计。通过本章的学习，你将掌握一套完整的"AI+产品开发"方法和技巧，帮助您从概念到设计，打造出真正具有创新价值的产品。

# 6.1 ChatGPT 如何助力产品开发

产品开发，它是企业为了迎合市场和用户的多样化需求，通过科技进步、设计革新和策略布局，塑造出创新或升级的产品的一系列活动。在这个日新月异的商业时代，产品开发不只是企业维持生计的手段，更是它在竞争激烈的市场中取得领先地位的法宝。它影响着企业的市场地位、品牌形象，以及未来的盈利潜力。

然而传统的产品开发方式遭遇了众多困境。从产品概念创意到功能外观设计、用户原型测试，每个步骤都耗费大量的资源和时间，使得开发成本居高不下。加上市场需求的快速变化，传统方法往往难以及时适应，导致产品与市场之间的错位。此外，如何在保持产品概念创新的同时，确保其技术可行性与用户接受度，也是一个长久以来的难题。

而现在，利用 ChatGPT 这样的先进工具，可以帮助企业更高效、有针对性地进行产品开发。在产品开发的各个环节中，ChatGPT 都可以发挥作用。

**1. 产品概念创意**

·传统方法：通常需要团队进行大量的市场调研和头脑风暴。

·ChatGPT 辅助：通过搜索和阅读大量的市场研究报告或消费洞察报告，洞察用户需求与创新机会，提供新的产品概念和创意。

**2. 功能外观设计**

·传统方法：设计师和产品经理需要进行多次讨论和修改来确定产品功能设计。

·ChatGPT 辅助：基于产品概念和创意，提供具体的功能结构设计与外观视觉设计建议方案，并可调用 ChatGPT 原生自带的 DALL·E 3 直接生成效果图。

### 3. 用户原型测试

· 传统方法：需要制作物理或数字原型，并邀请用户进行测试和反馈。

· ChatGPT 辅助：根据确定的产品概念和功能外观设计方案，模拟消费者的使用场景与可能反馈，帮助验证产品概念的可行性。

接下来，我们通过一个具体的案例来进行演示，比如一个小家电品牌公司希望通过产品创新获得"95 后"年轻用户群体的青睐，应该如何借助 ChatGPT 进行产品开发与创新。

首先，让我们根据产品开发的流程，设计一段清晰完整的通用提示词，把它输入一个新建的对话框，给 ChatGPT 下达任务。

另外，考虑到实际需要，Plus 会员用户可以提前勾选添加这些插件：可以访问和读取网页的 WebPilot、可以访问和读取 PDF 文档的 AskYourPDF。

---

**Prompt:**

---

**角色：**假设你是一个"小家电产品"创新开发专家，拥有深厚的产品创新开发经验，具备对市场趋势和用户需求的洞察能力。

**背景：**我是一家中国小家电品牌公司的产品经理，面对市场竞争激烈、"95 后"年轻用户占比较低的挑战。

**任务：**请协助我开发一系列的创新小家电产品。

**目标：**目标是获得"95 后"年轻用户的青睐，成为他们心目中的首选小家电品牌。

**流程：**请按照以下步骤，为我提供指导和协助。

产品概念创意环节：

第一步：创新方向探索

搜索和阅读大量的市场研究报告或消费洞察报告，洞察用户需求与创新机会，提供新的产品创新方向。

第二步：产品概念创意

根据确认的创新方向，提供多个具体的产品创意和概念建议。

功能外观设计环节：

第一步：功能结构设计

根据确认的产品概念，提出多种方向的功能设计建议方案。

第二步：外观视觉设计

根据我确认的功能结构设计建议方案，提出多种外观视觉建议方案。

第三步：生成设计效果图

调用 ChatGPT 原生自带的 DALL·E 3 生成产品外观设计效果。

用户模拟测试环节：

根据确认的产品概念和功能外观设计方案，模拟消费者的使用场景与可能反馈，帮助验证产品概念的可行性。

**指令：**

·让我们从第一步开始，在我确认并说"继续"时，你再开始进入下一个步骤，以此类推。

·为了保证内容的创新度，请将温度值设定为 0.8。

·在完成任务的过程中，如果你有需要了解的背景信息，请向我提问。

·如果你明白，请回复"明白"。

## 6.2　产品概念创意

ChatGPT 可以通过搜索和阅读市场研究报告或消费洞察报告，洞察用户需求与创新机会，为我们提供产品概念创意。

### 6.2.1　第一步：创新方向探索

我们在前面的提示词要求 ChatGPT 首先搜索中国小家电消费洞察报告进行学习并归纳，挖掘用户潜在需求，提出可能的产品创新方向。我们来看 ChatGPT 给出的回应。

ChatGPT：

明白。让我们开始吧！

**第一步：创新方向探索**

"95 后"的年轻用户群体对于科技、个性化和环保都有很高的关注度。他们追求高效、智能、有趣和有意义的产品。考虑到这些特点，我建议从以下几个方向进行市场研究和消费洞察。

（1）智能化：与手机、智能家居等设备连接的小家电，如通过手机控制的咖啡机、智能吸尘器等。

（2）环保与健康：如空气净化器、健康食品制造机、无线电磁炉等。

（3）个性化与定制：可以根据用户的喜好和需求进行定制的小家电，如个性化吐司机、定制化果汁机等。

（4）娱乐与互动：结合 AR、VR 技术的小家电，如虚拟现实烹饪教程、互动式健身器材等。

接下来，我建议您搜索和阅读与上述方向相关的市场研究报告或消费洞察报告，以深入了解用户的真实需求和市场的创新机会。

请告诉我您的想法，如果您同意这些方向，我们可以继续进行下一步。如果您有其他想法或建议，也请告诉我。

## Prompt：

很好，根据你的思路，调动插件搜索相关的市场研究和消费洞察报告，深入洞察目标用户的需求。

## ChatGPT：

Used WebPilot

根据我找到的《2022 年轻人国货消费趋势报告》的内容，以下是一些关键的洞察：

（1）年轻消费者对国货的偏好增长："95 后"国货用户数占比同比提升 11%。他们最爱购买的国货品类前三名为厨具、生鲜、家用电器。

（2）产品审美与实用性：年轻消费者更倾向选择能提高自身幸福感的产品。例如，高颜值的潮流网红厨房用品，如网红产品八角不粘锅、空气炸锅、焖烧杯等都受到了年轻人的喜爱。

（3）文化与体验：年轻消费者更加重视产品的使用体验和与文化的结合。例如，正月十五的玫瑰馅汤圆、端午节的小龙虾粽子等新颖的产品都吸引了年轻消费者的关注。

（4）国货老字号的创新：75% 的年轻人对国货老字号品牌创新感兴趣。例如，大白兔奶糖的销量中，"95 后"只占 20%，但是在大白兔香水和沐浴乳的销量中，"95 后"分别占据 46% 和 41%。

（5）为热爱买单的趋势：年轻人在品牌及产品的消费上回归理性，不再盲目追求大牌，而是根据自己的喜好选择产品。

基于上述洞察，我们可以进一步探索产品创新的方向。如果您觉得这些信息有帮助，我们可以继续进行下一步。如果您有其他想法或建议，也请告诉我。

ChatGPT 根据我们的要求给出了关于目标用户群体需求的一些关键洞察。我们可以继续深挖目标用户对于具体产品的喜好。

**Prompt：**

你认为厨具类小家电中哪些具体产品最受"95 后"喜爱？

**ChatGPT：**

根据《2022 年轻人国货消费趋势报告》和我对市场的了解，"95 后"在厨具类小家电中特别喜欢以下几种产品：

（1）高颜值的潮流网红厨房用品：例如，网红产品八角不粘锅。这种产品不仅实用，而且设计感强，能够满足年轻人追求美观和个性的需求。

（2）多功能厨房小家电：如"一锅可做一切"的空气炸锅。这种产品能够满足年轻人生活节奏快、喜欢一物多用的特点。

（3）创新的厨房储存用品：例如，拥有可爱图案的厨房储物器皿。这些产品不仅实用，还能为厨房增添趣味和美观。

（4）与文化结合的厨具：例如，焖烧杯。这种产品结合了传统的焖烧技术和现代的设计，既能满足年轻人对传统文化的追求，又能满足他们对现代生活的需求。

（5）社交属性的厨具：年轻消费者会选择在各自家中的厨房通过视频或文字来交流下厨心得，这也让各种高颜值的潮流网红厨房用品不断走红。

总的来说，"95 后"更加注重产品的设计、实用性和与文化的结合。他们希望购买的产品既能满足日常需求，又能展现自己的个性和审美。如果您觉得这些建议有帮助，我们可以继续进行下一步。如果您有其他想法或建议，也请告诉我。

**Prompt：**

国货老字号品牌如何与年轻消费者产生共鸣？

**ChatGPT：**

国货老字号品牌与年轻消费者产生共鸣的关键在于找到传统与现代之间

的平衡。以下是一些建议和策略：

（1）创新产品线：国货老字号品牌可以推出与年轻消费者相关的新产品。例如，大白兔奶糖推出了大白兔香水和沐浴乳，这些新产品吸引了大量的年轻消费者。

（2）更新品牌形象：国货老字号品牌可以更新其品牌形象，使其更加现代和年轻化。这可以通过重新设计标志、包装、广告等方式来实现。

（3）与年轻文化结合：国货老字号品牌可以与流行文化、音乐、艺术等年轻元素结合，例如与流行歌手或网红合作，或者参与流行的文化活动。

（4）利用数字化营销：国货老字号品牌可以利用社交媒体、短视频平台等数字化工具与年轻消费者互动，分享品牌故事和产品信息。

（5）强调品牌故事和传统价值：国货老字号品牌有丰富的历史和文化背景，可以通过分享这些故事来吸引年轻消费者。同时，强调品牌的传统价值和工艺也可以吸引那些追求真实和有意义的年轻消费者。

（6）提供个性化和定制化服务：国货老字号品牌可以提供个性化和定制化的产品或服务，满足年轻消费者追求个性和独特性的需求。

（7）注重产品质量和可持续性：国货年轻消费者越来越关心产品的质量和可持续性。老字号品牌可以强调其产品的高质量和对环境的责任感。

如果您觉得这些建议有帮助，我们可以继续进行下一步。如果您有其他想法或建议，也请告诉我。

ChatGPT 给出了目标用户群体喜欢的具体产品，并回答了国货老字号品牌如何与年轻消费者产生共鸣的问题。有了这些信息和建议，接下来，我们可以确认具体的创新方向，进行产品概念创意。

## 6.2.2　第二步：产品概念创意

ChatGPT 可以根据确认的创新方向，进一步提供多个具体的产品创意和概念建议。

**Prompt：**

好，我们继续，进入第二步：产品概念创意，即基于"国货品牌""颜值与功能""一人食""厨房小家电"这几个关键词，提供多个方向的产品创意和概念建议。

ChatGPT：

### 第二步：产品概念创意

基于您提供的关键词，以下是一些产品创意和概念建议：

**1. 国货潮流电火锅**

· 概念：结合传统火锅与现代设计的小型电火锅，适合单人或双人使用。

· 特点：高颜值，采用传统中国文化元素设计，如青花瓷图案；具备智能温控功能，避免食物烧焦。

**2. 一人食智能蒸炒机**

· 概念：专为单人设计的小型蒸炒机，可以快速为一人准备健康的蒸煮食物。

· 特点：紧凑、便携，具备智能菜谱推荐功能，可以根据用户的口味和营养需求推荐菜谱。

**3. 国货风格的早餐机**

· 概念：一台集合煎、烤、煮、蒸等多种功能的早餐机。

· 特点：设计融入中国传统元素，如竹子、山水画等；具备智能预约功能，可以提前设置好早餐时间。

**4. 一人食智能冷热饮料机**

· 概念：为单人设计的饮料机，可以快速制作冷热饮料，如茶、咖啡、果汁等。

· 特点：紧凑、便携，具备智能识别功能，可以根据放入的食材自动选择最佳的制作方式。

**5. 国货风格的智能调料盒**

· 概念：集合多种常用调料的智能调料盒，可以根据菜谱自动分配调料。

· 特点：设计融入中国传统元素，如蓝白瓷、剪纸等；具备智能推荐功能，可以根据用户的口味推荐调料比例。

请告诉我您对这些建议的看法，如果您觉得有哪些方向是值得深入探索的，我们可以继续进行下一步。如果您有其他想法或建议，也请告诉我。

ChatGPT 一次性提出了 5 个产品概念创意，看起来相当不错。如果觉得还不够，或者希望获取更多创意点子，可以直接要求它继续提供。也可以直接点击刷新回应（Regenerate Response），不过记得把前面已经提供的内容复制保存到本地文档以备后用。这里我们选择其中的一个方向进入下一步，要求它做一些微调，输出完整的产品概念创意说明。

很好，我们选择"一人食智能冷热饮料机"做进一步延展，不过需要做一些微调：

·产品小型化，规格和保温杯相当，可以手持，便于携带，所以不叫"饮料机"，可以叫"冷热饮料杯"，类似"焖烧杯"的概念。

·外观年轻化，为了和"保温杯"的中老年专用的形象区隔，需要突出年轻化、国潮化。

根据以上意见，请重新整理，输出完整的产品概念创意说明。

**一人食智能冷热饮料杯**

**产品概念：**

"一人食智能冷热饮料杯"是一款专为年轻人设计的便携式饮料制作工具。它结合了现代科技与传统中国文化，旨在为用户提供快速、方便的冷热饮料制作体验。

**核心特点：**

（1）便携与小型化：与常规保温杯的尺寸相当，手持设计，轻巧便于携带，适合户外、办公室、健身房等多种场合。

（2）智能制作：内置传感器和微型制冷/加热系统，可以根据用户的选择快速制作冷热饮料。例如，冬天可以快速为用户制作一杯热茶，夏天则可以制作一杯冰咖啡。

（3）年轻化与国潮设计：外观设计融入中国传统元素，如青花瓷、剪纸、山水画等，与现代简约风格相结合，展现出独特的国潮魅力。

（4）环保与健康：采用食品级材料，确保饮料的健康与安全。同时，鼓励用户自制饮料，减少一次性杯子的使用，有助于环保。

（5）智能互联：可以与手机 App 连接，用户可以通过 App 选择制作的饮料类型、温度等，还可以查看制作进度、保存喜欢的饮料配方等。

这是我根据您的要求整理的产品概念创意说明。请告诉我您的看法，如果您觉得满意，我们可以继续进行下一步。如果您有其他想法或建议，也请告诉我。

根据我们要求，ChatGPT 已经给出了非常详细的产品概念创意说明，总体来说非常不错，我们可以进入下一步。

# 6.3　功能外观设计

在 ChatGPT 为我们提供了产品概念创意之后，我们可以在此基础上进一步要求它继续提供功能和外观设计方案。

## 6.3.1　第一步：功能结构设计

根据我们在前面的提示词中的要求，ChatGPT 会根据确认的产品概念，提出多种方向的功能设计建议方案。我们只需要输入"继续"，ChatGPT 就会根据提示设定继续往下回答。

**Prompt：**

好，我们继续。

**ChatGPT：**

**第一步：功能结构设计**

一人食智能冷热饮料杯

**1. 主体结构**

外壳：采用双层不锈钢或食品级塑料，确保良好的保温效果和结实的耐用性。

内胆：食品级材料制成，易于清洗，确保饮料的健康与安全。

**2. 制冷 / 加热系统**

微型制冷 / 加热元件：位于杯底部，可以快速为饮料制冷或加热。

温度传感器：实时监测饮料的温度，确保达到用户设定的温度。

**3. 智能控制系统**

触摸屏控制面板：位于杯身上方，用户可以直接选择制作的饮料类型、温度等。

手机 App 连接：通过蓝牙与手机 App 连接，用户可以远程控制、查看制作进度、保存饮料配方等。

**4. 电池与充电**

内置可充电电池：确保用户在户外或没有电源的地方也可以使用。

USB–C 充电口：便于用户随时充电，也可以使用移动电源充电。

**5. 安全保护**

防溢设计：杯盖采用密封设计，确保饮料不会溢出。

过热保护：当饮料温度超过设定温度时，自动停止加热。

**6. 其他功能**

自动搅拌：内置微型搅拌器，可以为用户自动搅拌饮料，确保饮料均匀。

LED 指示灯：显示饮料的制作进度和状态。

这是我为"一人食智能冷热饮料杯"提出的功能与结构设计建议。请告诉我您的看法，如果您觉得满意，我们可以继续进行下一步。如果您有其他想法或建议，也请告诉我。

ChatGPT 给出了非常详细的功能结构设计，为了进一步确保技术可行性，我们可以继续追问一些具体功能的技术解决方案。比如关于安全功能的问题。

**Prompt：**

为了确保用户的安全，我们还需要添加哪些安全功能？

**ChatGPT：**

确保用户的安全是产品设计中的首要任务，尤其是涉及电气和热力学的产品。对于"一人食智能冷热饮料杯"，除了已经提到的过热保护功能，我们还可以考虑以下的安全功能：

（1）防干烧保护：当杯内无液体或液体太少时，自动关闭加热或制冷功能，防止设备损坏或引发安全隐患。

（2）防电击保护：确保所有电气部件都有良好的绝缘和接地，防止用户在使用或充电时触电。

（3）压力释放阀：在加热过程中，杯内可能会产生一定的压力，压力释放阀可以确保压力不会过大，防止杯盖意外弹开。

（4）防滑底座：杯底部设计有防滑垫，确保在湿滑的表面上也能稳定放置。

（5）温度警告指示：当饮料的温度过高或过低时，LED 指示灯会发出不同颜色的光，提醒用户注意。

（6）自动关机功能：如果在一定时间内没有操作，设备会自动进入休眠或关机状态，节省电能并确保安全。

（7）防水设计：确保电池和电气部件与液体隔离，防止因为意外溅水或洒水导致的短路。

（8）材料安全：确保所有与饮料接触的部件都是食品级的，不含有害物质，如BPA。

（9）过充和过放保护：内置电池具有过充和过放保护功能，确保电池的使用寿命和安全。

（10）故障自动检测：当设备检测到任何故障时，如传感器故障、电池故障等，会自动停止工作并通过指示灯或App通知用户。

考虑到这些安全功能，我们可以确保"一人食智能冷热饮料杯"在各种使用场景下都能为用户提供安全的使用体验。如果您觉得这些建议有帮助，我们可以继续进行下一步。如果您有其他想法或建议，也请告诉我。

关于安全功能的实现，ChatGPT也给出了不错的解决方案建议。对于其他问题，我们也可以通过追问的方式继续深挖，直到找到合适的解决方案。我们就可以继续进入下一步。

## 6.3.2　第二步：外观视觉设计

ChatGPT根据我们前面的提示词中提出的要求，根据确认的功能结构设计建议方案，提出多种外观视觉建议方案。

**Prompt:**

好，我们继续。

**ChatGPT:**

**第二步：外观视觉设计建议**

为"一人食智能冷热饮料杯"提供以下外观视觉建议：

**1.简约现代风格**

·描述：采用简洁的线条和流畅的曲面，无多余的装饰，强调产品的现代感。

·颜色：选择低调的灰、黑或白色，与金属材质相结合，展现出高端的质感。

·细节：触摸屏控制面板与杯身完美融合，LED 指示灯设计为细长的条形，简洁而不失科技感。

**2. 国潮复古风格**

·描述：结合中国传统文化元素，如青花瓷、剪纸、山水画等。

·颜色：选择传统的蓝、白、红等颜色，与金属或陶瓷材质相结合。

·细节：触摸屏控制面板上印有传统图案，LED 指示灯设计为传统的灯笼形状。

**3. 自然生态风格**

·描述：受到自然元素的启发，如山、水、树、花等。

·颜色：选择自然的绿、蓝、棕等颜色，与木质或竹质材质相结合。

·细节：触摸屏控制面板与杯身完美融合，LED 指示灯设计为自然的形状，如叶子、水滴等。

**4. 科技未来风格**

·描述：强调产品的高科技感，受到未来主义的启发。

·颜色：选择酷炫的蓝、紫、银等颜色，与金属或玻璃材质相结合。

·细节：触摸屏控制面板采用透明材质，LED 指示灯设计为动态的流光效果。

这是我为"一人食智能冷热饮料杯"提出的外观视觉设计建议。请告诉我您的看法，如果您觉得满意，我们可以继续进行下一步。如果您有其他想法或建议，也请告诉我。

ChatGPT 一次性提出了四个产品概念创意，这里我们选择其中的一个方向：国潮复古风格，考虑到目标用户群体的特征，要求它给出具体的设计策略。

Prompt：

关于国潮复古风格，基于年轻化需求，请给出具体的设计策略，尤其是元素和色彩的选择。

ChatGPT：

**国潮复古风格设计策略**

国潮复古风格结合了中国的传统文化和现代设计，为了满足年轻化的需求，我们可以采取以下的设计策略：

**1. 设计元素**

（1）图案元素

·青花瓷图案：选择简化的青花瓷图案，如莲花、鱼、波纹等，这些图案既有传统意义，又具有现代感。

·剪纸艺术：利用剪纸的对称和几何形状，设计简洁的动物或植物图案。

·书法艺术：选择流行的书法字体，如行书、草书等，用于品牌标志或产品名称。

（2）结构元素

·圆形与曲线：在杯盖、底座或控制面板上使用圆形和曲线，这些形状在中国传统文化中有和谐和完整的意义。

·对称设计：在整体设计中使用对称的元素，如双龙戏珠、双鱼等，这些元素在中国文化中有吉祥的寓意。

**2. 色彩选择**

（1）主色调

·天蓝与白色：受青花瓷的启发，选择天蓝和白色作为主色调，这两种颜色既有传统意义，又具有现代感。

（2）辅助色彩

·金色：作为细节的点缀，如品牌标志、按钮边缘等，金色在中国文化中有贵族和尊贵的寓意。

·红色：作为亮点的色彩，如 LED 指示灯、控制按钮等，红色在中国文化中有吉祥和繁荣的寓意。

（3）色彩搭配

·蓝白搭配：主体部分使用蓝白搭配，展现出清新和高雅的感觉。

·金红搭配：细节部分使用金红搭配，增加产品的奢华感。

结合以上的设计策略，我们可以为"一人食智能冷热饮料杯"设计出具有国潮复古风格的外观，既展现出中国的传统文化，又满足年轻人的审美需求。

请告诉我您的看法，如果您觉得满意，我们可以继续进行下一步。如果您有其他想法或建议，也请告诉我。

ChatGPT 根据要求，从设计元素、色彩选择、颜色搭配分别提出了具体建议。

我们还可以继续深挖一些更具体的细节问题。

Prompt：

（1）在图案选择上，有哪些具体的图案是最受年轻人喜欢的？

（2）除了天蓝和白色，还有哪些色彩可以用于国潮复古风格的设计？

（3）如何确保金色和红色的使用不会显得过于浮夸？

ChatGPT：

### 1. 图案选择

年轻人对于图案的喜好往往偏向于简洁、现代且具有深意的设计。对于国潮复古风格，以下图案可能受到年轻人的喜爱：

· 几何图案：如八卦、太极、云纹等，这些图案简洁而具有深意。

· 动植物图案：如鹤、鱼、莲花、竹子等，这些图案既有传统意义，又具有现代感。

· 山水画：简化的山水画图案，展现出大自然的魅力，同时也有深层的哲理意味。

· 书法艺术：简短的诗句或古文，如"静以修身""山高水长"等，这些文字既有文化底蕴，又具有哲理意味。

### 2. 色彩选择

除了天蓝和白色，以下色彩也可以用于国潮复古风格的设计：

· 墨绿色：受到中国传统水墨画的启发，墨绿色既有传统意义，又具有现代感。

· 桃红色：淡雅的桃红色，既有女性的柔美，又有春天的活力。

· 米黄色：受到古代宣纸的启发，米黄色给人一种古朴和温暖的感觉。

· 宝石蓝：深邃的宝石蓝，既有神秘感，又尽显贵族的尊贵。

### 3. 确保金色和红色不显得过于浮夸

· 使用度：金色和红色应该作为点缀色，而不是主色，例如用于品牌标志、按钮边缘或细节部分。

· 色彩深浅：选择深红或暗金色，而不是鲜艳的红色或亮金色，这样可以显得更为沉稳和高级。

· 材质选择：金色和红色的部分可以选择哑光或半哑光的材质，而不是高光泽的材质，这样可以减少其浮夸感。

·与其他色彩搭配：与中性色彩如灰、黑或白色搭配，可以平衡金色和红色的鲜艳度，使整体设计更为和谐。

希望这些建议能够帮助您进一步完善产品的设计。如果您有其他问题或需要进一步的建议，请告诉我。

根据我们要求，ChatGPT 进一步给出了非常具体的补充建议，内容已经非常详细，我们可以进入下一步的外观视觉设计。

**Prompt：**

在外观视觉上，我们选择做两款，一男一女，男性主色为米黄，女性主色为桃红，图案上选择云纹。请结合之前的功能结构设计，输出完整的外观设计说明。

**ChatGPT：**

外观设计说明

**男性版：米黄色云纹智能冷热饮料杯**

（1）主体颜色：采用米黄色作为主体颜色，给人一种古朴、稳重的感觉，与男性的沉稳气质相符。

（2）图案设计：在杯身部分采用淡雅的云纹图案，与米黄色相结合，展现出中国传统文化的魅力。

（3）控制面板：触摸屏控制面板与杯身完美融合，背景色为深米黄，与主体颜色形成对比，使操作更为明确。

（4）细节处理：LED 指示灯、控制按钮等细节部分采用深棕色，与米黄色形成对比，增加产品的层次感。

**女性版：桃红色云纹智能冷热饮料杯**

（1）主体颜色：采用桃红色作为主体颜色，给人一种柔美、活泼的感觉，与女性的温柔气质相符。

（2）图案设计：在杯身部分采用淡雅的云纹图案，与桃红色相结合，展现出中国传统文化的魅力。

（3）控制面板：触摸屏控制面板与杯身完美融合，背景色为深桃红，与主体颜色形成对比，使操作更为明确。

（4）细节处理：LED 指示灯、控制按钮等细节部分采用玫瑰金色，与桃红色形成对比，增加产品的层次感。

**共同特点：**

·双层设计：外壳采用双层不锈钢或食品级塑料，确保良好的保温效果和结实的耐用性。

·制冷 / 加热系统：微型制冷 / 加热元件位于杯底部，温度传感器实时监测饮料温度。

·智能控制：手机 App 连接，用户可以远程控制、查看制作进度、保存饮料配方。

·电池与充电：内置可充电电池，USB-C 充电口便于用户随时充电。

·安全保护：防溢设计、过热保护、防干烧保护等。

这是基于您的要求为"一人食智能冷热饮料杯"设计的外观说明。如果您觉得满意，我们可以继续进行下一步。如果您有其他想法或建议，也请告诉我。

ChatGPT 已经给出了非常细致的外观说明，根据这个说明，我们就可以进入下一步，生成设计效果图。

## 6.3.3 第三步：生成设计效果图

Plus 会员用户可调用 ChatGPT 原生自带的 DALL·E 3 功能，继续生成产品外观设计的效果图。

**Prompt：**

请根据以上外观设计说明，设计这两款产品设计效果图。

**ChatGPT：**

DALL·E 3

Created 2 images

我们看到 DALL·E 3 生成的产品设计效果图已经达到很高的准确度和精细度了，如图 6-1 和图 6-2 所示。如果对 DALL·E 3 第一次输出不满意，可以调整绘图提示词或直接点击重新生成的按钮，它就会继续生成新的图片，直到我们获得满意的结果。

图 6-1　DALL · E 3 生成的男性版产品效果图

图 6-2　DALL · E 3 生成的女性版产品外观效果图

# 6.4　用户测试模拟

根据确认的产品概念和功能外观设计方案，ChatGPT 模拟消费者的使用场景与可能反馈，帮助进一步验证产品概念的可行性。

## 6.4.1　使用场景模拟

我们在之前的提示词已经提出要求，根据确认的产品概念和功能外观设计方案，模拟消费者的使用场景与可能反馈，我们只需要说"继续"，ChatGPT 就能继续往下回答这个问题。

Prompt：

继续。

ChatGPT：

### 用户测试模拟环节

#### 1. 使用场景模拟

场景一：上班族的早晨

小王是一名上班族，每天早上都需要匆匆忙忙地赶去公司。他购买了这款冷热饮料杯，早上可以快速为自己制作一杯热咖啡。在路上，他可以通过手机 App 调整饮料的温度，确保到达公司时咖啡的温度刚刚好。

场景二：下午茶时间

小李是一名大学生，她和朋友在图书馆学习。下午茶时间，她使用这款饮料杯为自己制作了一杯冰绿茶，清凉又提神。

场景三：户外运动

小张喜欢户外运动，他在山上徒步时，使用这款饮料杯为自己制作了一杯冰柠檬水，迅速消暑。

#### 2. 可能的用户反馈模拟

反馈一：充电时间较长

可能有用户反馈这款饮料杯的充电时间较长，希望能够提高充电效率。

反馈二：希望增加更多的饮料配方

一些用户可能希望在 App 中增加更多的饮料配方，如奶茶、果汁等，以满足不同的口味需求。

反馈三：触摸屏操作不够灵敏

可能有用户反馈触摸屏操作不够灵敏，需要多次触摸才能成功操作。

反馈四：希望增加更多的颜色和图案选择

一些用户可能希望这款饮料杯有更多的颜色和图案选择，以满足个性化需求。

#### 3. 建议的解决方案

解决方案一：考虑使用更高效的充电技术，如快充技术，以缩短充电时间。

解决方案二：在 App 中增加更多的饮料配方，并允许用户自定义和分享自己的饮料配方。

解决方案三：优化触摸屏的硬件和软件，提高触摸屏的灵敏度。

解决方案四：考虑推出更多的颜色和图案选择，甚至可以推出定制服务，让用户定制自己喜欢的颜色和图案。

这是基于您的产品概念和功能外观设计方案的用户测试模拟。如果您觉得满意，我们可以继续进行下一步。如果您有其他想法或建议，也请告诉我。

ChatGPT 为我们模拟了消费者的使用场景与可能反馈，对于我们提前预测市场反应和进行真实的用户测试，提供了方向参考，为了获取更多的思路，也可以点击重新生成回应按钮（Regenerate Response），继续生成更多用户测试模拟，不过记得把前面已经提供的内容复制保存到本地文档。

## 6.4.2　营销策略建议

在用户测试模拟的基础上，我们可以进一步追问，关于影响用户接受度的因素，以及针对这些因素在营销策略层面应该如何应对？

**Prompt：**

你认为哪些因素可能影响用户对这款产品的接受度？为此，应该在营销策略层面做哪些动作？

**ChatGPT：**

**影响用户对这款产品接受度的因素可能包括：**

（1）产品的实用性：如果产品不能有效地满足其主要功能（即迅速制冷/加热饮料），用户可能会对其失去兴趣。

（2）价格：作为一款集多种功能于一身的产品，其价格可能会相对较高。如果价格超出了目标用户的预期或接受范围，可能会影响其销售。

（3）用户体验：如触摸屏的反应速度、App 的使用便捷性、充电时间等都会影响用户的整体体验。

（4）品牌知名度：对于新推出的产品，如果品牌知名度不高，可能需要更多的时间和努力来获得用户的信任。

（5）市场竞争：如果市场上已有类似功能的产品，那么这款产品需要有足够的竞争力来吸引用户。

（6）文化和设计：虽然产品采用了中国风设计，但如果设计没有得到目标用户群体的喜爱，可能会影响其接受度。

**为了应对上述挑战，在营销策略层面可以采取以下动作：**

（1）体验营销：在大型商场或校园等地方设置体验区，让用户亲自体验产品的功能和效果。

（2）定价策略：可以采用促销或捆绑销售的方式，为早期购买的用户提供优惠。

（3）增强线上宣传：利用社交媒体、KOL 和短视频平台进行产品宣传，吸引年轻用户的注意。

（4）用户反馈：积极收集用户反馈，及时优化产品功能和用户体验。

（5）合作营销：与其他知名品牌或平台进行合作，如与流行的咖啡品牌合作推出限定版饮料杯。

（6）故事营销：围绕产品创造有趣的故事或背景，如强调其中国风设计背后的故事，增加产品的情感价值。

（7）教育营销：通过线上和线下的研讨会、工作坊等形式，教育用户如何充分利用产品的功能，提高其使用频率。

希望这些建议能帮助您在营销层面更好地推广这款产品。如果您有其他问题或需要进一步的建议，请告诉我。

根据我们的要求，ChatGPT 给出了在营销策略层面应对的具体建议，这些建议具有很高的参考价值。至此，我们通过一个具体案例，演示了如何运用 ChatGPT 为产品开发与创新提供辅助的全过程。

# 6.5 本 章 小 结

产品开发是企业创新的核心，涉及产品概念创意、功能外观设计和用户测试模拟等关键环节。ChatGPT 通过其先进的技术，为产品开发的各个环节提供协助。

**1. ChatGPT 已经具备的能力**

（1）产品概念创意：ChatGPT 能协助企业快速生成和筛选产品概念和创意，为产品开发提供创新的思路。

（2）功能外观设计：ChatGPT 能提供功能和外观设计建议，并可调用 ChatGPT 原生自带的 DALL·E 3 直接生成效果图。

（3）用户测试模拟：利用 AI 技术，ChatGPT 能模拟用户测试，快速获取用户反馈和优化建议。

**2. 目前还存在的不足**

（1）创意的深度：虽然 ChatGPT 能生成产品概念和创意，但可能需要更多行业和市场知识来提供深入的创意建议。

（2）设计的个性化：ChatGPT 的设计建议可能较为通用，可能需要人工参与以确保产品设计的个性化和独特性。

（3）测试模拟的准确性：虽然 ChatGPT 能模拟用户测试，但模拟测试的结果可能与实际用户反馈存在差异。

**3. 需要注意的问题**

（1）深化产品创意：结合企业的实际需求和市场趋势，进一步深化产品概念和创意。

（2）个性化设计建议：与专业设计师合作，进一步个性化和优化产品的功能和外观设计。

（3）精准用户测试：结合真实用户测试的数据，优化模拟用户测试的算法和结果。

**4. 未来发展的趋势**

（1）智能化产品创意：ChatGPT 将能更准确地为不同行业和市场环境提供定制化的产品概念和创意建议。

（2）创意设计集成：通过集成更多先进 AI 技术，ChatGPT 将实现更全面和高效的产品功能和外观设计建议。

（3）用户测试优化：利用深度学习和其他 AI 技术，ChatGPT 将为企业提供更加精准和实用的用户测试模拟和优化建议。

ChatGPT 在产品创新的各个环节中都可以提供有效的支持和帮助。通过持续的优化和升级，它将成为产品创新团队的重要助手，推动产品创新的效率和质量不断提升。

# 第 7 章

# AI+ 内容传播：
## 引爆用户流量池

内容是一切营销的核心，而在数字化时代，内容的创作和传播方式也在不断创新和变化。如何有效地创作和传播内容，进行获客引流，是营销工作的重中之重。

在本章中，我们将探讨如何利用 ChatGPT 进行"AI+ 内容传播"，实现引流和获客的目标。你将学习到如何利用 ChatGPT 创作吸引人的广告和社交媒体内容，以及如何优化 SEO 内容以提高搜索引擎排名。通过本章的学习，你将掌握一套完整的"AI+ 内容传播"方法和技巧，帮助您的内容更广泛地传播，吸引更多的用户流量和潜在客户。

# 7.1　ChatGPT 如何助力内容传播

所谓"内容传播"，就是通过各种渠道，如广告、社交媒体和搜索引擎优化等，将品牌、产品或服务的信息传递给目标受众的过程。高质量的内容可以提高品牌知名度、增加用户流量，并促进销售转化。

在内容传播中，创意的价值毋庸置疑。有创意的高质量内容才能让品牌在流量的争夺战中取得优势。然而，传统内容传播正面临诸多挑战。在信息泛滥的今天，如何以更经济、高效的方式创作大量高质量内容并进行更广泛的传播，是每个品牌都必须面对的问题，而 ChatGPT 的出现为内容传播注入了新动力。

在内容传播的各个环节，ChatGPT 都能提供强大的支持与辅助：

**1. 广告内容创作**

·传统方法：广告内容创作通常需要创意团队进行大量的头脑风暴和多轮修订。

·ChatGPT 辅助：ChatGPT 能够根据广告目标和目标受众提供定制化广告创意，快速生成文案和图片，大大缩短创作周期。

**2. 社交媒体内容创作**

·传统方法：社交媒体内容创作需要对平台和受众有深刻理解，以产生互动和参与。

·ChatGPT 辅助：ChatGPT 可以分析特定社交平台的用户行为和内容趋势，生成符合用户喜好和平台规则的内容，从而提高内容的互动率和分享率。

**3. SEO 优化**

·传统方法：SEO 优化需要专业的 SEO 团队进行关键词研究和内容优化。

·ChatGPT 辅助：ChatGPT 可以提供关键词优化建议和生成 SEO 友好的内容，帮助网站提高搜索引擎排名，从而增加网站流量和可见性。

通过 ChatGPT 的协助，内容传播变得更为高效和有针对性，能够更好地吸引和留住目标受众，实现营销目标。

## 7.2　广告内容创作

广告内容创作涉及策略梳理、创意构思、文案撰写和视觉设计等关键环节。ChatGPT 作为一种先进的 AI 工具，在广告内容的创作的各个环节都能提供强大支持。

（1）策略分析：通过分析品牌背景、目标用户、产品特征、价值卖点等，梳理广告的沟通策略，包括传播对象（对谁说）、核心诉求（说什么）、形式风格（怎么说）。

（2）创意构思：基于确认的沟通策略提供多角度的创意概念和方向。

（3）文案撰写：基于确认的创意概念和方向，撰写完整的广告文案。

（4）视觉设计：基于确认的创意概念和方向，提供视觉设计建议，并调用 DALL·E 3 生成画面。

接下来，我们就以一个具体的案例来进行演示，看看如何借助 ChatGPT 和 DALL·E 3 的辅助来创作一个系列平面广告。首先，我们采用"六要素"通用提示框架，设计一段完整的提示词，建立一个任务框架。为了演示效果，这里虚构了一个新生代健康零食品牌"零界"。

Prompt：

**角色：** 你是一个世界级的广告创作大师，具备深厚的产品系列海报创作经验和丰富的创意思维。

**背景：** 我是一个健康零食品牌企业的品牌经理。我们的背景信息如下：

\###

品牌名：零界。

品牌定位：新生代健康零食。

品牌理念：打破传统与创新的界限，将健康功能与美味零食完美融合，让每一口都充满惊喜。

目标用户："95 后"年轻人群。

产品系列：

（1）胶原蛋白巧克力：结合了优质生可可和创新成分，通过恢复重要的脂质来帮助锁住皮肤水分，保持皮肤弹性。

（2）减肥口香糖：添加乌龙茶提取物、黑姜提取物，抑制糖与脂肪的吸收、促进脂肪燃烧。

（3）益生菌苏打水：富含健康益生菌与各种微量矿物质，增进肠道健康与大脑健康。

###

**任务：** 我需要你指导并协助我完成产品系列海报的创作。

**目标：** 通过传达产品价值和品牌文化，吸引目标用户群体，激发购买欲望，推动产品销售。

**流程：** 请按照以下步骤，为我提供专业的指导和协助。

第一步：策略分析

（1）基于品牌和产品的背景信息，分析目标受众的需求，并确定符合目标受众需求的价值卖点。

（2）确定广告沟通策略，包括目标对象（对谁说）、核心诉求（说什么）、形式风格（怎么说）。

第二步：创意构思

基于确认的沟通策略，提供多角度的创意概念和思路。

第三步：文案撰写

（1）基于确认的创意概念和思路，撰写主题口号。

（2）根据主题口号，撰写完整的广告文案。

第四步：视觉设计

（1）基于确认的创意概念和创意思路，提供具体的视觉形式创意概念。

（2）基于确认的视觉形式创意概念，提供详细的视觉设计说明。

（3）调用 DALL·E 3 生成画面。

**指令：**

·按照流程设定的问题顺序依次进行，每一个问题你都要给我提出专业可行的建议，并根据我提出的反馈意见进行调整和优化。

·在我确认并说"继续"时，你再开始下一个问题，以此类推。

·为了保证内容的创新度，请将温度值设定为 0.8。

・在完成任务的过程中，如果你有需要了解的背景信息，可以向我提问。

・如果你明白，请回复"明白"。

**ChatGPT：**

明白。

## 7.2.1　第一步：策略分析

ChatGPT 可以基于品牌和产品的背景信息，分析目标受众需求，并确定符合目标受众需求的价值卖点。

**Prompt：**

从第一步第一点开始。

**ChatGPT：**

**第一步：策略分析**

基于品牌和产品的背景信息，分析目标受众的需求，并确定符合目标受众需求的价值卖点。

**目标受众的需求分析：**

"95 后"年轻人群

（1）追求个性化和差异化："95 后"成长在信息爆炸的时代，他们希望能够找到与众不同、能表达自己个性的产品。

（2）关注健康和品质：健康成为年轻人群的首要关注点，他们更愿意为高品质、健康的产品支付更多。

（3）期待新颖和创新：喜欢尝试新事物，对于具有创新性的产品有很高的好奇心和接受度。

（4）注重品牌文化和价值：不仅仅购买产品，更购买品牌所代表的文化和价值。

**价值卖点确定：**

**胶原蛋白巧克力**

・个性化和差异化：结合了优质生可可和创新成分，不仅仅是普通的巧克力。

·健康与品质：通过恢复重要的脂质来帮助锁住皮肤水分，保持皮肤弹性，满足健康需求。

·新颖与创新：首次将胶原蛋白与巧克力完美结合，打破传统零食的界限。

### 减肥口香糖

·个性化和差异化：不再是单纯的口香糖，而是带有健康功能的特色产品。

·健康与品质：添加乌龙茶提取物、黑姜提取物，健康并有效。

·新颖与创新：抑制糖与脂肪的吸收、促进脂肪燃烧，是新生代的选择。

### 益生菌苏打水

·个性化和差异化：不仅是普通的饮料，更是健康的代名词。

·健康与品质：富含健康益生菌与各种微量矿物质，增进肠道和大脑的健康。

·新颖与创新：完美融合健康益生菌与苏打水，每一口都充满惊喜。

以上分析，我们可以看出"零界"品牌的每一款产品都紧密结合了"95后"年轻人群的核心需求，无论是追求个性化、关注健康、期待创新，还是注重品牌文化，都能在这些产品中找到体现。

请您提供反馈意见，如有需要调整或补充，我将进行优化。如无异议，请确认并说"继续"。

我们看到 ChatGPT 不仅提供了目标受众的需求分析，同时也提出了符合用户需求的三个产品的价值卖点，不管是对"95后"年轻人群，还是对"零界"的产品，它的理解都相当准确，我们可以继续下一步。

Prompt：

继续。

ChatGPT：

### 第一步：策略分析

确定广告沟通策略，包括目标对象（对谁说）、核心诉求（说什么）、形式风格（怎么说）。

**广告沟通策略：**

（1）目标对象（对谁说）

目标受众："95后"年轻人群。他们活跃、好奇、追求创新，希望能够找到与众不同的产品，同时也非常关注健康和生活品质。

（2）核心诉求（说什么）

· 胶原蛋白巧克力：不仅仅满足你的口感，更关心你的肌肤健康。

· 减肥口香糖：享受清新的同时，为身材做出努力。

· 益生菌苏打水：每一口都是健康的呵护，让你的身体与心灵都焕发活力。

（3）形式风格（怎么说）

· 视觉风格：新潮、简约、清新。使用鲜艳的色彩来吸引年轻人的注意力，同时也要保持简约的设计风格，避免过于复杂或杂乱。

· 文案风格：直接、有趣、富有情感。使用简洁有力的语言，配合有趣的创意，直击年轻人的心。

· 互动元素：鼓励受众进行互动，例如通过扫码参与活动、分享到社交媒体等，增强与品牌的互动关系。

基于以上策略，我们将为目标受众提供一系列既具有创新性又充满情感的广告内容，紧密结合"零界"品牌的核心理念和产品特点，全方位展现品牌的魅力。

请您提供反馈意见，如有需要调整或补充，我将进行优化。如无异议，请确认并说"继续"。

基于产品的背景信息和目标受众的需求的分析，ChatGPT 进一步为我们梳理了广告沟通策略，从目标对象、核心诉求到形式风格，整体都非常准确，我们继续下一步。

## 7.2.2　第二步：创意构思

基于确认的沟通策略，我们可以让 ChatGPT 提供多角度的创意概念和思路。根据我们前面的提示词中的设定，只需要输入"继续"，ChatGPT 就会继续往下回答这一个问题。

**Prompt：**

继续。

**ChatGPT：**

**第二步：创意构思**

基于确认的沟通策略提供多角度的创意概念和思路。

创意概念与思路：

**1. "破界之味"**

·描述：利用视觉元素展现传统零食与"零界"产品之间的对比，如将传统巧克力与胶原蛋白巧克力进行对比，通过明显的界限或"破碎"效果来表示"打破界限"的概念。

·适用产品：胶原蛋白巧克力、减肥口香糖、益生菌苏打水。

**2. "一口界限"**

·描述：每一款产品的主要功能（如皮肤保湿、燃脂、肠道健康）都通过一口零食实现。例如，可以设计一个动态图，当人物吃下零食时，周围的背景或场景发生变化，展示产品的主要效果。

·适用产品：胶原蛋白巧克力、减肥口香糖。

**3. "零界，不止于零食"**

·描述：强调产品不仅仅是一种零食，更是一种健康的生活方式。可以设计一个系列的场景，展现"95后"年轻人在不同场合（如工作、运动、休闲）选择"零界"产品的情境。

·适用产品：益生菌苏打水。

**4. "年轻，就是无界"**

·描述：通过年轻人的日常生活和活动来展现"零界"的产品如何融入他们的生活中，强调年轻、活力、无界限的生活态度。

·适用产品：胶原蛋白巧克力、减肥口香糖、益生菌苏打水。

以上就是基于沟通策略的多角度创意概念与思路。请您提供反馈意见，如有需要调整或补充，我将进行优化。如无异议，请确认并说"继续"。

ChatGPT 给出了四个创意概念和具体思路，每一个都有一定的新意。不过在创意构思阶段，我们需要更多的发散思考，在大量的创意中优中选优。而 ChatGPT 可以无限量持续提供新创意，因此，我们要好好利用这一强大工具，获取更多的创意想法以备后用。

**Prompt：**

请重新提供几个新角度。

**ChatGPT：**

当然可以，以下是重新提供的创意概念与思路：

**1. "破界体验"**

·概念：以"零界"品牌名为切入点，展现出品牌所代表的打破传统与创新的界限的理念。

·实施方式：通过视觉设计呈现出产品从传统零食"破壳"而出的画面，暗示新产品超越了传统零食的界限，为消费者带来全新的体验。

·应用场景：在广告中，可以展示年轻人在享受"零界"零食时，周围的环境也随之"破界"变得更加多彩、生动。

**2. "双重满足"**

·概念：突出产品的双重价值，即满足口感的同时还能带来健康益处。

·实施方式：通过对比展现传统零食只满足口感的局限性，而"零界"零食则能满足口感的同时还带来其他额外的好处。

·应用场景：广告中展示年轻人在享受"零界"零食时，身体和心情都得到了双重满足的感觉。

**3. "未来零食，今日尝鲜"**

·描述：将"零界"的产品描绘成未来的零食潮流，展现其前沿和创新性。可以设计一种未来都市风格的背景，其中的人们都在享用"零界"的产品。

·适用产品：胶原蛋白巧克力、减肥口香糖、益生菌苏打水。

**4. "随时随地的健康"**

·概念：强调"零界"零食是健康的代名词，无论何时何地都能为消费者带来健康。

·实施方式：展示年轻人在不同场合、时间都能享受到"零界"零食带来的健康益处。

·应用场景：广告中展示年轻人在工作、学习、运动、聚会等不同场合都能享受到"零界"的好处。

以上是基于沟通策略提供的多角度创意概念和思路。每个概念都紧密结合"零界"品牌的核心理念和产品特点，全方位展现品牌的魅力。

请您提供反馈意见，如有需要调整或补充，我将进行优化。如无异议，请确认并说"继续"。

经过几轮输出，我们一般会发现其中特别不错的创意概念，可以选择一个继续往下深化。

### 7.2.3 第三步：文案撰写

ChatGPT 可以基于确认的创意概念和创意思路，撰写主题口号。

**Prompt:**

选择方向 2，继续下一步，撰写主题口号，要求结合"零界"的字面意义，体现健康美味无须选择，两者我都要的内涵，要求简洁有力，提供 10 个备选。

**ChatGPT:**

基于方向 2 的"双重满足"以及"零界"的字面意义，以下是 10 个备选的主题口号：

- 零界，双满足。
- 跨越界限，味美与健康我都要。
- 零界零食，美味与健康不再二选一。
- 零界之上，美味与健康同行。
- 美味健康，零界之间无须选择。
- 零界，美味与健康的完美交汇。
- 穿越零界，尝遍健康与美味。
- 零界，让你每一口都双重满足。
- 无界美味，零界健康。
- 零界，双重享受，无须妥协。

请您提供反馈意见，如有需要调整或补充，我将进行优化。如无异议，请确认并说"继续"。

ChatGPT 根据我们的要求提供了 10 个备选，我们可以从中选择一个继续往下延展。比如第 10 个"零界，双重享受，无须妥协"就很不错。当然，如果对第一轮输出的结果不满意，可以直接要求它重新提供，也可以直接点击刷新回应（Regenerate Response），记得把前面已经提供的内容复制保存到本地文档以备后用。

**Prompt:**

采用"零界，双重享受，无须妥协"这个主题口号，继续下一步。

ChatGPT：

### 第三步：文案撰写

根据主题口号，撰写完整的广告文案。

基于"双重满足"的创意方向和"零界，双重享受，无须妥协"的主题口号，以下是为三款产品撰写的广告文案：

**胶原蛋白巧克力：**

- 标题：巧克力的甜，肌肤的润。
- 副标题：不只满足你的甜蜜渴望，更关心你的肌肤健康。
- 描述：零界胶原蛋白巧克力，为你的味蕾和肌肤提供双重呵护。每一口都融合了优质生可可与胶原蛋白的双重惊喜。

**减肥口香糖：**

- 标题：口气的清新，身材的健美。
- 副标题：不只是清新口气，更助你塑造理想身材。
- 描述：零界减肥口香糖，融合乌龙茶与黑姜提取物，帮你在享受清新的同时，为理想身材默默努力。

**益生菌苏打水：**

- 标题：口腹的满足，身心的呵护。
- 副标题：不只解渴，更为你的内在健康加分。
- 描述：零界益生菌苏打水，富含益生菌与微量矿物质，每一口都是对肠道与大脑的深度呵护。

以上是为"零界"品牌的三款产品所撰写的广告文案，每款产品的文案都紧密围绕"双重满足"的创意概念和品牌的核心价值进行展开。

请您提供反馈意见，如有需要调整或补充，我将进行优化。如无异议，请确认并说"继续"。

ChatGPT 提供了三款产品的完整广告文案，看起来相当不错，我们可以略作微调即可使用，继续进入下一步。

## 7.2.4　第四步：视觉设计

基于确认的创意概念和创意思路，ChatGPT 可以提供具体的视觉形式创意概念。

**Prompt:**

继续。

**ChatGPT:**

### 第四步：视觉设计

基于确认的创意概念和创意思路，提供具体的视觉形式创意概念。

以下是为"零界"品牌的三款产品提供的视觉形式创意概念。

**1. 双重世界**

·描述：将画面分为两部分，上半部分展示产品的主要功能（如美味），下半部分展示产品的附加健康效果（如肌肤滋润、身材塑造等）。两部分之间使用流畅的曲线相接，如同水平线，代表"零界"。

·实施：例如，胶原蛋白巧克力的上半部分可以展示巧克力在嘴里融化的场景，而下半部分则展示皮肤变得润滑有光泽。

**2. 镜面反射**

·描述：画面中央放置产品，产品下方有一如镜面般的反射，反射中展示产品带来的健康效果。

·实施：例如，减肥口香糖可以展示口香糖的实物图片，其反射中则是一个轻盈的身影，代表减肥效果。

**3. 产品内的小世界**

·描述：将产品作为一个"窗口"，从这个窗口中可以看到另一个与健康相关的世界。

·实施：例如，益生菌苏打水的瓶子可以展示为一个透明的容器，容器内部是一个充满活力的健康小宇宙，有益生菌在其中自由飘浮。

这三个视觉形式创意都能够清晰地表达"双重满足"的概念，同时也与"零界"的品牌理念相符。

接下来，我将为您提供详细的视觉设计说明。

ChatGPT 提供三个视觉形式创意概念和思路，其中"双重世界"还不错，不过细节需要微调，我们可以选择这个方向，并提出具体的细节要求，进入下一步。

**Prompt:**

选择"双重世界"这个方向，画面不要上下分隔，改为左右分隔，所有人物形象使用中国人。按照这个要求，继续下一步。

**ChatGPT：**

好的，基于您的要求，以下是为"零界"品牌的三款产品广告海报提供的详细的视觉创意设计说明：

**1. 胶原蛋白巧克力——甜蜜与护肤**

·描述：左边是一位年轻美丽的中国女性，她张开嘴，正要吃一个又小又圆、有光泽的白巧克力球。右边是她容光焕发的面部皮肤特写。

·元素：甜蜜的场景、滋润的肌肤、品牌色彩。

**2. 减肥口香糖——清新与健身**

·描述：左侧展示一个年轻的中国男性在户外或办公室里享受口香糖的清新口气，表情轻松；另一侧展示同一男性，在健身房锻炼，展示他结实的身材和腹肌。

·元素：清新的场景、简洁的背景、品牌色彩。

**3. 益生菌苏打水——清爽与活力**

·描述：一侧展示一个优雅的中国女性正在户外运动或休闲时喝益生菌苏打水，感受到的清爽与滋润；另一侧展示同一女性，面色红润、充满活力，正在进行户外瑜伽。

·元素：清爽的饮料场景、户外活动背景、品牌色彩。

这些视觉形式创意都围绕"双重享受"的概念，展现了每个产品不仅仅满足基本需求，还带来其他额外的好处。每个场景都展示了日常享受的快乐与产品带来的额外健康益处。

请您提供反馈意见，如有需要调整或补充，我将进行优化。如无异议，请确认并说"继续"，我将调用 DALL·E 3 为您生成画面。

根据我们的要求，ChatGPT 提供了非常详细的视觉设计说明，包括中国人这个关键细节，因为如果没有提出这个具体要求，在默认情况下，DALL·E 3 生成的人物形象基本都是西方人。在确认无误之后，我们继续下一步。

**Prompt：**

继续下一步：调用 DALL·E 3 生成画面。

**ChatGPT：**

DALL·E 3

Created 3 images

根据之前确认的视觉设计说明，DALL·E 3 生成了非常精准的高质量图片，如图 7-1 所示。但考虑目标人群的审美，我们还可以继续提出风格转换的升级要求。

图 7-1　DALL·E 3 生成的海报画面（第 1 组）

**Prompt：**

考虑到年轻人群的审美需求，在画面内容基本不变的前提下，转换成多彩时尚风格。

**ChatGPT：**

DALL·E 3

Created 3 images

经过多轮互动反馈，DALL·E 3 最终生成了效果比较理想的图片（如图 7-2 所示）。至此，我们基本完成了一个系列平面广告的创作。

图 7-2　DALL·E 3 生成的海报画面（第 2 组）

记得在本书第二章中介绍了结合 Canva 来生成海报的方法。到这里，我们就可以使用 Canva 的工具和模板进行海报设计，这里就不再赘述。以下是最终成品：

以上系列海报的画面直接采用了 DALL·E 3 生成的图片（如图 7-3 所示），

质量已经相当高了，值得一提的是 DALL·E 3 生成的图片可以直接免费商用，不管是对于企业和品牌，还是对于个体创业者，这都是一个很大的福利。

图 7-3  通过 Canva 的工具和模板设计的海报成品

海报中的文案基本采用了 ChatGPT 生成的文字，不过三个"我全要"，还是笔者亲自提炼的，ChatGPT 在广告内容创作上可以提供强大支持，但是其中的核心部分还是需要人的创造力发挥，人和 AI 的协同才是内容创作的最佳模式。

# 7.3  社交媒体内容创作

社交媒体内容传播是品牌通过社交媒体平台（如微博、微信、抖音、小红书等）发布的内容。其主要目的是建立与受众的长期关系、提高品牌忠诚度并利用用户 UGC 进行推广。高质量的社交媒体内容可以帮助品牌与受众建立信任和情感连接，提高品牌知名度、增加流量并促进销售转化。与广告不同，社交媒体的内容传播更强调真实、有价值，与受众的兴趣和偏好相匹配。

在中国的社交媒体领域，图文类和短视频类是两种最主流的内容形式。它们各自有着独特的特点，适用于不同的受众和场景，在内容创意策略上也有不同的侧重点。

**1. 图文类内容**

（1）主要平台：微信公众号、微博、今日头条、小红书等。

（2）内容特点：图文类内容通常由图片和文字组成，可以是长图文（如微信公众号、今日头条），也可以是短图文（如微博、小红书等）。

（3）用户体验：图文内容往往提供了一种深度沉浸式的体验，允许用户在阅读时深入思考和消化信息。

（4）创意策略的侧重点：

·内容质量：确保文字内容的质量，提供有价值的信息和观点。

·视觉吸引力：使用高质量的图片和图表来吸引用户的注意力。

·结构清晰：确保内容结构清晰，使用标题、子标题和列表来增强可读性。

### 2. 短视频类内容

（1）主要平台：抖音、快手、视频号、B 站等。

（2）内容特点：短视频通常时长在 15 秒到几分钟之间。

（3）用户体验：短视频提供了一种浅度冲浪式的体验，用户可以快速浏览和消费大量的内容。

（4）创意策略的侧重点：

·即时吸引：视频的前几秒非常关键，需要立即吸引用户的注意力。

·简洁明了：由于时间限制，内容需要简洁、直接，迅速传达核心信息。

·视觉和音效：利用动态视觉效果和吸引人的音效来增强视频的吸引力。

总的来说，图文类内容更适合深入探讨某个话题或提供详细的信息，而短视频则更注重娱乐性和即时吸引力。在制定内容策略时，需要根据目标受众、平台特点和传播目标采用不同的内容形式。

接下来，我以抖音短视频内容创作为例进行演示。

借助 ChatGPT 创作抖音短视频内容是一个系统的过程，需要经过账号定位、选题策划、内容撰写、视频制作这几个主要步骤。我们还是以"零界"品牌为例，根据短视频内容创作的关键流程，采用"六要素"通用提示框架，撰写一段清晰完整的通用提示词。

---

**Prompt：**

**角色**：你是中国社交媒体内容创作与运营专家，熟悉抖音平台属性和运营方法。

**背景**：我是一个健康零食品牌企业的品牌经理。

**任务**：我需要你指导并协助我进行抖音平台品牌账号的内容创作和运营。

**目标**：通过创作优质内容，吸引目标用户关注，增加粉丝数量，传播品牌价值，推动产品销售。

**流程：**请按照以下步骤，为我提供指导和协助：

第一步：账号定位

（1）分析平台属性，归纳成功法则。

（2）结合自身背景，确定账号定位。

第二步：选题策划

（1）基于账号定位，分类内容栏目。

（2）结合日常热点，提供选题建议。

第三步：内容撰写

（1）结构规划：爆款结构总结应用。

（2）脚本撰写：基于选题搭配结构。

（3）审核优化：规避风险优化提升。

（4）标题拟定：爆款标题总结应用。

**指令：**

·让我们从第一步第 1 点开始，在我确认并说"继续"时，你再开始进入下一个问题，以此类推。

·每一个问题你都需要给我提供专业可行的建议。

·为了保证内容的创新度，请将温度值设定为 0.8。

·在完成任务的过程中，如果你有需要了解的背景信息，请向我提问。

如果你明白，请回复"明白"。

## 7.3.1　第一步：账号定位

不管是企业品牌，还是个人 IP，要在抖音上获得成功，首先需要进行账号定位，这意味着明确自己希望传达的内容信息、目标受众以及与受众之间的关系。账号定位是整个内容创作过程的基础，它将指导后续的选题策划、内容撰写以及设计制作。要做好账号定位，首先从分析平台属性开始。

**1. 分析平台属性，归纳成功法则**

ChatGPT：

明白。首先，我们从第一步的第 1 点开始。

**第一步：账号定位**

分析平台属性，归纳成功法则。

**抖音平台属性分析：**

·用户群体：抖音的用户主要集中在 18 ～ 35 岁的年轻人群中，他们追求新鲜、有趣、有价值的内容。

·内容形式：短视频为主，15 秒或 60 秒的视频内容更受欢迎。

·互动性：抖音平台鼓励用户之间的互动，如评论、点赞、转发和挑战等。

·算法推荐：抖音的推荐算法主要基于用户的观看、互动和搜索行为，因此内容的质量和与用户的匹配度非常重要。

**成功法则归纳：**

·内容质量：高质量的内容更容易被推荐，包括画质、声音、内容价值等。

·与用户互动：鼓励用户参与评论、点赞和转发，增加视频的热度。

·定期更新：保持一定的更新频率，让用户知道品牌是活跃的。

·利用热点和趋势：结合当前的热门话题和趋势制作内容，更容易吸引用户的注意。

·明确的品牌定位：确保内容与品牌的定位和价值观一致。

请确认以上内容，并告诉我是否"继续"。

ChatGPT 对于抖音平台的了解已经具备了一定的专业度，不过，我们还是可以在此基础上，加上自己的经验和知识进行补充。

**Prompt：**

修改意见：成功法则增加 2 条：娱乐化导向，前 3 秒原则。

**ChatGPT：**

了解，我会根据您的修改意见进行调整。

**成功法则归纳：**

·内容质量：高质量的内容更容易被推荐，包括画质、声音、内容价值等。

·与用户互动：鼓励用户参与评论、点赞和转发，增加视频的热度。

·定期更新：保持一定的更新频率，让用户知道品牌是活跃的。

·利用热点和趋势：结合当前的热门话题和趋势制作内容，更容易吸引用户的注意。

·明确的品牌定位：确保内容与品牌的定位和价值观一致。

·娱乐化导向：抖音用户更喜欢轻松、有趣和娱乐性的内容，因此在制作内容时，应考虑如何使其更具娱乐性。

·前3秒原则：用户在浏览内容时，前3秒是决定是否继续观看的关键时刻。因此，视频的前3秒应该吸引用户的注意力，使其产生继续观看的兴趣。

请确认以上内容，并告诉我是否"继续"。

我们看到加上这个补充之后，ChatGPT重新归纳的抖音短视频内容的成功法则更加完善，我们可以继续下一步。

**2. 结合自身背景，确定账号定位**

**Prompt：**

继续。

**ChatGPT：**

好的，我们继续进入第一步的第2点。

结合自身背景，梳理账号定位。

背景：您是一个健康零食品牌企业的品牌经理。

**账号定位建议：**

·品牌属性：突出健康、天然、无添加的品牌特点，与当前健康生活方式的趋势相结合。

·目标受众：定位为关心健康、追求高品质生活的年轻人群，特别是那些经常加班、需要补充能量的上班族。

·内容风格：清新、自然、生活化，可以结合日常生活场景，如办公室、健身房、户外等，展示产品的使用场景。

·价值传递：不仅仅是零食，更是一种健康的生活方式。可以通过分享健康小知识、营养搭配等内容，提供给用户更多的价值。

·与用户互动：鼓励用户分享他们的健康生活方式和零食搭配建议，创建一个健康的社区氛围。

请确认以上内容，并告诉我是否"继续"。

在我们还未提供完整品牌背景信息的情况下，ChatGPT仅仅根据"健康零食"这个品类关键词进行了专业分析，提供了账号定位的初步建议。不过，为了确保定位的完整性和系统性，我们还需要进一步明确一个完整的账号定位必需要素。

**Prompt：**

一个账号定位，需要确定哪些必需要素？比如账号命名、简介，还有什么请补充完整。另外为了确定定位的完整要素，你还需要我提供品牌的哪些信息？请列出清单。

**ChatGPT：**

确实，一个完整的账号定位不仅仅是内容风格和目标受众，还包括以下要素：

**账号定位必需要素：**

· 账号命名：简洁、易记，能够反映品牌特点或主打产品。

· 账号简介：简短描述品牌的核心价值和特点，使用户一眼就能了解品牌。

· 头像和封面：与品牌形象一致，高清且吸引人。

· 内容风格：如清新、自然、幽默等，要与品牌形象和目标受众匹配。

· 目标受众：明确目标用户群体，如年龄、性别、兴趣等。

· 内容主题：如健康知识、产品展示、用户评价等，围绕品牌进行创作。

· 互动策略：如评论回复、挑战、活动等，鼓励用户参与。

· 发布频率：如每日一更、每周三更等，保持一定的更新频率。

· 合作伙伴：如与其他品牌或 KOL 合作，扩大品牌影响力。

为了确定定位的完整要素，我需要您提供以下品牌信息：

**品牌信息清单：**

· 品牌的核心价值和使命。

· 品牌的主打产品或服务。

· 品牌的目标市场和主要竞争对手。

· 品牌的历史背景和故事。

· 品牌的视觉识别系统，如 Logo、色彩、字体等。

· 品牌目前在其他社交媒体上的表现和策略。

· 品牌的长期和短期目标。

· 品牌希望在抖音上达到的效果和目标。

· 品牌的目标用户群体的详细描述。

· 品牌的任何已有的市场调研或用户反馈。

请确认以上内容，并告诉我是否"继续"。

ChatGPT 不但根据我们的要求列出了账号定位的必需元素，还提供进行账号定位需要提供的品牌信息清单，我们可以参考这个清单提供具体的品牌背景信息，让它进行品牌定位要素梳理。

Prompt：

以下是品牌背景信息，请根据这些信息提供完整的品牌定位要素梳理：

品牌名：零界。

广告语：不只是零食，更是健康的无界探索。

品牌定位：新生代健康零食。

品牌理念：打破传统与创新的界限，将健康功能与美味零食完美融合，让每一口都充满惊喜。

竞争对手：其他非健康零食品牌、保健品品牌。

目标人群："95 后"年轻人群。

用户需求：

· 既要健康的身体，也爱美味的零食。

· 追求新奇变化，不喜欢一成不变的生活。

· 热衷探索和购买新产品，并以此作为生活乐趣。

**品牌价值：**

· 用户年轻化：专注新生代需求。

· 功能健康化：改善健康效果好。

· 使用日常化：携带食用更方便。

· 形态零食化：更像零食不像"药"。

· 包装时尚化：新颖时尚颜值高。

**产品系列：**

· 胶原蛋白巧克力：结合了优质生可可和创新成分，通过恢复重要的脂质来帮助锁住皮肤水分，保持皮肤弹性。

· 减肥口香糖：添加乌龙茶提取物、黑姜提取物，抑制糖与脂肪的吸收、促进脂肪燃烧。

·益生菌苏打水：富含健康益生菌与各种微量矿物质，增进肠道健康与大脑健康。

---
**ChatGPT：**
---

根据您提供的品牌背景信息，以下是完整的品牌定位要素梳理：

**账号定位要素：**

（1）账号命名：零界。

（2）账号简介：新生代健康零食，打破传统与创新的界限，每一口都充满惊喜。

（3）头像和封面：建议使用品牌 Logo 或某一主打产品的高清图片，确保与品牌形象一致。

（4）内容风格：年轻、创新、健康、时尚。

（5）目标受众："95 后"年轻人群，追求健康与美味并存，喜欢探索新奇的产品。

（6）内容主题：

·产品展示：如胶原蛋白巧克力、减肥口香糖、益生菌苏打水的特点和吃法。

·健康小知识：如胶原蛋白的好处、乌龙茶提取物的功效等。

·用户评价：展示真实用户的反馈和评价。

·品牌故事：分享品牌的创立背景、理念和发展历程。

（7）互动策略：鼓励用户分享他们的健康生活方式和零食搭配建议，举办挑战或活动，如"零界健康挑战"等。

（8）发布频率：建议每周发布 3 ～ 5 次，保持一定的更新频率。

（9）合作伙伴：可以考虑与健康领域的 KOL 或其他健康品牌合作，共同推广健康理念。

请确认以上内容，并告诉我是否"继续"。

ChatGPT 根据账号定位的必需要素，为我们提供了详细的品牌定位说明，总体来看已经相当专业，我们可以根据自己的经验提供补充意见，进一步提高账号定位的专业度和精准度。

---
**Prompt：**
---

补充意见：

（1）账号命名不能直接用品牌名，需要基于零界这个品牌名进行延展，体现品牌在抖音平台的内容价值或人格魅力。

（2）用一句话高度概括账号定位，要体现：用什么内容去满足什么人群的什么需求？

**ChatGPT：**

了解，根据您的补充意见，我进行了调整：

**1. 账号命名：零界健康探索者**

"健康探索者"体现了品牌在抖音平台的内容价值，即探索和分享健康零食的知识和乐趣，同时也展现了品牌的人格魅力，即勇于创新和探索的精神。

**2. 账号定位概括**

为追求健康与美味并存的"95后"年轻人群，提供创新健康零食的知识和乐趣。

请确认以上内容，并告诉我是否"继续"。

**Prompt：**

很好，认可你的账号定位，在账号命名上再提供五个方案，可以考虑一些更简短精练的方案。

**ChatGPT：**

谢谢您的认可！以下是基于"零界"品牌名进行延展的账号命名方案：

· 零界健康先锋
· 零界零食实验室
· 零界健康探索
· 零界零食达人
· 零界健食领航

这些命名方案都旨在体现品牌的核心价值和在抖音平台的内容方向。请您确认并选择您喜欢的方案，或告诉我是否"继续"。

**Prompt：**

确认这个名字：零界健康食验室，"食验"是"零食实验"的缩写，同时也与"实验"谐音。请根据这个名字，加上账号定位概括，重新输出一份完整的账号定位。

ChatGPT：

了解，根据您的选择和之前的讨论，以下是完整的账号定位：

（1）账号命名：零界健康食验室

"食验"是"零食实验"的缩写，与"实验"谐音，体现了品牌在抖音平台的内容价值，即探索和分享健康零食的知识和乐趣。

（2）账号简介：为追求健康与美味并存的"95后"年轻人群，提供创新健康零食的知识和乐趣。

（3）头像和封面：建议使用品牌 Logo 或某一主打产品的高清图片，确保与品牌形象一致。

（4）内容风格：年轻、创新、健康、时尚。

（5）目标受众："95后"年轻人群，追求健康与美味并存，喜欢探索新奇的产品。

（6）内容主题：

·产品展示：如胶原蛋白巧克力、减肥口香糖、益生菌苏打水的特点和吃法。

·健康小知识：如胶原蛋白的好处、乌龙茶提取物的功效等。

·用户评价：展示真实用户的反馈和评价。

·品牌故事：分享品牌的创立背景、理念和发展历程。

（7）互动策略：鼓励用户分享他们的健康生活方式和零食搭配建议，举办挑战或活动，如"零界健康挑战"等。

（8）发布频率：建议每周发布 3～5 次，保持一定的更新频率。

（9）合作伙伴：可以考虑与健康领域的 KOL 或其他健康品牌合作，共同推广健康理念。

请确认以上内容，并告诉我是否"继续"。

经过与 ChatGPT 的多轮互动和讨论，我们得到了一个完整的账号定位，接下来，可以进入下一步。

## 7.3.2 第二步：选题策划

在明确了内容定位后，我们需要进行选题策划。这包括确定具体的内容主题、形式和风格。在这一阶段，可以参考热门话题和趋势，确保内容与用户的兴趣和偏好相匹配。

Prompt：

继续。

ChatGPT：

好的，我们现在进入第二步：选题策划。

**1. 基于账号定位，分类内容栏目**

考虑到"零界健康食验室"的定位，以下是一些建议的内容栏目：

（1）健康食验：介绍品牌的各种产品，强调其健康和美味的特点，如胶原蛋白巧克力的制作过程和好处。

（2）零食小知识：分享与健康零食相关的知识，如胶原蛋白的科学原理、乌龙茶提取物的功效等。

（3）用户体验：展示真实用户的使用体验和反馈，可以是短视频采访或用户自己的分享。

（4）健康生活方式：分享与健康生活方式相关的内容，例如，如何搭配零食和饮食、如何在忙碌的工作中保持健康等。

（5）品牌故事：讲述品牌的创立背景、理念和发展历程，增强品牌与用户的情感连接。

**2. 结合日常热点、提供选题建议**

（1）季节性热点：如夏季如何选择健康零食来补充能量、冬季推荐的健康零食搭配等。

（2）节日热点：如中秋节推荐的健康零食搭配、情人节的健康巧克力礼物指南等。

（3）社会热点：如某一健康食品的热门话题、与健康零食相关的科学研究或新闻等。

请确认以上内容，并告诉我是否"继续"。

ChatGPT 基于自己的知识给出了内容栏目分类，但是我们发现还是缺少一点营销导向的内容思维，我们可以结合自己的经验和知识，给它提供更清晰的分类逻辑和标准。

Prompt：

根据以下分类逻辑重新构思内容分类，每个栏目都需要有个栏目创意命名，栏目内容创意要更年轻化，符合"95 后"目标人群的心理需求。

（1）用户引流类：有价值的生活知识，有共鸣的生活故事。

（2）品牌信任类：体现品牌实力、展现品牌魅力。

（3）销售转化类：突出产品卖点、活动、福利等。

**ChatGPT：**

了解，根据您提供的分类逻辑，以下是重新构思的内容分类栏目：

**1. 用户引流类**

·栏目命名：生活 Vlog。

·健康小 Tip：分享与健康生活方式、健康零食相关的小知识，如："为什么胶原蛋白可以让皮肤更有弹性？"

·日常小剧场：通过小剧场形式，展现真实用户在日常生活中如何与零界产品互动，如"下班后的小确幸：零界胶原蛋白巧克力"。

**2. 品牌信任类**

·栏目命名：零界探秘。

·品牌故事馆：以动画或短片形式，讲述品牌的创立背景、理念和发展历程。

·工厂直播：直播形式展示品牌的研发、生产过程，让用户看到产品的来源。

·健康达人 Talk：邀请健康领域的 KOL，与他们进行对话，共同探讨健康话题。

**3. 销售转化类**

·栏目命名：零界好物推荐。

·新品速递：以快闪或短片形式，介绍新上市的产品和它们的特点。

·限时福利：通过动态图或小视频，分享品牌的最新活动、优惠和福利。

·真实测评：展示真实用户的使用体验和反馈，如："我吃了一个月的零界胶原蛋白巧克力，皮肤真的变好了吗？"

请确认以上内容，并告诉我是否"继续"。

根据我们提供的补充意见，ChatGPT 提供的内容规划已经相当专业，接下来，我们可以要求它记住这个模型，并结合热点进行选题策划了。

**Prompt：**

很好，请记住这个内容规划，我们叫它"零界抖音内容 1.0"，在此之后，我会给你提出一些近期热点，请根据热点，结合这个内容规划的栏目，给出热点和各个栏目结合的具体选题建议。

ChatGPT：

明白，我已记住"零界抖音内容 1.0"的内容规划。请您提供近期的热点，我将为您结合内容规划给出具体的选题建议。

我们可以从抖音、微博、百度等各种平台找一个相关热点来做一个测试。比如，搜到一个与这个品类有关联的热点话题，我们来测试一下。

Prompt：

最近有一个热点：有人说咖啡是一种豆浆，请你思考一下背后的逻辑是什么？这个逻辑能不能和我们的产品特点和品牌理念有共通点，我们可以结合来做一个选题吗？

ChatGPT：

这个热点背后的逻辑是对"咖啡"和"豆浆"这两种饮品的成分来源进行了有趣的联想。咖啡是由咖啡豆研磨后提取的，而豆浆是由黄豆研磨提取的，都是通过"豆类"来制作的饮品。这种有趣的联想方式可以引发人们对日常事务的新的认知和思考。

**结合"零界"品牌的产品，我们可以发现以下共通点：**

（1）创新结合：就像咖啡和豆浆都来源于豆类，"零界"品牌也将健康功能与美味零食完美融合，为用户带来新的体验。

（2）打破传统：这种有趣的联想方式打破了人们对咖啡和豆浆的传统认知，与"零界"品牌的理念"打破传统与创新的界限"相呼应。

**选题建议：**

（1）生活 Vlog——健康小 Tip：制作一个短视频，题目为："你知道咖啡其实是豆浆吗？"在视频中介绍咖啡和豆浆的来源，并引出"零界"品牌如何打破传统，将健康功能与美味零食融合。

（2）零界探秘——品牌故事馆：制作一个动画或短片，讲述零界品牌如何从传统的零食中寻找灵感，创新研发出健康功能的零食。

（3）零界好物推荐——新品速递：推出一个与咖啡或豆浆有关的新产品，如"咖啡味胶原蛋白巧克力"，并在视频中强调其健康和美味的特点。

这只是一个初步的选题建议，具体的内容形式和表现方式还需要进一步讨论和完善。请确认以上内容，并告诉我是否"继续"。

**Prompt：**

结合教师节做一些选题建议，要求符合年轻人的趣味化需求。

**ChatGPT：**

教师节是一个感恩和尊重教育者的节日，结合年轻人的趣味化需求，以下是一些建议的选题：

**1. 用户引流类—生活 Vlog**

校园搞笑瞬间：制作一个短视频，展示学生尝试用零界的健康零食来"贿赂"老师的搞笑场景，如："老师，这是我给您的教师节礼物——零界减肥口香糖，希望您可以放我一马！"

**2. 品牌信任类—零界探秘**

老师的零食课堂：邀请一位年轻的老师，用零界的产品来上一堂趣味化的"零食科学"课，例如解释胶原蛋白巧克力中的科学原理。

**3. 销售转化类—零界好物推荐**

教师节特辑：推出一个特别的"教师节健康零食包"，并制作一个趣味化的宣传视频，如"为最爱的老师，送上最健康的关心"。

教师节挑战：发起一个挑战，鼓励学生送给老师零界健康零食，用视频的方式拍摄和记录老师收到这个礼物时的反应，并分享到自己的抖音账号上，以此增加用户参与度和品牌曝光。

请确认以上内容，并告诉我是否"继续"。

根据测试，我们发现 ChatGPT 已经理解了基于内容规划并结合热点进行选题的方法，之后，就可以在这个对话下，提供热点信息，让它为我们提供选题策划了。我们继续下一步。

### 7.3.3 第三步：内容撰写

选题完成之后，就要进入内容撰写，而抖音的内容撰写主要体现在短视频脚本文案上，过程包括结构规划、脚本撰写、标题拟定、审核优化等关键环节。

**1. 结构规划：爆款结构总结应用**

结构是内容创作的重中之重，爆款内容离不开结构的精心规划，而要模仿爆款、成为爆款的关键词也是从结构上模仿开始。衡量抖音短视频内容结构的主要数据指标包括 2 秒跳出率、5 秒完播率、整体完播率、点赞、关注、收藏、评论、转发等，我们来看看如何运用 ChatGPT 对于爆款内容的结构进行总结，并应用于自己的内容创作。

**Prompt：**

继续：第三步第 1 点。

**ChatGPT：**

第三步：内容撰写。

结构规划：爆款结构总结应用。

为了确保内容能够吸引用户并留住他们的注意力，我们需要确保内容的结构是吸引人的。以下是一些在抖音上常见的爆款视频结构的总结和应用建议：

· 开场吸引：视频的前 3 秒至关重要。要确保开头即刻吸引用户的注意力，可以使用强烈的视觉效果、有趣的音效或出人意料的开头。

· 问题提出：在视频的开头部分，提出一个问题或挑战，使用户产生好奇心，想要知道答案或结果。

· 内容展示：在这部分详细展示内容，如产品的特点、使用方法等。

· 高潮部分：确保视频中有一个高潮或转折点，如一个惊人的事实、一个有趣的转折或一个令人印象深刻的效果。

· 结尾呼吁：在视频的结尾，加入一个呼吁行动，如"关注我们获取更多健康小贴士"或"点击链接购买"。

请确认以上内容，并告诉我是否"继续"。

ChatGPT 给出了抖音上的常见爆款视频的结构总结，具备一定专业度，不过还是过于宽泛，我们可以进一步提出更细化的要求。

**Prompt：**

结合你之前总结的抖音成功法则，针对五种不同内容类型的特点分别归纳一个典型结构：

· 用户引流类 1：有价值的生活知识。

· 用户引流类 2：有共鸣的生活故事。

· 品牌信任类 1：体现品牌实力。

· 品牌信任类 2：展现品牌魅力。

·销售转化类：突出产品卖点、活动、福利等。

了解，结合抖音成功法则，以下是针对五种不同内容类型的典型结构归纳：

（1）用户引流类1：有价值的生活知识

·开场吸引：用一个常见的误区或问题开头，如："你知道吗？每天吃巧克力其实对皮肤有好处！"

·问题提出："为什么巧克力可以帮助皮肤保持年轻？"

·内容展示：解释胶原蛋白和其他健康成分的益处。

·高潮部分：展示实际的使用效果或对比。

·结尾呼吁："想知道更多健康小贴士，关注我们吧！"

（2）用户引流类2：有共鸣的生活故事

·开场吸引：展示一个日常生活中的小困扰，如："下班后总是饿得不行？"

·问题提出："如何选择一个既健康又美味的零食？"

·内容展示：通过一个小故事，展示主人公如何发现并享受零界的产品。

·高潮部分：主人公的生活因为零界而变得更加美好。

·结尾呼吁："和零界一起，让每一天都充满惊喜！"

（3）品牌信任类1：体现品牌实力

·开场吸引：展示零界的生产线或研发中心。

·问题提出："为什么零界的产品这么受欢迎？"

·内容展示：介绍品牌的研发实力、生产工艺和质量控制。

·高潮部分：展示用户的真实反馈和评价。

·结尾呼吁："选择零界，选择信赖。"

（4）品牌信类2：展现品牌魅力

·开场吸引：展示一段零界品牌活动的精彩片段。

·问题提出："零界是如何成为年轻人的最爱？"

·内容展示：通过一系列活动、合作和创新产品展示品牌的魅力。

·高潮部分：展示品牌与用户之间的深厚情感连接。

·结尾呼吁："加入零界的大家庭，一起创造更多美好。"

（5）销售转化类：突出产品卖点、活动、福利等

·开场吸引：展示一个新产品的特写镜头。

· 问题提出："这是零界的哪一款新产品？"

· 内容展示：详细介绍产品的特点、使用方法和效果。

· 高潮部分：展示一个限时优惠活动或特别福利。

· 结尾呼吁："快来抢购，数量有限！"

请确认以上内容，并告诉我是否"继续"。

根据我们的要求，ChatGPT 提供的结构模型已经非常细致，我们可以继续进入下一步。

### 2. 脚本撰写：基于选题搭配结构

根据确认选题，使用之前归纳的视频结构，为每个选题撰写具体的脚本内容。

**Prompt：**

继续。

**ChatGPT：**

脚本撰写：基于选题搭配结构。

我会根据您提供的确认选题，使用之前归纳的视频结构为每个选题撰写具体的脚本内容。确保内容既吸引人又符合品牌定位。

为了更好地进行脚本撰写，我需要知道以下信息：

· 提供你确认的具体选题内容。

· 您希望的每个视频的大致时长是多少？

· 是否有特定的品牌口号、标语或关键词需要在脚本中强调？

· 您希望在脚本中突出哪些产品的特点或卖点？

· 是否有任何特定的风格或调性要求，如幽默、正式、轻松等？

请提供上述信息，以便我为您撰写更符合要求的脚本内容。

我们在最初的"六要素"提示词中设定了一个明确指令："在完成任务的过程中，如果你有需要了解的背景信息，请向我提问。"现在它向我们提问了。在这里，我们从它之前提供的选题建议中选择一个，让它进行脚本撰写。

**Prompt：**

根据我确认的这个选题撰写脚本：生活 Vlog——健康小 Tip：制作一个短视频，题目为："你知道咖啡其实是豆浆吗？"在视频中介绍咖啡和豆浆的来源，并引出"零界"品牌如何打破传统，将健康功能与美味零食融合。以胶原蛋白巧克力为例，体现零界产品的表面是美味零食，其实都是具有健康功能的保健品，语言风格轻松幽默，时长 90 秒，用表格输出，包括时间、旁白、画面、音乐。

ChatGPT：

了解，以下是根据您的要求为选题"生活 Vlog——健康小 Tip"撰写的脚本：

撰写好了脚本，如表 7-1 所示。我们还有一个非常重要的步骤，这就是审核优化，好内容是写出来的更是改出来的。现在，我们进入下一步。

表 7-1 ChatGPT 生成的短视频脚本初稿

| 时间 | 旁白 | 画面 | 音乐 |
|---|---|---|---|
| 0～5s | "你知道咖啡其实是豆浆吗？" | 画面展示一杯冒着热气的咖啡和一杯豆浆 | 轻快的旋律 |
| 5～15s | "没错，咖啡是由咖啡豆制成的，而豆浆则是由黄豆制成的。" | 画面展示咖啡豆和黄豆的制作过程 | 轻松的背景音乐 |
| 15～30s | "两者表面上不一样，实际上是同一种。是不是颠覆了你的认知？" | 画面展示各种豆类，如红豆、绿豆等 | 幽默的音效 |
| 30～45s | "说到颠覆认知，零界才是行家！" | 画面展示零界的产品系列和包装 | 欢快的音乐 |
| 45～60s | "就像我们的胶原蛋白巧克力，看似普通的巧克力，其实里面富含对皮肤有益的胶原蛋白！好吃更好看，越吃越好看。" | 画面展示胶原蛋白巧克力的制作和食用过程 | 轻松的背景音乐 |
| 60～75s | "这就是零界的魅力，表面是美味的零食，实际上都是健康的保健品！" | 画面展示满足的消费者和零界的品牌标志 | 欢快的音效 |
| 75～90s | "零界，让每一口都充满惊喜！" | 画面展示满足的消费者和零界的品牌标志 | 轻快的旋律，渐弱 |

请再次确认以上脚本内容，并告诉我是否"继续"。

### 3. 审核优化：规避风险优化提升
对初稿内容进行审核检查并提供优化建议，避免违规风险，提升内容的质量。

Prompt：

继续。

ChatGPT：

审核优化：规避风险优化提升。

审核优化师对原始内容进行检查并提供优化建议，提升内容的质量。以下是一些建议，以帮助您审核优化内容：

（1）简洁明了：确保每句话都有其存在的价值，避免冗长和啰唆。简短的句子更容易被受众理解和记住。

（2）使用活泼的语言：考虑使用一些日常口语和流行语，使内容更接地气，更容易引起年轻人的共鸣。

（3）增加情感元素：在内容中加入一些情感元素，如幽默、惊喜或感慨，可以增强与受众的情感连接。

（4）强调品牌价值：确保在内容中明确传达品牌的核心价值和理念，使受众更容易与品牌建立情感联系。

（5）使用视觉元素：考虑加入一些视觉元素，如表情符号、高亮或加粗，以突出关键信息或增加内容的吸引力。

ChatGPT给出了关于内容审核优化的建议，总体来看非常合理。不过，还是过于宽泛。我们可以提供关于抖音平台运营的具体经验，给它更多的学习材料，让它归纳出更完整的"抖音内容审核"模型。

**Prompt：**

请学习以下关于内容审核与优化建议的材料，并用你自己的语言总结"抖音内容审核"模型，之后，当我提出内容审核需要时，请根据这个模型提出具体的优化建议（具体学习材料略）。

**ChatGPT：**

**抖音内容审核模型。**

（1）内容风格

· 轻松与快乐：确保视频能够带给观众轻松和愉悦的情感体验。

· 口语化文案：确保文案更接近日常口语，听起来自然不做作。

（2）内容质量

· 实用与情感价值：内容应该为观众提供实际的知识价值或情感共鸣。

· 准确性：避免传播误导性或错误的信息。

（3）内容结构

· 前3秒吸引力：确保视频的开头部分具有强烈的吸引力，迅速捕获观众的注意力。

·简洁明了：避免长篇大论的开场或与主题无关的内容。

·15秒内高潮：确保在视频的前15秒内有一个内容高潮或亮点。

·反差与反转：视频的后半部分应该有一些意想不到的反差或情节反转，增加观看深度。

·互动鼓励：在合适的时机鼓励观众进行互动，如关注、点赞、评论或分享。

（4）原创性

·新颖观点：内容应该展现新的、有趣的观点或创意。

·独特性：确保视频具有其独特的风格或特点，与其他内容有所区别。

（5）合规性

·广告法规避：确保内容中没有使用广告法中的禁用词汇。

·敏感内容规避：避免涉及政治、宗教、歧视等可能引起争议的敏感内容。

以上就是基于您提供的材料总结的"抖音内容审核模型"。在后续的内容审核中，我将根据此模型为您提供具体的优化建议。如果您有任何其他要求或问题，请告诉我。

经过学习之后，ChatGPT归纳的方法模型更加完善。我们可以基于这个方法模型做一下测试。

**Prompt：**

请用这个模型，对"咖啡其实是豆浆"的脚本进行审核，提出优化建议。

**ChatGPT：**

优化建议：

·在前3秒内加入更具冲击力的画面或声音效果，增强吸引力。

·考虑精简某些描述，使内容更为简洁。

·在15秒内加入关于零界产品的亮点描述，形成内容高潮。

·在视频结尾加入更直接的互动鼓励语，增强与观众的互动。

以上就是根据"抖音内容审核模型"对"咖啡其实是豆浆"的脚本的审核及优化建议。希望对您有所帮助！

**Prompt：**

请根据你的优化建议，修改原来的脚本，再输出。

**ChatGPT：**

"咖啡其实是豆浆"脚本优化版见表 7-2。

表 7-2 ChatGPT 生成的短视频脚本优化版

| 时间 | 旁白 | 画面 | 音乐 |
|---|---|---|---|
| 0～3s | "你知道咖啡和豆浆有什么关系吗？" | 一杯热咖啡旁边放置一杯豆浆，两者对比 | 轻快的旋律 |
| 4～10s | "咖啡其实就是从咖啡豆中提取出来的'豆浆'。" | 展示咖啡豆被研磨和冲泡的过程 | 轻松的背景音乐 |
| 11～15s | "而我们的胶原蛋白巧克力……" | 展示零界胶原蛋白巧克力的包装 | 轻松的背景音乐 |
| 16～30s | "表面上是一块美味的巧克力，但其实它蕴含了对皮肤有益的胶原蛋白。" | 展示巧克力内部结构和胶原蛋白的效果图 | 轻松的背景音乐 |
| 31～45s | "就像咖啡不仅仅是咖啡，我们的零食也不仅仅是零食。" | 展示多款零界产品 | 轻松的背景音乐 |
| 46～60s | "零界，打破传统，为你带来健康与美味的完美融合。" | 展示零界品牌 Logo 和产品广告画面 | 轻松的背景音乐 |
| 61～75s | "你还知道哪些食物的小秘密？" | 观众分享的食物小秘密画面 | 轻松的背景音乐 |
| 76～90s | "快来评论告诉我们，一起探索食物的奥秘！" | 展示零界产品与食材的创意组合 | 轻快的旋律，渐弱 |

根据刚刚学习和归纳的"抖音内容审核模型"，ChatGPT 对脚本内容进行审核和优化，总体来说已经相当专业。我们继续下一步。

**4. 标题拟定：爆款标题总结应用**

对爆款内容标题进行总结，归纳其中规律和方法并应用于之后的标题拟定。

**Prompt：**

继续。

**ChatGPT：**

标题拟定：爆款标题总结应用。

标题是视频的第一印象，一个吸引人的标题可以大大增加视频的点击率。结合抖音的成功法则，特别是"娱乐化导向"和"前 3 秒原则"，以下是为之前的选题拟定的标题建议：

（1）用户引流类 1：有价值的生活知识。

标题："咖啡＝豆浆？揭秘日常食物的惊人真相！"

（2）用户引流类 2：有共鸣的生活故事。

标题："下班后的小确幸，零界零食救了我！"

（3）品牌信任类 1：体现品牌实力。

标题："零界背后的秘密：从原料到成品的严格把关！"

（4）品牌信类 2：展现品牌魅力。

标题："零界家族大揭秘：不只是零食，更是生活态度！"

（5）销售转化类：突出产品卖点、活动、福利等。

标题："新品爆料！零界减肥口香糖，吃货的福音来了！"

ChatGPT 基于自己的知识和理解给出了五个备选标题，已经具备了一定的专业度，不过鉴于标题在内容传播中的重要性和决定性，还是要精益求精，对它进行专业方法调教，先给它足够的学习材料，比如精心整理的爆款标题案例集。

**Prompt：**

请学习以下爆款标题案例集，并总结其中的方法模型，我们把它命名为"爆款标题 1.0"模型，之后在拟订标题时，优先采用这个模型（案例集内容略）。

**ChatGPT：**

**爆款标题 1.0 模型：**

（1）引发注意

·热点、新奇：利用当前流行或鲜为人知的科学、历史冷知识等吸引用户的注意。

·悬念、疑问：使用提问式标题，如："有一个富婆闺蜜是一种什么体验？"

（2）引发兴趣

·揭开冲突：如男女冲突、贫富冲突、地域冲突等。

·颠覆常识：如"明星都很穷""开豪车的都是穷光蛋"。

（3）引发欲望

·抓痛点：如："你为什么总是感觉累？"或"为什么你的皮肤总是这样？"。

·福利式：如"视频最后有福利，解决 99% 的用户问题"。

（4）引发信任

·数字敏感：如："如何在 30 天内提高你的销售额？"

·名人效应：如"任正非推荐的管理书籍"或"张一鸣的成功秘诀"。

（5）引发行动

·确定式：如"做电商必须要知道的三大秘密"。

·阻止式：如"千万不要这样做团队激励"。

在未来的标题拟订中，我们可以根据这个"爆款标题1.0"模型，结合具体的内容和目标，选择合适的方法来制定标题。

因为我们给出的案例集足够丰富，ChatGPT 经过学习之后归纳的方法模型也足够专业。我们可以基于这个爆款标题的方法模型进行测试和应用。

**Prompt：**

采用这个模型，根据"你知道咖啡其实是豆浆吗？"这个选题提供标题建议。

**ChatGPT：**

当然可以，采用"爆款标题1.0"模型，根据"你知道咖啡其实是豆浆吗？"这个选题提供标题建议如下：

·引发注意："你知道咖啡其实是豆浆吗？"

·引发兴趣："揭秘咖啡背后的惊人真相！"

·引发欲望："咖啡爱好者必看：你可能错过的咖啡秘密！"

·引发信任："根据最新研究，咖啡竟然与豆浆有关！"

·引发行动："点击了解：咖啡与豆浆不为人知的联系！"

请再次确认以上内容，并告诉我是否"继续"。

我们看到 ChatGPT 给出的标题更加精准了，经过这样的调教之后，ChatGPT 就可以成为一个非常专业的爆款标题创作高手了。

至此，我们展示了利用 ChatGPT 辅助抖音内容创作的步骤。从确定账号定位，到进行选题策划，再到内容的撰写，帮助企业和品牌以更低成本、更高效率创作出优质的短视频内容，帮助企业和品牌扩大影响，获取流量，沉淀用户，转化销售。

## 7.4 SEO 搜索引擎优化

在数字化时代，每个企业都希望自己的品牌能够在搜索引擎上获得更高的曝光度。但是，如何才能在数以亿计的网页中脱颖而出，成为用户搜索结果的首选呢？答案就是：SEO，也就是搜索引擎优化，它是一种通过优化网站内容、结构、外部链接等因素，使网站更适合搜索引擎的索引和排名机制，从而提高网站在搜索引擎上的自然排名的方法。

ChatGPT 如何辅助 SEO ?

（1）关键词分析：基于具体产品，分析目标用户的具体需求和搜索意图，提供具体的关键词建议。确保关键词的精确性和有效性。

（2）内容优化：基于用户搜索意图和关键词，提供内容创作的建议和方向。确保内容满足搜索者的需求，并保持内容的更新。

（3）技术优化：提供具体的技术优化建议，确保网站加载速度快，对移动设备友好，并且结构清晰。

（4）外链建设：提供关于权威和相关网站的外部链接的建议。确保获取高质量的外部链接，提高网站权重。

（5）数据分析：提供关于 SEO 数据分析的指导和协助。提升 SEO 团队的数据分析综合能力。

接下来，还是以零界品牌为例，根据 SEO 的关键流程，采用"六要素"通用提示框架，设计一段清晰完整的通用提示词。

---

**Prompt:**

---

**角色：** 假设你是一个 SEO 专家，具备丰富的企业品牌 SEO 经验。

**背景：** 我是一个健康零食企业的 SEO 专员，我们的品牌背景信息如下：

###

品牌名：零界。

广告语：不只是零食，更是健康的无界探索。

品牌定位：新生代健康零食。

品牌理念：打破传统与创新的界限，将健康功能与美味零食完美融合，让每一口都充满惊喜。

目标用户："95 后"年轻人群。

需求洞察：

（1）既要健康的身体，也爱美味的零食。

（2）追求新奇变化，不喜欢一成不变的生活。

（3）热衷探索和购买新产品，并以此作为生活乐趣。

产品系列：

（1）胶原蛋白巧克力：结合了优质生可可和创新成分，通过恢复重要的脂质来帮助锁住皮肤水分，保持皮肤弹性。

（2）减肥口香糖：添加乌龙茶提取物、黑姜提取物，抑制糖与脂肪的吸收、促进脂肪燃烧。

（3）益生菌苏打水：富含健康益生菌与各种微量矿物质，增进肠道健康与大脑健康。

###

**任务：** 我需要你指导并协助我开展 SEO 工作。

**目标：** 目标是提高网站排名、精准用户的流量和转化率。

**流程：** 请按照以下步骤，一步一步思考，为我提供建议和协助：

（1）关键词分析：基于品牌和产品信息，分析目标用户的具体需求和搜索意图，提供具体的关键词建议。确保关键词的精确性和有效性。

（2）内容优化：基于品牌的用户 SEO 意图和关键词，提供具体内容创作的建议。确保内容满足搜索者的需求，并保持内容的更新。

（3）技术优化：基于品牌背景信息，提供具体的技术优化建议，确保网站加载速度快，对移动设备友好，并且结构清晰。

（4）外链建设：基于品牌背景信息，提供关于权威和相关网站的外部链接的建议。确保获取高质量的外部链接，提高网站权重。

（5）数据分析：基于品牌背景信息，提供关于 SEO 数据分析的指导和协助。提升 SEO 团队的数据分析综合能力。

**指令：** 让我们从第一个问题开始，在我确认并说"继续"时，你再开始下一个问题，以此类推。如果你明白，请回复"明白"。

## 7.4.1　关键词分析

ChatGPT 可以基于品牌和产品信息，分析目标用户的具体需求和搜索意图，提供具体的关键词建议。确保关键词的精确性和有效性。

**ChatGPT：**

明白。让我们从第一个问题开始。

**关键词分析：**

基于"零界"品牌和产品信息，我们可以从以下几个方面进行关键词分析：

**1. 品牌关键词**

· 零界

· 零界健康零食

· 零界品牌理念

**2. 产品关键词**

· 零界胶原蛋白巧克力

· 零界减肥口香糖

· 零界益生菌苏打水

**3. 用户需求关键词**

· 健康零食推荐

· 新奇零食品牌

· 胶原蛋白零食

· 减肥口香糖效果

· 益生菌饮料推荐

**4. 长尾关键词**

· "95 后"喜欢的健康零食

· 胶原蛋白巧克力的好处

· 如何选择减肥口香糖

· 益生菌苏打水与普通苏打水的区别

建议使用关键词分析工具，如 Google 关键词规划师、Ahrefs 或 SEMrush，来进一步挖掘和优化关键词。请确认并告诉我是否继续。

根据 ChatGPT 提供的信息，我们发现它默认的是美国互联网环境，我们可以通过追问的方式强调一下中国互联网环境这个前提，便于它提供更具针对性的专业建议。

**Prompt：**

基于中国的互联网环境，有哪些其他的关键词工具可以推荐我使用？为了确保信息准确性，请提供具体的信息来源。

**ChatGPT：**

**基于中国的互联网环境，以下是一些推荐的关键词工具：**

（1）百度关键词工具：百度是中国最大的搜索引擎，其关键词工具可以帮助用户找到与其业务相关的关键词，并提供搜索量、竞争度等数据。

（2）搜狗关键词工具：搜狗搜索引擎在中国也有很大的市场份额，其关键词工具可以提供关键词的搜索量、点击量等数据。

（3）360关键词工具：360搜索引擎也是中国的主要搜索引擎之一，其关键词工具可以提供关键词的搜索量、点击量等数据。

（4）神马关键词工具：神马是一款移动搜索引擎，其关键词工具主要针对移动端用户。

（5）Ahrefs：虽然Ahrefs是一个国外的工具，但它提供了中文关键词的数据，可以帮助用户了解关键词的搜索量、点击量、竞争度等信息。

以上信息来源于知乎上的用户回答。不过，建议在选择关键词工具时，还需要根据自己的实际需求和预算进行选择，并进行实际测试以确定其准确性和适用性。

## 7.4.2  内容优化

ChatGPT能够基于品牌的用户搜索意图和关键词，提供具体内容创作的建议。确保内容满足搜索者的需求，并保持内容的更新。

**Prompt：**

继续。

**ChatGPT：**

内容优化：

基于"零界"品牌背景及用户搜索意图和关键词，以下是一些优化内容的建议：

**1. 品牌故事与理念**

·创建一个"关于我们"的页面，详细介绍品牌的起源、理念和使命。

·制作视频或图文内容，展示品牌背后的故事，以及如何打破传统与创新的界限。

**2. 产品详细介绍**

·为每个产品创建详细的产品页面，包括产品的成分、好处、使用方法和用户评价。

·制作产品使用前后的对比视频或图片，展示产品的实际效果。

### 3. 用户需求内容

·针对用户的健康零食需求，创建博客或文章，如："为什么胶原蛋白巧克力对皮肤有益？"或"如何选择健康的零食？"

·制作与目标用户相关的内容，如"'95后'最爱的健康零食排行"。

### 4. SEO 友好的内容

·确保每个页面都有独特且准确的标题、描述和 H1 标签。

·使用内部链接策略，确保相关的内容之间有链接。

### 5. 定期更新内容

·创建一个博客或新闻部分，定期发布与健康、营养和零食相关的文章。

·考虑开展与用户的互动活动，如食谱大赛或用户故事分享，鼓励用户参与并生成 UGC（用户生成内容）。

请确认并告诉我是否继续。

---

**Prompt：**

如何制定一个有效的内容更新策略，以保持网站内容的新鲜度？（考虑中国的互联网环境）

**ChatGPT：**

制定一个有效的内容更新策略，特别是在中国的互联网环境中，需要考虑以下几个关键点。

### 1. 了解目标受众

·调查和分析目标受众的内容消费习惯，了解他们在哪些平台上活跃，如微信、微博、知乎、抖音等。

·了解他们的兴趣点、痛点以及搜索习惯，以确保内容与他们的需求和兴趣相匹配。

### 2. 内容日历

·制定一个内容发布日历，规划每月的主题和发布日期。

·考虑到中国的特定节日和文化活动，如春节、"双十一"购物节等，为这些特定日期制定相关内容。

### 3. 多元化内容格式

·考虑使用不同的内容格式，如文章、视频、图文、直播等。

· 在短视频平台如抖音和快手上发布有趣和吸引人的内容，以吸引年轻受众。

**4. SEO 和关键词研究**

· 定期进行关键词研究，了解最新的搜索趋势和用户需求。

· 优化现有内容，确保其与最新的 SEO 最佳实践相匹配。

**5. 用户反馈**

· 鼓励用户在内容下面留下评论和反馈。

· 定期查看用户的反馈，了解哪些内容受到欢迎，哪些需要改进。

**6. 与社交媒体结合**

· 利用社交媒体平台，如微信、微博等，推广内容并与用户互动。

· 考虑与意见领袖或 KOL 合作，扩大内容的影响力。

**7. 数据分析**

· 使用工具如百度统计、腾讯分析等，定期查看网站的流量、用户行为和转化率。

· 根据数据分析结果，调整内容策略，确保内容始终与用户的需求和兴趣相匹配。

**8. 持续学习和培训**

· 由于中国的互联网环境和政策经常发生变化，团队应该定期进行培训和学习，确保与最新的趋势和政策保持同步。

总之，制定一个有效的内容更新策略需要团队的持续努力和创新思维，以确保内容始终新鲜、相关并与用户的需求相匹配。

## 7.4.3 技术优化

ChatGPT 可以基于品牌背景信息，提供具体的技术优化建议，确保网站加载速度快，对移动设备友好，并且结构清晰。

Prompt：

继续下一个问题。

ChatGPT：

**技术优化：**

为了确保网站加载速度快、对移动设备友好，并且结构清晰，以下是一些建议：

**1. 网站速度优化**

（1）压缩图片：使用工具如 TinyPNG 或 Compressor.io 来压缩网站上的图片，确保它们在不损失质量的情况下加载得更快。

（2）使用 CDN：使用内容分发网络（CDN）如腾讯云或阿里云，确保内容快速、稳定地传输到用户。

（3）减少 HTTP 请求：合并 CSS 和 JavaScript 文件，减少单个页面的请求次数。

（4）启用浏览器缓存：这可以减少服务器的负载，并加速页面加载时间。

**2. 移动设备优化**

（1）响应式设计：确保网站在各种设备和屏幕尺寸上都能正常工作。

（2）触摸优化：确保按钮和链接适合触摸操作，间距足够大，避免误触。

（3）移动友好的导航：使用简洁的导航菜单，确保用户在移动设备上能轻松导航。

**3. 结构优化**

（1）清晰的 URL 结构：使用描述性的 URL，避免使用复杂的参数或会话 ID。

（2）使用面包屑导航：这不仅有助于用户导航，还可以增强 SEO。

（3）网站地图：创建 XML 和 HTML 版本的网站地图，确保搜索引擎可以轻松索引网站内容。

**4. 其他技术建议**

（1）使用 SSL 证书：确保网站使用 HTTPS，这不仅可以增强安全性，还可以提高 SEO 排名。

（2）优化 404 页面：提供有用的链接和信息，引导用户返回到其他部分的网站。

（3）减少重定向：避免使用不必要的重定向，因为它们可能会减慢页面加载速度。

**5. 考虑中国的特定环境**

（1）选择合适的本地主机：考虑使用中国内地的主机提供商，如腾讯云或阿里云，以减少延迟。

（2）避免使用被屏蔽的资源：某些外部资源，如 Google Fonts 或某些 CDNs，在中国可能被屏蔽。确保使用可在中国访问的资源。

以上就是针对技术优化的一些建议。如果你有任何问题或需要进一步的澄清，请告诉我。

## 7.4.4　外链建设

ChatGPT 可以基于品牌背景信息，提供关于权威和相关网站的外部链接的建议。确保获取高质量的外部链接，提高网站权重。

Prompt：

继续下一个问题，并考虑中国的互联网环境。

ChatGPT：

**外链建设：**

外链是 SEO 的一个重要组成部分，因为它们可以增加网站的权威性和信誉。为"零界"品牌建设高质量的外链，以下是一些建议：

**1. 与行业权威网站合作**

（1）合作发表文章：与健康、营养和食品相关的权威网站合作，发表关于"零界"产品的文章或研究。

（2）参与行业讨论：在行业论坛或社区中参与讨论，分享专业知识，并在签名或个人资料中添加网站链接。

**2. 利用社交媒体**

（1）创建品牌社交媒体账户：在微博、微信、抖音等平台上创建品牌账户，并定期发布有价值的内容。

（2）与意见领袖合作：与健康和食品相关的意见领袖或 KOL 合作，让他们推广"零界"品牌和产品。

**3. 与博客和新闻网站合作**

（1）客座博客：为相关的博客或新闻网站写文章，分享专业知识或产品信息，并在文章中添加网站链接。

（2）新闻发布：当有新产品发布或重要事件发生时，发送新闻稿给相关的新闻网站。

**4. 与合作伙伴和供应商建立链接**

如果与其他品牌或供应商有合作关系，可以考虑在他们的网站上添加

"零界"的链接。

**5. 创建有价值的内容吸引外链**

（1）制作研究报告：进行与健康零食相关的研究，并发布报告，吸引其他网站引用。

（2）创建有趣的互动内容：如测验、问卷或互动图表，吸引用户分享和其他网站链接。

**6. 监控和评估外链质量**

（1）使用工具如 Ahrefs 或 Moz，定期检查外部链接的质量和数量。

（2）确保外链来自相关和权威的网站，避免与低质量或与品牌不相关的网站建立链接。

总之，外链建设需要时间和努力，但它是提高网站权重和信誉的关键。建议始终关注质量而不是数量，并确保所有的外链都与"零界"品牌的定位和目标受众相关。

## 7.4.5　数据分析

ChatGPT 可以基于品牌背景信息，提供关于 SEO 数据分析的指导和协助。提升 SEO 团队的数据分析综合能力。

**Prompt：**

继续下一个问题。

**ChatGPT：**

**数据分析：**

数据分析是 SEO 策略的核心，因为它可以帮助你了解哪些策略有效，哪些需要改进。以下是基于"零界"品牌背景信息的 SEO 数据分析指导和建议：

**1. 选择合适的分析工具**

（1）百度统计：由于"零界"主要面向中国市场，百度统计是一个非常重要的工具，可以提供关于用户行为、来源和转化的详细信息。

（2）Google Analytics：虽然主要面向国外市场，但它提供了丰富的功能和深入的用户分析。

**2. 关键指标跟踪**

（1）流量来源：了解用户是从哪些渠道来到你的网站的，如搜索引擎、社交媒体、直接访问等。

（2）关键词排名：跟踪选定关键词的排名，了解 SEO 策略的效果。

（3）页面浏览量和平均停留时间：这可以帮助你了解哪些内容受到用户的欢迎。

（4）转化率：了解用户从访问到购买的转化情况，找出可能的问题点。

**3. 用户行为分析**

（1）点击热图：使用工具如 Crazy Egg，了解用户在页面上的点击和滚动行为。

（2）用户流：分析用户在网站上的导航路径，找出可能的跳出点。

**4. 竞争对手分析**

使用工具如 Ahrefs 或 SEMrush，了解竞争对手的关键词策略、外链情况和内容策略。

**5. 定期报告和评估**

（1）月度报告：每月制定一个详细的 SEO 报告，总结关键指标、成功点和需要改进的地方。

（2）季度评估：每季度进行一次深入的策略评估，根据数据分析结果调整策略。

**6. 培训和学习**

（1）内部培训：定期为 SEO 团队提供数据分析工具和技巧的培训。

（2）参加研讨会和工作坊：鼓励团队成员参加 SEO 和数据分析相关的研讨会，与行业专家交流，了解最新的趋势和技巧。

总之，数据分析是持续优化 SEO 策略的关键。通过定期跟踪和评估关键指标，你可以确保"零界"品牌始终保持在搜索引擎上的领先地位。

我们看到，借助 ChatGPT 的强大智能，可以为企业和品牌制定出一套全面和有效的 SEO 策略。这不仅将增强品牌的在线可见性和影响力，还将吸引更多的目标用户，推动企业和品牌的可持续发展。

# 7.5　本 章 小 结

内容传播是获取用户流量，积累用户资产的关键，涉及广告、社交媒体内容和 SEO 优化等多个环节，ChatGPT 在辅助内容传播的过程中已经展现出强大和多样的能力。

**1. ChatGPT 已经具备的能力**

（1）广告内容创作：ChatGPT 能快速提供多样的创意思维和灵感，生成吸引人的广告文案，提供视觉设计的初步建议和方向。

（2）社交媒体内容创作：ChatGPT 能策划出符合用户兴趣的社交媒体选题，快速生成吸引人的文案，并提供图片设计辅助。

（3）SEO 搜索引擎优化：ChatGPT 能提供有效的关键词和内容与技术优化建议，帮助提升网站的搜索引擎排名。

**2. ChatGPT 目前存在的不足**

（1）创意深度与一致性限制：虽能生成创意，但深度有限，在多个内容之间难以保持内在的一致性。

（2）多媒体内容创作限制：ChatGPT 主要强于文本创作，在图像、视频、音乐等内容上还有待提升。

（3）SEO 的意图理解限制：虽能分析关键词，但理解用户的搜索意图和行为可能有限。另外搜索引擎的排名算法持续更新，ChatGPT 需要不断学习和适应。

**3. 需要注意的问题**

（1）人机协同创作：结合人类的专业知识和经验，与 ChatGPT 协同创作，提升创意深度与一致性。

（2）多媒体工具：与专业的多媒体创作工具和平台集成，扩展 ChatGPT 在多媒体上的创作能力。

（3）专业 SEO 工具：与专业 SEO 工具和平台集成，获取实时数据和深入分析。定期更新 ChatGPT 的知识库和算法，以适应搜索引擎的最新规则和趋势。

**4. 未来发展的趋势**

（1）个性化内容生成：通过深入分析用户数据，ChatGPT 将生成更个性化和精准化的营销内容。

（2）多模态技术升级：ChatGPT 将支持多媒体多模态的内容创作和编辑，包括文本、图像、视频和音乐等。

（3）SEO 自动优化：ChatGPT 将能自动分析和优化网站内容和技术，简化优化过程，提升 SEO 效果。

尽管目前还存在一些局限性，但随着技术的不断进步，ChatGPT 在内容传播领域取得的更多突破和创新，为品牌和企业带来更多的机会，创造更大的价值。

# 第 8 章

# AI+ 活动推广：

## 品效合一的转化引擎

在营销的多个环节中，活动推广无疑是最具挑战性和创造性的一环。一个成功的活动不仅能够吸引消费者的注意，还能促使他们参与互动，最终实现转化。

本章将深入探讨如何通过 ChatGPT 实现"AI+活动推广"，创建品效合一的转化引擎。我们将一起学习如何利用 ChatGPT 策划具有创意的活动主题，设计完整的活动方案，并创作引人入胜的活动宣传内容。此外，你还将了解如何进行活动的后续跟进，以保持与消费者的联系并推动销售转化。让我们一起探索如何利用 AI 技术打造成功的营销活动，实现品牌和效果的双重提升。

## 8.1　ChatGPT 如何助力活动推广

活动推广是企业为了推广品牌、产品和服务而策划和组织的一系列活动，包括产品发布会、体验活动、促销活动、公关活动、展览会和研讨会等。作为建立用户互动和连接的关键手段，活动推广不仅是一个展示产品、服务和品牌价值的平台，更是一个实现品牌体验与销售转化的桥梁。

在当下的市场背景下，品效合一成为所有营销活动共同追求的目标，即如何在提供优质的品牌体验的同时，实现销售的有效转化。而要达到这个目标需要高质量的活动创意、策划、宣传、执行和跟进。

传统的活动推广通常需要市场营销团队、内容创意团队和活动执行团队的协同工作，耗费大量的时间、资源和成本。而今天，ChatGPT 的出现为传统的活动推广注入了新动力，它不仅可以为活动提供主题创意的建议、策划方案的撰写、宣传内容的生成、活动效果的评估和后续跟进的落实。借助 ChatGPT 的强大智能，我们可以更快、更好、更有效地进行活动的策划和执行，在降低成本的同时，大大提高活动推广的创意、质量和成功率。

在活动推广的各个环节中，ChatGPT 都可以发挥重要作用，提供有力支持：

**1. 主题创意**

·*传统方法*：需要团队进行市场分析、用户洞察、头脑风暴等。

·**ChatGPT** *辅助*：根据品牌背景、目标受众、活动目的等基础信息提供与活动主题和概念相符的创意。

**2. 策划方案**

·*传统方法*：需要团队进行活动全程规划、执行细节落实等。

·**ChatGPT** *辅助*：根据确认的活动目的、目标受众和主题创意提供具体的执行方案策划，包括地点选择、时间安排、执行流程、物料准备、人员安排、经费预算等。

### 3. 宣传内容

·传统方法：需要团队制定宣传策略，并进行文案内容的撰写、宣传材料的设计制作等。

·ChatGPT 辅助：根据确认的活动主题和策划方案，制定活动宣传策略、提供媒体建议、生成文案内容，并提供宣传材料的设计建议，如海报、视频等。

### 4. 后续跟进

·传统方法：活动结束后，团队通常需要进行效果评估、数据分析和后续行动。

·ChatGPT 辅助：根据活动结果和反馈数据，进行效果评估和后续跟进的建议，包括如何改进活动、如何维护与受众的关系、如何进行下一次活动。

接下来，我们通过一个具体的案例来进行演示，如何借助 ChatGPT 策划和组织一场推广活动。我们虚拟了一个新能源汽车品牌"悦途"，假设它要开展一场深度试驾活动。

首先，我们采用"六要素"通用提示框架来设计一段完整的提示词，把它输入一个新建的对话框。

---

**Prompt：**

**角色：** 你是一个新能源汽车行业的活动推广专家，具备深厚的新能源汽车产品知识，同时拥有丰富的活动推广经验。

**背景：** 我是一家新能源汽车品牌（悦途）的活动推广经理，我们最近推出了新款"悦途"SUV 新能源汽车，价格为 20 万元左右，续航里程达到 500 公里。目标人群为中国一二线城市的中产精英，车主年龄为 30～45 岁，已婚并有一个 3～12 岁的孩子，他们已经有一辆价格在 10 万～15 万元的燃油车，目前正在考虑换购或增购一辆新能源汽车，但是对于新能源汽车存在很多顾虑，包括：

（1）巡航里程是否能够满足各种用车场景需求。

（2）目前所在城市的充电桩数量和分布能否满足自己的用车充电需求。

（3）新能源汽车的舒适性能否满足自己的要求。

**任务：** 我们的任务是开展一次深度试驾体验活动，邀请 30 组目标人群的家庭参与，包括夫妻或夫妻加上一个 3 ～ 12 岁的孩子，时间为 2 天 1 夜，路线为从本地的 A 城出发，前往距离 A 城 100 公里的临海城市 B 城，并在 B 城的海滩露营，举办篝火晚会。

**目标：**通过深度体验，让目标人群消除对于新能源汽车的顾虑，并产生购买意向，并加入我们的准车主微信群。

**流程：**让我们一步一步思考，通过以下步骤协助完成活动的整体策划：

第一步：活动主题创意：根据背景信息和目标，构思活动的核心主题和相关创意，确保活动能够达成预定目标。

第二步：活动执行方案：详细规划活动的日期、地点、参与人员、流程、预算等，确保活动的顺利进行。

第三步：活动宣传内容：制定活动的宣传策略，创建宣传材料如海报、视频、社交媒体帖子等。

第四步：活动后续跟进：活动结束后收集反馈，评估活动效果，例如通过发送感谢信或调查问卷，邀请用户加入准车主微信社群。

**指令：**

· 让我们一步一步思考，按照以上顺序一次只展开一个步骤，过程中我会有一些反馈意见，请按照我的反馈意见进行回应和修改。在我确认并说"继续下一步"时，继续进行下一个步骤。

· 为了保证严谨性和创新性的平衡，设定温度值（创新性）为 0.8。

· 如果你明白，请回复"明白"。

---

**ChatGPT：**────────────────────────────────

明白，让我们开始吧。

## 8.2　活动主题创意

ChatGPT 可以根据我们提供的品牌背景、目标受众、活动目的等基础信息，提供具体的活动主题和概念创意。

### 8.2.1　生成主题创意

根据前面的提示词，我们可以让 ChatGPT 从第一步开始。

Prompt：

开始第一步。

ChatGPT：

**第一步：活动主题创意。**

**核心主题："悦途家庭日：驾越新能源，探索海滨乐园"**

创意描述：

（1）"悦途家庭日"：强调这是一个专为家庭设计的活动，让家庭成员共同参与，增强家庭的凝聚力。

（2）"驾越新能源"：突出新能源汽车的特点，让消费者在试驾中体验新能源汽车的优势。

（3）"探索海滨乐园"：与活动的海滩露营、篝火晚会相结合，强调这是一个充满乐趣和探索的旅程，同时也是一个放松和亲近大自然的好机会。

（4）消除顾虑，增强信任：通过实际的驾驶体验，让消费者亲身体验新能源汽车的续航、充电和舒适性，从而消除他们的疑虑。

请提供您的反馈意见。

## 8.2.2  优化内容细节

在 ChatGPT 给出的主题创意基础上，我们可以进一步提出内容细节的优化意见。

Prompt：

把"星辰大海"这个词放进去。

ChatGPT：

好的，结合"星辰大海"这个词，我为您调整了活动主题。

**核心主题："悦途家庭日：驾越星辰，探秘大海"**

创意描述：

（1）"悦途家庭日"：强调这是一个专为家庭设计的活动，让家庭成员共同参与，增强家庭的凝聚力。

（2）"驾越星辰"：暗示新能源汽车的前沿技术和未来趋势，同时也寓意家庭成员之间的深厚情感，如同星辰般永恒。

（3）"探秘大海"：与活动的海滩露营、篝火晚会相结合，强调这是一个充满乐趣和探索的旅程，同时也是一个放松和亲近大自然的好机会。

（4）消除顾虑，增强信任：通过实际的驾驶体验，让消费者亲身体验新能源汽车的续航、充电和舒适性，从而消除他们的疑虑。

这样的主题结合了"星辰大海"的浪漫与新能源汽车的技术特点，更具吸引力。您觉得如何？

**Prompt：**

好，请根据这个创意主题，进一步展开活动创意亮点设计，要求基于目标，符合主题，考虑中产家庭的夫妻以及孩子的需求，增进亲子活动，结合产品功能的一些亮点，比如新能源汽车可以反向为其他电器设备充电等。

**ChatGPT：**

了解，基于您的要求，我为您设计了以下活动创意亮点：

**1. 亲子驾驶体验**

设计一段特定的试驾路线，让家长和孩子可以共同体验驾驶乐趣。例如，家长驾驶，孩子在车内的儿童座椅上有一个小任务，如观察沿途的风景、标志等，增强亲子互动。

**2. 新能源汽车技术体验**

展示新能源汽车的反向充电功能，让家庭成员体验到汽车为露营设备如手机、灯具、音响等充电的便利性。

在露营地设置一个"未来驾驶体验区"，展示汽车的自动驾驶、智能语音助手等先进功能，让家庭成员体验到技术的魅力。

**3. 亲子乐园**

在B城的海滩上设置一个亲子游乐区，提供沙滩排球、风筝、沙堡工具等玩具，让家庭成员在海滩上尽情玩耍。

组织一次亲子烹饪活动，让家庭成员一起制作露营晚餐，增进亲子关系。

**4. 篝火晚会**

在晚会上，邀请专业的吉他手和歌手为家庭成员演唱，营造浪漫的氛围。

组织一次"星辰故事会"，让家庭成员围坐在篝火旁，分享他们的家庭故事和对未来的期望。

提供彩色荧光棒和荧光绘画工具，让孩子们在黑暗中创作光绘艺术，增加晚会的乐趣。

**5. 绿色出行**

在活动开始时，为每个家庭提供一个环保袋，鼓励家庭成员在旅程中捡拾垃圾，保护环境。在活动结束时，为捡拾垃圾最多的家庭颁发"绿色家庭"奖项，鼓励环保意识。

**6. 纪念品赠送**

为参与活动的家庭提供定制的"悦途家庭日"纪念 T 恤或帽子，留下美好的回忆。

这些创意亮点旨在结合新能源汽车的技术特点和家庭成员的需求，为家庭成员提供一个难忘的体验。您觉得如何？

根据我们要求，ChatGPT 已经给出了具体的活动主题创意，如果我们还有进一步的细节要求，可以继续提出调整意见。在获得比较满意的结果之后，我们可以继续进入下一步。

# 8.3 活动执行方案

在活动方案策划阶段，ChatGPT 可以根据确认的活动目的、目标受众和主题创意提供具体的执行方案策划，包括地点选择、时间安排、执行流程、物料准备、人员安排、经费预算等。

## 8.3.1 生成执行方案

根据我们前面的提示词设定，只要输入"继续"，ChatGPT 就会按照顺序继续回答下一个问题。

**Prompt：**

好，继续下一步。

**ChatGPT：**

**第二步：活动执行方案。**

**1. 日期**

建议选择一个周末，例如：9 月的第二个周六至周日，以便家庭成员更容易参与。

**2. 地点**

出发地：A 城的悦途汽车展厅，方便家庭成员集合，并提供一个简短的新车介绍。

目的地：B 城的某一海滩，需提前与当地政府或管理机构沟通，确保露营和活动的顺利进行。

**3. 参与人员**

30 组家庭成员，每组 3 人（夫妻＋孩子）。

悦途汽车品牌的工作人员，包括驾驶教练、产品专家和活动组织者。

专业的天文讲解员、吉他手和歌手。

**4. 流程**

第一天：

08:00—09:00：家庭成员在 A 城展厅集合，进行签到和简短的新车介绍。

09:00—12:00：亲子驾驶体验，沿途有特定的试驾路线和任务。

12:00—13:30：在 B 城附近的餐厅享用午餐。

13:30—16:00：到达 B 城海滩，家庭自由活动时间。

16:00—18:00：亲子烹饪活动。

18:00—20:00：篝火晚会开始，包括歌曲、故事分享等。

20:00—22:00：自由活动时间，家庭成员可以选择观星、光绘艺术创作等。

第二天：

07:00—08:30：早餐时间。

08:30—10:00：海滩清洁活动，鼓励家庭成员参与。

10:00—12:00：返回 A 城。

12:00—13:00：在 A 城展厅进行活动总结，颁发"绿色家庭"奖项，并邀请家庭成员加入准车主微信群。

**5. 预算**

交通费：包括油费、过路费等。

餐饮费：两天的餐饮费用。

活动费：包括海滩租赁费、露营设备租赁费、天文望远镜租赁费、音响设备租赁费等。

人员费：天文讲解员、吉他手和歌手的费用。

宣传费：活动前的宣传费用，包括海报、视频制作等。

其他费用：包括意外费用、应急费用等。

以上是活动的执行方案，您有什么建议或修改意见吗？

## 8.3.2　细化执行方案

在 ChatGPT 给出的执行方案基础上，我们可以进一步要求优化具体细节。

Prompt：

请将流程用表格方式呈现，表头为时间、内容、负责人。

ChatGPT：

了解，表 8-1 是您要求的表格形式。

表 8-1　ChatGPT 生成的活动流程表

| 时间 | 内容 | 负责人 |
|---|---|---|
| 08:00—09:00 | 家庭成员在 A 城展厅集合，进行签到和新车介绍 | 活动组织者 |
| 09:00—12:00 | 亲子驾驶体验，沿途试驾路线和任务 | 驾驶教练 |
| 12:00—13:30 | 在 B 城附近餐厅享用午餐 | 活动组织者 |
| 13:30—16:00 | 到达 B 城海滩，家庭自由活动时间 | 活动组织者 |
| 16:00—18:00 | 亲子烹饪活动 | 活动组织者 |
| 18:00—20:00 | 篝火晚会，歌曲、故事分享等 | 活动组织者 |
| 20:00—22:00 | 自由活动时间，观星、光绘艺术创作等 | 活动组织者 |
| 07:00—08:30 | 早餐时间 | 活动组织者 |
| 08:30—10:00 | 海滩清洁活动 | 活动组织者 |
| 10:00—12:00 | 返回 A 城 | 活动组织者 |
| 12:00—13:00 | 活动总结，颁奖，邀请加入微信群 | 活动组织者 |

请查看以上表格，如有需要修改或补充的地方，请告诉我。

根据我们的要求，ChatGPT 已经给出了具体的活动执行方案，并提供了表格，如果我们还有进一步的细节要求，可以继续提出补充意见。在获得比较满意的结果之后，可以继续下一步。

# 8.4　活动宣传内容

在活动宣传阶段，ChatGPT 可以根据确认的活动主题和策划方案，制定活动宣传策略、提供媒体建议、生成文案内容，并提供宣传材料的设计建议，如海报、视频等。

## 8.4.1　生成宣传方案

首先，我们让它生成活动的宣传方案，根据我们前面的提示词设定，只要输入"继续"，ChatGPT 就会按照顺序继续回答这一个问题。

Prompt：

继续下一步。

ChatGPT：

**第三步：活动宣传内容。**

为了确保活动的成功，宣传是非常关键的一步。以下是宣传的策略和具体内容：

**1. 宣传策略**

· 目标定位：针对 30～45 岁的中产精英家庭，特别是已有孩子的家庭。

· 渠道选择：主要通过社交媒体（如微信、微博、抖音等）、汽车论坛、线下展厅等进行宣传。

· 内容形式：结合图文、视频、直播等多种形式，提高宣传的吸引力。

**2. 宣传材料**

（1）海报

· 设计：以"悦途家庭日：驾越星辰，探秘大海"为主题，结合海滩、星空和汽车的图片，设计吸引人的海报。

· 内容：活动的日期、地点、流程、特色等。

· 发布：在社交媒体、汽车论坛、线下展厅等地发布。

（2）视频

· 内容：制作一个短视频，展示新能源汽车的特点、活动的亮点、家庭的乐趣等。

·发布：在抖音、微信、微博等平台发布，吸引目标人群的关注。

（3）社交媒体帖子

·内容：介绍活动的背景、目的、流程等，结合真实的用户评价和期待，提高活动的可信度。

·发布：在微信、微博等平台发布，鼓励用户转发和评论，增加活动的曝光度。

以上是活动的宣传内容，您有什么建议或修改意见吗？

## 8.4.2　设计活动海报

我们可以根据 ChatGPT 提供的海报初步创意，要求它提供更完整详细的创意画面说明，并调用 ChatGPT 原生自带的 DALL·E 3 直接生成海报画面。

Prompt：
————————————————————

请根据目前的海报内容规划，构思一个创意画面，包含海报设计所有要素的详细说明。

ChatGPT：
————————————————————

好的，以下是具体的创意画面：

**画面前景**：展示悦途 SUV 新能源汽车停在 B 城的美丽海滩上。汽车的车门打开，一家三口（30～45 岁的中产精英家庭）正从车里走出来，夫妻手牵手，孩子兴奋地冲向海滩。

**画面中景**：家庭成员在海滩上互动，如孩子在堆沙堡，夫妻在旁边放风筝。汽车的外观和特点在阳光下闪闪发光，特别是新能源汽车的标志和细节。

**画面背景**：夜晚，篝火晚会正在进行，家庭成员围坐在篝火旁，抬头看着浪漫的星空。星空中有流星划过，与篝火的火光相互辉映。

**色调**：整体以蓝色和金色为主，汽车的细节和篝火的火光都是金色，代表新能源汽车的先进技术和家庭的温馨。蓝色代表大海和星空，给人一种宁静和浪漫的感觉。

**文字**：在画面的右下角，用简洁明了的文字写上："悦途家庭日：驾越星辰，探秘大海。日期：××月××日，地点：B 城美丽海滩。与家人一同，体验科技与温馨的完美结合。"

**风格：**整体风格既要展现新能源汽车的科技感，也要展现家庭的温馨和活动的乐趣。通过家庭成员的互动和篝火晚会的场景，给人一种温馨和乐趣的感觉。

Prompt：

请设计活动海报创意画面。

ChatGPT：

DALL·E 3

Created 2 images

DALL·E 3 为我们生成了质量很高的海报创意设计图（如图 8-1 和图 8-2 所示）。实际操作中，可以基于这个设计图进一步修改细节，比如替换人物和车图等，最终获得比较理想的效果。

图 8-1　DALL·E 3 生成的活动海报创意设计图（一）

图 8-2　DALL·E 3 生成的活动海报创意设计图（二）

### 8.4.3　生成视频脚本

在完成了活动海报创意效果图的生成之后，我们还可以继续要求 ChatGPT 撰写活动宣传视频脚本。

**Prompt：**

请根据目前的视频内容规划，撰写一个视频脚本，要求充分体现活动的价值和吸引力，情节引人入胜，节奏跌宕起伏，用表格方式呈现。

**ChatGPT：**

了解，以下是根据您的要求为"悦途家庭日：驾越星辰，探秘大海"活动制定的视频脚本。

请根据以下视频脚本，设计分镜画面。

视频脚本表格见表 8-2。

表 8-2　ChatGPT 生成的视频脚本

| 序号 | 时间段 | 场景描述 | 配乐 / 音效 | 旁白 / 对话内容 |
|---|---|---|---|---|
| 1 | 0:00 ～ 0:05 | 悦途 SUV 新能源汽车在城市中驶过的画面 | 轻快的背景音乐 | "悦途，为家庭而驾。" |
| 2 | 0:05 ～ 0:10 | 家庭成员在家中收拾行李，准备出发的画面 | 轻松的背景音乐 | "一次不同的家庭之旅，即将开始。" |
| 3 | 0:10 ～ 0:20 | 家长和孩子在车上互动，孩子观察沿途风景的画面 | 欢快的背景音乐 | "与家人一起，探索未知的世界。" |
| 4 | 0:20 ～ 0:25 | 车辆到达 B 城海滩，家庭成员欢快地下车的画面 | 海浪声、孩子的笑声 | "大海的呼唤，我们来了！" |
| 5 | 0:25 ～ 0:30 | 家庭成员在海滩上玩耍，放风筝、堆沙堡的画面 | 欢乐的背景音乐 | "与大自然亲密接触，感受大海的魅力。" |
| 6 | 0:30 ～ 0:40 | 夜晚，家庭成员围坐在篝火旁，观看星空的画面 | 宁静的背景音乐 | "驾越星辰，与家人共赴这场星空之约。" |
| 7 | 0:40 ～ 0:45 | 新能源汽车为露营设备充电的画面 | 科技感的背景音乐 | "新能源汽车，不仅仅是一辆车。" |
| 8 | 0:45 ～ 0:50 | 家庭成员在篝火旁分享故事，互动的画面 | 温馨的背景音乐 | "每一次旅行，都是一次家庭的重聚。" |
| 9 | 0:50 ～ 0:55 | 晨曦中，家庭成员打包行李，准备返回的画面 | 温暖的背景音乐 | "留下的，是回忆；带走的，是情感。" |

续表

| 序号 | 时间段 | 场景描述 | 配乐/音效 | 旁白/对话内容 |
|---|---|---|---|---|
| 10 | 0:55～1:00 | 悦途 SUV 新能源汽车驶离海滩，返回城市的画面 | 动感的背景音乐 | "悦途家庭日，期待与您的下一次相遇。" |

这是一个初步的视频脚本，旨在展现活动的价值和吸引力，同时突出家庭的温馨和新能源汽车的特点。您觉得如何？有什么需要修改或补充的地方吗？

Prompt：

请根据这个视频脚本设计分镜画面。

ChatGPT：

DALL·E 3

Created 4 images

我们看到 DALL·E 3 已经可以输出质量很高的分镜画面了（如图 8-3 所示）。最值得一提的是它能基本保持人物角色和产品形象的前后一致性，相比同一时期的其他图像生成类 AI 工具，这是一个质的飞跃，大大提升了视频分镜脚本和故事绘本设计的质量和效率。

图 8-3　DALL·E 3 生成的视频脚本分镜画面（部分）

如果不满意，可以继续提出反馈意见要求修改，在获得比较满意的效果之后，还可以进一步把这些分镜画面导入 Runway-Gen2 上，生成视频并进行编辑，作为视频广告的效果演示，甚至进一步精修成为最终成品（相关内容可参考本书第 2 章相关内容，此处不再赘述）。

## 8.4.4 生成社交媒体内容

在完成视频脚本和分镜画面设计之后，我们继续要求 ChatGPT 撰写社交媒体的内容，包括微信和微博等。

**Prompt：**

请根据目前的社交媒体内容规划，撰写一篇微信推文和一篇微博帖子。

**ChatGPT：**

了解，以下是为"悦途家庭日：驾越星辰，探秘大海"活动制定的微信推文和微博帖子内容：

**微信推文：**

标题：【悦途家庭日】与家人一起，驾越星辰，探秘大海！

内容：

家是温暖的港湾，车是家庭的伙伴。悦途 SUV 新能源汽车邀您与家人一同参与"悦途家庭日"，体验不一样的家庭之旅！

🚕 亲子驾驶体验，增进亲子关系。

🏝 探索 B 城美丽的海滩，感受大海的魅力。

◎ 篝火晚会下，与家人共赴星空之约。

🔋 新能源汽车，更多可能性等你发现。

活动时间：9 月的第二个周末。

活动地点：A 城出发，前往 B 城海滩。

点击【报名链接】，与家人一起开启这次特别的旅程！

**微博帖子：**

#悦途家庭日# 🚕 与家人一起，驾越星辰，探秘大海！悦途 SUV 新能源汽车邀您体验不一样的家庭之旅。亲子驾驶、海滩探险、篝火晚会、星空观赏……更多精彩，等你来发现！◎🏝 报名链接在此 ☝ [报名链接] #家庭

出游##新能源汽车#

以上是微信推文和微博帖子的内容，您觉得如何？有什么需要修改或补充的地方吗？

根据我们要求，ChatGPT 为我们生成了微信推文和微博帖子，如果我们还有进一步的细节要求，可以继续提出调整意见，在获得比较理想的效果之后，就可以进入下一步。

# 8.5　活动后续跟进

ChatGPT 可以提供活动效果评估和后续跟进的建议，包括如何改进活动、如何维护与受众的关系、如何进行下一次活动等。

## 8.5.1　生成跟进方案

根据我们前面的提示词设定，只要输入"继续"，ChatGPT 就会按照顺序继续往下回答这一个问题。

Prompt：

好的，我们继续下一步。

ChatGPT：

为了确保活动的效果并与参与者建立长期的联系，后续的跟进工作是非常关键的。以下是后续跟进的建议：

**1. 感谢信**

内容：感谢家庭成员参与"悦途家庭日"活动，表达品牌的诚意和对他们的重视。

形式：电子邮件和微信消息。

时间：活动结束后的第二天发送。

**2. 调查问卷**

内容：关于活动的满意度、汽车的体验感受、活动组织的建议等。

形式：在线问卷，如使用腾讯问卷或问卷星等工具。

时间：活动结束后的第三天发送。

奖励：鼓励填写问卷的家庭成员，可以提供一些小礼品或优惠券。

**3. 微信社群**

内容：建立"悦途准车主"微信社群，分享新能源汽车的使用技巧、维护知识、品牌新闻等。

形式：微信社群。

时间：活动结束后的第一天邀请。

活动：定期在群内组织一些小活动，如知识问答、分享经验等，增强群内的活跃度。

**4. 特别优惠**

内容：为参与活动的家庭提供购车的特别优惠，如提供一定的折扣或赠送一些汽车配件。

形式：优惠券或电子码。

时间：活动结束后的第五天发送。

以上是后续跟进的建议，您有什么建议或修改意见吗？

### 8.5.2 撰写感谢信

根据活动跟进需求，让 ChatGPT 撰写一份感谢信，并在结尾邀请用户参与后续活动。

**Prompt：**

请根据活动整体方案内容撰写一份感谢信，除了感谢内容，要求在结尾带出关于邀请用户参与调查问卷、微信社群、特别优惠的信息。

**ChatGPT：**

了解，以下是为"悦途家庭日：驾越星辰，探秘大海"活动制定的感谢信内容：

亲爱的 [ 家庭成员姓名 ] 家庭，

首先，我们衷心感谢您参与了"悦途家庭日：驾越星辰，探秘大海"活动。您的参与为这次活动增添了无尽的色彩和温馨，我们深感荣幸能与您共同度过这段难忘的时光。

我们始终致力于为家庭提供最优质的新能源汽车体验，您的意见和建议对我们至关重要。为了更好地了解您的感受和需求，我们特地为您准备了一个调查问卷，希望您能抽出宝贵的时间为我们提供宝贵的反馈。

此外，为了与您建立更长久的联系，我们诚挚地邀请您加入"悦途准车主"微信社群。在这里，您可以与其他车主分享经验、获取新能源汽车的最新资讯和使用技巧。

最后，为了感谢您的支持和参与，我们为您提供了一份特别优惠，希望您在购买悦途 SUV 新能源汽车时能够享受到更多的实惠。

再次感谢您对悦途的支持和信任，期待与您的再次相遇！

诚挚的，

悦途汽车团队

这是一个初步的感谢信，您觉得如何？有什么需要修改或补充的地方吗？

### 8.5.3　撰写调查问卷

我们还可以进一步要求 ChatGPT 根据规划撰写调查问卷的具体内容。

Prompt:

请根据以下规划，拟订具体的调查问卷内容。

内容：关于活动的满意度、汽车的体验感受、活动组织的建议等。

形式：在线问卷，如使用腾讯问卷或问卷星等工具。

时间：活动结束后的第三天发送。

奖励：鼓励填写问卷的家庭成员，可以提供一些小礼品或优惠券。

ChatGPT:

了解，以下是为"悦途家庭日：驾越星辰，探秘大海"活动制定的调查问卷内容：

**悦途家庭日活动满意度调查**

尊敬的参与者，您好！感谢您参与"悦途家庭日：驾越星辰，探秘大海"活动。为了更好地为您提供服务，我们希望了解您对此次活动的感受和建议。此问卷仅需花费您几分钟时间，您的每一条建议都是我们前进的动力。

1. 您对此次活动的整体满意度如何？

非常满意　　满意　　一般　　不满意　　非常不满意

2. 您对悦途 SUV 新能源汽车的体验感受如何？

非常满意　　满意　　一般　　不满意　　非常不满意

3. 您最喜欢活动的哪个环节？

亲子驾驶体验　　海滩探险　　篝火晚会　　星空观赏

其他：＿＿＿＿＿＿

4. 您对活动组织有哪些建议或意见？

[ 开放式回答 ]

5. 您是否考虑购买悦途 SUV 新能源汽车？

肯定会购买　　正在考虑　　还未决定　　不会购买

6. 您对悦途品牌有哪些建议或意见？

[ 开放式回答 ]

7. 您是否愿意参与未来的悦途品牌活动？

是　　　否

8. 请留下您的联系方式，以便我们为您提供小礼品或优惠券。

姓名：＿＿＿＿＿＿

手机号：＿＿＿＿＿＿

以上是调查问卷的内容，您觉得如何？有什么需要修改或补充的地方吗？

ChatGPT 根据我们的要求，提供了一系列可用于活动后续跟进的内容材料，可以说相当专业。至此，我们完成了活动的策划、宣传、评估和跟进的完整过程，我们发现有了 ChatGPT 的帮助，我们的活动的策划和组织变得更简单、更有创意，也更有成效。

## 8.6　本 章 小 结

活动推广不仅是一个展示产品、服务和品牌价值的平台，更是实现品牌体验与销售转化的桥梁。ChatGPT 能够在活动推广的各个环节提供技术支持。

**1. ChatGPT 目前已经具备的能力**

（1）创意主题生成：ChatGPT 能快速提供创新和吸引人的活动主题建议，为活动营销奠定基础。

（2）策划方案辅助：基于目标市场和受众，ChatGPT 能生成详细的活动策划方案。

（3）活动宣传支持：ChatGPT 能创作吸引人的宣传文案和内容，增强活动的曝光和影响力。

（4）后续跟进建议：提供有效的用户反馈收集和活动效果分析建议，支持活动的持续优化。

**2. ChatGPT 目前存在的不足**

（1）创意深度限制：虽能生成创意主题，但 ChatGPT 的创意深度和细腻度有限。

（2）策划方案一致性：生成的策划方案可能缺乏一致性和长期战略视角。

（3）实时交互缺失：在活动宣传和后续跟进环节，ChatGPT 无法实时与用户交互。

**3. 需要注意的问题**

（1）人机协作创作：结合人类创作者的专业知识和经验，与 ChatGPT 共同参与活动主题和策划的创作。

（2）增强交互学习：通过学习用户反馈，优化 ChatGPT 在活动宣传和后续跟进的表现。

（3）长期战略规划：引入更多行业知识和长期战略规划，增强生成的策划方案的有效性。

**4. 未来的发展趋势**

（1）AI 驱动的创意主题：ChatGPT 将能提供更多创新和独特的活动主题建议。

（2）智能策划方案生成：通过 AI 技术，ChatGPT 将自动生成更完善和详细的活动策划方案。

（3）个性化宣传和跟进：未来，ChatGPT 将支持个性化的活动宣传和用户后续跟进方式。

ChatGPT 在活动推广方面已经具备了强大能力及可期待的巨大潜力，虽然目前还存在一些局限和不足，但通过不断的技术迭代和优化，未来 ChatGPT 将更好地服务于活动推广，提供更加创新、精准和个性化的辅助和支持。

# 第 9 章

# AI+ 直播电商：
## 即刻成交的销售神器

直播电商作为近年来崛起的营销新渠道，以其实时、互动的特点，深受消费者喜爱。然而，如何在直播中精准传达信息，创造吸引力，并促成交易，是每个营销人员和主播都需要思考的问题。本章将带你深入了解"AI+直播电商"的世界，探索如何将 ChatGPT 变成助力直播电商"即刻成交"的销售神器。你将学习如何利用 ChatGPT 编写高效的直播话术脚本，设计吸引人的直播场景，并了解如何应用数字人技术来增强直播的互动性。

## 9.1　ChatGPT 如何助力直播电商

在竞争激烈的市场竞争中，如何在众多的直播电商中脱颖而出，成为品牌和企业面临的挑战。要实现这一目标，不仅需要精心设计的直播话术内容，还需要有吸引力的直播场景设计，以及具有专业素养和魅力的主播。传统的模式往往依赖于大量的人力资源，从策划、执行到后期跟进，都需要大量的时间和成本投入。

而 ChatGPT 的出现为电商直播提供了巨大赋能。它可以帮助企业助力品牌撰写吸引人的直播脚本，提供直播背景的设计建议，并为直播中的虚拟数字人提供支持。借助 ChatGPT 的加持，品牌和企业能够更经济、更专业地开展直播电商，大大提高直播的吸引力和转化率。

在直播电商的各个环节，ChatGPT 都能提供支持与辅助。

**1. 直播话术脚本**

·传统方法：需要运营团队或主播根据自己的经验和风格来制定话术，需要花费大量时间精力。

·ChatGPT 辅助：可以通过向 ChatGPT 提供专业知识和学习材料的方式，进行专业角色调教，把 ChatGPT 调教成一个专业的直播话术脚本撰写助理，之后只要提交某个商品的基本信息，就可以自动生成专业的直播话术脚本。

**2. 直播场景设计**

·传统方法：场景设计涉及整体环境、主题文字、背景视频、前景图片等主要元素。

·ChatGPT 辅助：运营团队可以提供直播的背景信息，包括品牌、产品、目标用户等，获取如何设计和优化这些要素的建议。

**3. 直播数字人辅助**

·传统方法：需要大量的图形设计和编程工作来创建和操作数字人主播。

·ChatGPT 辅助：结合其他 AI 技术，ChatGPT 可以为数字人主播提供实时的话术和互动支持，使其更加自然和有说服力。

接下来，我们通过具体案例来进行演示如何借助 ChatGPT 开展直播电商，我们虚拟一个名为"零界"的健康零食品牌，首先，让我们从直播话术脚本开始。

# 9.2　直播话术脚本

首先，我们采用"六要素"通用提示框架来设计一段完整的提示词，把它输入一个新建的对话框，给 ChatGPT 下达任务。

**Prompt：**

**角色：**假设你是一个抖音直播电商运营专家，精通抖音直播电商全流程方法。

**背景：**我是一个品牌的直播带货运营经理。品牌背景如下：

###

品牌名：零界。

品牌定位：新生代健康零食。

品牌口号：好吃更好玩，美味又健康。

品牌理念：打破传统与创新的界限，将健康功能与美味零食完美融合，让每一口都充满惊喜。

目标人群："95 后"年轻人群。

需求洞察：

·既要健康的身体，也爱美味的零食。

·追求新奇变化，不喜欢一成不变的生活。

·热衷探索和购买新产品，并以此作为生活乐趣。

核心产品：

胶原蛋白巧克力：结合了优质生可可和创新成分，通过恢复重要的脂质来帮助锁住皮肤水分，保持皮肤弹性。

###

**任务：**我需要你在直播话术脚本上提供全面建议和协助。

**目标：**提升直播电商销售 GMV。

流程：让我们一步一步思考，按照以下步骤依次进行：

第一步：探讨抖音直播电商的特点和成功关键点；

第二步：根据成功关键点制定直播话术脚本模型；

第三步：根据制定的模型撰写其他产品脚本。

指令：

·按照流程所列顺序每次只探讨一个问题，等我确认并说"继续"再进入下一步。

·过程中我会根据需要给你一些学习资料，你需要学习并归纳其中的方法模型，并结合你的知识，为我提供建议。

·在过程中如果你有需要了解的背景信息，可以向我提问。

·为了确保内容的专业性和创新性，请将温度值设为 0.8。

### 9.2.1　第一步：探讨直播电商成功的关键点

在我们输入了前面的提示词后，ChatGPT 就会开始回答第一个问题。

ChatGPT：

了解，首先我们从第一步开始，探讨"抖音直播电商的特点和成功关键点"。

**抖音直播电商的特点和要求**

**特点：**

（1）实时互动：抖音直播带货允许主播与观众实时互动，这为品牌提供了与消费者建立深厚的关系的机会。

（2）短时高效：抖音直播通常时间较短，但效果显著，因此话术和内容需要精准、有吸引力。

（3）强调体验：观众无法直接触摸或试用产品，因此主播的描述和展示需要强调产品的体验感。

（4）促销优惠：抖音直播带货经常伴随着限时优惠、折扣等促销活动，以刺激消费者购买。

（5）瞬时流量高峰：抖音直播电商的流量往往呈现爆发式增长，一旦内容受到欢迎，短时间内可以吸引大量用户。

**成功关键点：**

（1）内容质量：直播内容需要真实、有趣、吸引人，能够引起观众的共鸣。

（2）产品展示：产品需要在直播中进行详细、全面的展示，让观众了解产品的特点和优势。

（3）互动增强：主播需要与观众进行频繁的互动，回答问题、进行游戏等，增强观众的参与感。

（4）促销策略：合理的促销策略可以大大提高直播的转化率。

（5）后续服务：购买后的服务也非常重要，如快速的物流、良好的售后服务等。

以上是我对抖音直播电商的特点和成功关键点的总结，您看是否满意，如果确认无误，请说"继续"，我们将进入下一步。

ChatGPT 给出了关于抖音直播电商特点和成功关键点的阐述，我们可能会发现关于成功关键点的阐述还不够专业，因此，我们可以对它进行专业方法的调教，结合自己的经验和其他专业参考，给出更准确的定义。

**Prompt：**

成功关键点：高频互动、对号入座、需求痛点、产品价值、感官体验、情绪调动、品牌信任、价格刺激、下单促动、售后承诺。

**ChatGPT：**

了解，根据您提供的成功关键点，我们重新整理如下：

**成功关键点：**

（1）高频互动：主播与观众之间的频繁互动，如回答问题、进行小游戏等，能够增强观众的参与感和购买意愿。

（2）对号入座：精准定位观众的需求，为他们提供真正想要的产品或信息。

（3）需求痛点：深入挖掘观众的需求痛点，并提供相应的解决方案或产品。

（4）产品价值：清晰地展示产品的价值和优势，使观众明白购买的意义。

（5）感官体验：通过直播展示产品的实际使用效果，如味道、质地等，增强观众的购买欲望。

（6）情绪调动：通过故事、情境等方式调动观众的情感，使其产生共鸣。

（7）品牌信任：展示品牌的历史、荣誉等，建立品牌的权威性和信任感。

（8）价格刺激：提供优惠、折扣等价格策略，刺激观众的购买欲望。

（9）下单促动：通过限时优惠、赠品等方式，促使观众快速下单。

（10）售后承诺：承诺良好的售后服务，如退换货、客服支持等，增强观众的购买信心。

这些关键点将为我们制定直播话术脚本提供重要的参考。如果您认为这些关键点已经准确无误，请说"继续"，我们将进入下一步制定直播话术脚本模型。

我们看到 ChatGPT 吸收了我们提供的专业知识，确定了直播电商成功的关键点，为后续的直播脚本内容撰写奠定了标准。我们可以继续进入下一步。

## 9.2.2 第二步：制定直播话术脚本模型

根据我们前面的提示词设定，只要输入"继续"，ChatGPT 就会按照顺序继续回答这一个问题。

**Prompt：**

继续。

**ChatGPT：**

好的，我们现在进入第二步：根据成功关键点制定直播话术脚本模型。

**直播话术脚本模型：**

（1）开场互动：

问候观众，简短自我介绍。

快速提及品牌"零界"和其理念，为后续内容做铺垫。

（2）对号入座：

提问："你们是不是既想吃美味的零食，又担心身体健康？"

"今天我要给大家介绍的，正是满足你们这个需求的零食！"

（3）挖掘需求痛点："我们都知道，很多零食虽然好吃，但对身体不好。但是'零界'的零食不仅好吃，还非常健康。"

（4）产品展示与感官体验：

展示"胶原蛋白巧克力"，描述其特点和口感。

"这款巧克力不仅口感丰富，还含有胶原蛋白，帮助锁住皮肤水分，保持皮肤弹性。"

（5）情绪调动：分享一个与产品相关的小故事或情境，如："你们知道吗，我之前的皮肤很干燥，但自从吃了这款巧克力后，皮肤变得更有弹性了。"

（6）品牌信任建立："'零界'作为一个新生代健康零食品牌，一直致力于打破传统与创新的界限，为大家带来既美味又健康的零食。"

（7）价格刺激与下单促动："今天直播间有特别优惠，购买胶原蛋白巧克力可以享受 × 折优惠，而且前 100 名购买的朋友还可以获得小礼品一份！"

（8）售后承诺："我们承诺，如果你们在收到商品后有任何问题，都可以联系我们的客服，我们会为你们提供满意的解决方案。"

（9）结束语与再次互动："感谢大家的支持，希望'零界'的零食能给你们带来健康与快乐。有任何问题或建议，都可以在直播间留言告诉我。"

以上是根据成功关键点制定的直播话术脚本模型。请您查看，如果有需要修改或补充的地方，请告诉我。如果确认无误，请说"继续"，我们将进入下一步撰写其他产品脚本。

我们看到，ChatGPT 直播话术的脚本模型，已经具备了一定专业度，为了继续提升，我们可以进一步进行专业方法的调教，给出更具体的修改意见。

---

Prompt：

---

在原来的基础上，根据以下意见进行优化：

（1）高频互动：需要贯穿在所有环节中，随时随地抓住机会发起互动。包括让观众进行点赞、关注、加粉丝灯牌，以及根据需要适时发起提问，要在公屏上回复数字 11、2、666 等，或者文字"有""要"等。

（2）对号入座：需要用互动方式抓住目标人群的注意力。示例："今天来到直播间的女生有多少？来，公屏上扣一拨。"

（3）需求痛点：要从具体痛点出发。话术示例："女生们有没有这样的困扰？（具体展开痛点描述）"之后发起互动："如果你有这样困扰，在公屏上扣一拨'有'。"

（4）产品介绍：采用 FAB 模型，即特点、功能、好处。

（5）品牌信任：包括品牌历史、权威背书、用户反馈。话术示例："买零食就要买品牌的，我们是 10 年老品牌专注做健康零食，产品获得欧盟认证，直播间很多宝宝们都购买过我们的产品，吃过的都说好。"

（6）价格刺激：包括三级下跳、额外赠品、具体示例如下：

·三级下跳的话术示例："看到了吗，某猫某宝旗舰店做活动都要139～149，今天不要99，也不要79，连60块都不要了！只要49！"

·额外赠品的话术示例："今天拍下的宝宝，再给你们额外赠送一个××，这个平时可是没有的，只限今天，抢到就是赚到。"

（7）下单促动：限时限量，话术示例："因为要保证发货速度，给你们当天发出，今天只有500单，这一批先上100单，因为还要留给后面的粉丝。喜欢的宝宝们赶紧下单，30秒倒计时。"

（8）售后承诺：消除顾虑，话术示例："大家不要担心品质问题，我们就是有信心，给所有拍下的宝宝承诺7天无理由退货，还送运费险。"

---

**ChatGPT：**

了解，根据您的意见，我将对直播话术脚本模型进行优化。

**优化后的直播话术脚本模型：**

（1）开场互动：

·问候观众，简短自我介绍。

·"今天来到直播间的女生有多少？来，公屏上扣一拨1！"

·快速提及品牌"零界"和其理念，为后续内容做铺垫。

（2）对号入座：

·"你们是不是既想吃美味的零食，又担心身体健康？"

·"今天我要给大家介绍的，正是满足你们这个需求的零食！"

（3）挖掘需求痛点：

·"女生们有没有这样的困扰？（具体展开痛点描述）"

·"如果你有这样的困扰，在公屏上扣一拨'有'。"

（4）产品展示与感官体验：

·采用FAB模型介绍"胶原蛋白巧克力"。

·特点：含有胶原蛋白，口感丰富。

·功能：帮助锁住皮肤水分，保持皮肤弹性。

·好处：吃了不仅能满足口腹之欲，还能保养皮肤。

（5）情绪调动：分享一个与产品相关的小故事或情境，如："你们知道吗，我之前的皮肤很干燥，但自从吃了这款巧克力后，皮肤变得更有弹性了。"

（6）品牌信任建立："买零食就要买品牌的，我们是 10 年老品牌专注做健康零食，产品获得欧盟认证，直播间很多宝宝们都购买过我们的产品，吃过的都说好。"

（7）价格刺激与下单促动：

·"看到了吗，某猫某宝旗舰店做活动都要 139～149，今天不要 99，也不要 79，连 60 块都不要了！只要 49！"

·"今天拍下的宝宝，再给你们额外赠送一个××，这个平时可是没有的，只限今天，抢到就是赚到。"

·"因为要保证发货速度，给你们当天发出，今天只有 500 单，这一批先上 100 单，因为还要留给后面的粉丝。喜欢的宝宝们赶紧下单，30 秒倒计时。"

（8）售后承诺："大家不要担心品质问题，我们就是有信心，给所有拍下的宝宝承诺 7 天无理由退货，还送运费险。"

（9）结束语与再次互动："感谢大家的支持，希望'零界'的零食能给你们带来健康与快乐。有任何问题或建议，都可以在直播间留言告诉我。"

此外，高频互动将贯穿整个直播过程，例如在每个环节结束后，都会鼓励观众点赞、关注、加粉丝灯牌，或者根据需要适时发起提问，让观众在公屏上回复数字 11，2，666 等，或者文字"有""要"等。

这是根据您的意见优化后的直播话术脚本模型。请您查看，如果有需要修改或补充的地方，请告诉我。如果确认无误，请说"继续"，我们将进入下一步撰写其他产品脚本。

**Prompt：**

整理成一个 5 分钟时长的脚本模型，用表格形式输出，字段包括：时长（秒）、动作、策略要点、话术示例。

**ChatGPT：**

了解，表 9–1 是根据您的要求整理的 5 分钟时长的直播话术脚本模型。

表 9–1　ChatGPT 生成的直播话术脚本模型

| 时长 | 动作 | 策略要点 | 话术示例 |
| --- | --- | --- | --- |
| 15s | 开场 | 高频互动 | "大家好，我是××，欢迎来到'零界'健康零食的直播间！快给我点个赞、关注一下哦！" |

| 时长 | 动作 | 策略要点 | 话术示例 |
|---|---|---|---|
| 15s | 互动 | 对号入座 | "今天来到直播间的女生有多少？来，公屏上扣一拨 1！" |
| 30s | 提问 | 需求痛点 | "女生们有没有这样的困扰？（具体展开痛点描述）如果你有这样的困扰，在公屏上扣一拨'有'。" |
| 45s | 展示产品 | 产品介绍（FAB 模型） | "这是我们的胶原蛋白巧克力，特点是含有胶原蛋白，功能是帮助锁住皮肤水分，好处是保养皮肤。" |
| 30s | 体验分享 | 感官体验 | "我自己也试吃过，口感真的超级丰富，一边满足味蕾，一边还能保养皮肤，真的是一举两得！" |
| 30s | 分享故事 | 情绪调动 | "你们知道吗，我之前的皮肤很干燥，但自从吃了这款巧克力后，皮肤变得更有弹性了。" |
| 30s | 品牌介绍 | 品牌信任 | "买零食就要买品牌的，我们是 10 年老品牌专注做健康零食，产品获得欧盟认证，吃过的都说好。" |
| 30s | 价格优惠 | 价格刺激 | "看到了吗，某猫某宝旗舰店做活动都要 139～149，今天只要 49！" |
| 30s | 赠品介绍 | 下单促动 | "今天拍下的宝宝，再给你们额外赠送一个××，这个平时可是没有的，只限今天，抢到就是赚到。" |
| 30s | 限时促销 | 下单促动 | "因为要保证发货速度，今天只有 500 单，这一批先上 100 单，喜欢的宝宝们赶紧下单，30 秒倒计时。" |
| 30s | 售后服务 | 售后承诺 | "大家不要担心品质问题，我们就是有信心，给所有拍下的宝宝承诺 7 天无理由退货，还送运费险。" |

这是一个 5 分钟时长的直播话术脚本模型。请您查看，如果有需要修改或补充的地方，请告诉我。如果确认无误，请说"继续"，我们将进入下一步撰写其他产品脚本。

在我们的调教之下，ChatGPT 最终给出了非常专业的直播话术脚本模型。有了这个模型，我们就可以进行更多同类直播脚本的自动化撰写了。

## 9.2.3 第三步：撰写其他产品直播脚本

ChatGPT 可以根据之前制定的模型为其他产品撰写脚本，这样就可以快速批量化生成直播脚本，大大提高脚本撰写环节的效率。

Prompt：

继续。

ChatGPT：

好的，接下来我们将根据之前制定的模型为其他产品撰写脚本。由于您只提供了"胶原蛋白巧克力"这一产品的信息，我会假设另一个产品为"红枣杏仁茶"，这是一个具有养颜和滋润功效的健康饮品，特别受到女性消费者的喜爱。

红枣杏仁茶直播话术脚本模型见表9-2。

表9-2 ChatGPT生成的直播话术脚本模型

| 时长 | 动作 | 策略要点 | 话术示例 |
|---|---|---|---|
| 15s | 开场 | 高频互动 | "大家好，我是××，欢迎来到'零界'健康零食的直播间！快给我点个赞、关注一下哦！" |
| 15s | 互动 | 对号入座 | "冬天到了，有多少人觉得自己的皮肤变得干燥，嘴唇蜕皮？来，公屏上扣一拨1！" |
| 30s | 提问 | 需求痛点 | "有没有觉得冬天喝水不够，但又不知道喝什么好？如果你有这样困扰，在公屏上扣一拨'有'。" |
| 45s | 展示产品 | 产品介绍（FAB模型） | "这是我们的红枣杏仁茶，特点是选用上等红枣和杏仁，功能是滋润养颜，好处是让你冬天也能拥有水润的皮肤。" |
| 30s | 体验分享 | 感官体验 | "我自己也经常喝，每次泡上一杯，都能感受到满满的暖意，而且真的很好喝，甜甜的，非常滋润。" |
| 30s | 分享故事 | 情绪调动 | "你们知道吗，我之前冬天总是觉得身体很干燥，但自从喝了这款红枣杏仁茶后，整个人都变得水润了起来。" |
| 30s | 品牌介绍 | 品牌信任 | "买健康饮品就要买品牌的，我们'零界'专注做健康产品，这款茶也获得了多项认证，喝过的都说好。" |
| 30s | 价格优惠 | 价格刺激 | "看到了吗，市面上同类产品都要59一盒，但今天在直播间，你只需要39！" |
| 30s | 赠品介绍 | 下单促动 | "今天拍下的宝宝，再给你们额外赠送一个健康零食，这个平时可是没有的，只限今天，抢到就是赚到。" |
| 30s | 限时促销 | 下单促动 | "为了保证大家都能尝到，今天只有300盒，这一批先上50盒，因为还要留给后面的粉丝。喜欢的宝宝们赶紧下单！" |
| 30s | 售后服务 | 售后承诺 | "大家不要担心品质问题，我们就是有信心，给所有拍下的宝宝承诺7天无理由退货，还送运费险。" |

这是为"红枣杏仁茶"撰写的5分钟时长的直播话术脚本模型。请您查看，如果有需要修改或补充的地方，请告诉我。如果确认无误，请说"继续"，

我们将继续进行下一步操作。

ChatGPT 直接根据直播脚本模型作了一个具体演示。可以看到它已经掌握了这个方法模型，我们可以让它记住这个模型，并给出一个名称，便于我们后续使用，提及这个名称就能快速调用这个方法模型（前提是在同一个对话框里）。为了让 ChatGPT 更好地运用这个方法模型，我们可以让它列出我们需要提供的信息清单。

**Prompt：**

请记住以上模型，我们把它命名为"直播脚本 1 号模型"，之后当我输入一个产品背景信息时，请基于这个模型输出具体的直播脚本。如果你明白请回复"明白"。为了让你撰写出更精准的直播脚本，你希望我们提供的产品信息包括什么内容？请列出信息清单。

**ChatGPT：**

明白。

为了撰写出最精准的"直播脚本 1 号模型"的直播脚本，以下是我希望您提供的产品信息清单：

（1）产品名称：确切的产品名称或称呼。

（2）产品特点：产品的主要特色或独特之处。

（3）产品功能：产品的主要用途或功能。

（4）产品好处：产品带给消费者的主要益处或优势。

（5）感官体验：产品的口感、触感、香味等与感官相关的描述。

（6）目标人群：产品主要针对的消费者群体或特定需求。

（7）产品价格：市场上的常规价格和直播间的优惠价格。

（8）赠品或优惠：如果有的话，提供赠品或其他优惠信息。

（9）库存或限量信息：产品的库存数量或限购信息。

（10）品牌背景：品牌的历史、荣誉、认证等增加信任的信息。

（11）售后政策：如退货政策、保修期、客服支持等。

（12）其他特别信息：任何您认为与产品相关并有助于销售的其他信息。

请在提供产品信息时，尽量按照上述清单提供完整的内容，这样可以帮助我为您撰写更精准和吸引人的直播脚本。

直播话术除了结构很重要，语言风格也非常重要，为了让 ChatGPT 最终生成的脚本内容更符合直播话术该有的风格，我们也可以提供一些具体案例，让它学习模仿其中的风格并用于之后的直播脚本内容生成。

**Prompt：**

请调动插件 WebPilot，访问网址：https://www.yymiao.cn/other/80842.html，学习这些直播话术的语言风格，并归纳总结成"直播脚本 1 号风格"，在接下来的话术脚本撰写中，在结构上使用"直播脚本 1 号模型"，在语言上使用"直播脚本 1 号风格"。

**ChatGPT：**

根据您提供的网址内容，我已经学习了该网站上的直播话术风格。以下是对"直播话术 1 号风格"的归纳总结：

**直播话术 1 号风格：**

（1）亲切自然：话术中多次使用"宝宝""大家"等词汇，给人一种亲近、友好的感觉。

（2）幽默风趣：例如："听说关注我的都发财了，男生越来越帅，女生越来越漂亮了！"这种话术既幽默又能吸引观众的注意。

（3）直接明了：话术中直接告诉观众要点，例如"关注走一走，活到九十九"。

（4）情感投入：例如"除了想得到大家的认可。也希望大家在我的直播间，能够在忙碌完一天之后得到片刻轻松，真正笑一次，真正放松下来"。这种话术能够拉近与观众的距离，增强互动。

（5）节奏感：例如："人间自有真情在，点点红心都是爱，天若有情天亦老，来拨关注好不好？"这种话术有韵律，听起来更加悦耳。

（6）鼓励互动：例如："喜欢主播的可以帮忙分享一下哦！"鼓励观众进行互动，提高直播的活跃度。

接下来，我将在结构上使用"直播脚本 1 号模型"，在语言上使用"直播脚本 1 号风格"为您撰写直播话术脚本。

可以看到，ChatGPT 对于直播话术风格的理解还是非常准确的，经过这样的知识投喂和方法调教，我们已经拥有了一个非常专业"直播脚本"AI 助理了，它可以根据我们提供的产品背景信息，快速生成内容专业、风格贴合的直播话术脚本，在保证较高质量的前提下大大提升内容生产的效率。

# 9.3　直播场景设计

一场成功的直播离不开直播场景的精心设计，这其中包括整体环境、主题文字、背景视频、前景图片等主要元素。我们可以通过 ChatGPT 获取如何设计和优化这些关键要素的建议。

接下来，我们还是通过一个具体的案例来进行演示采用"六要素"通用提示框架来设计一段完整的提示词。把它输入一个新建的对话框。

**Prompt：**

**角色**：假设你是一个抖音直播电商运营专家，精通抖音直播电商全流程方法。

**背景**：我是一个品牌的直播带货运营经理。品牌背景如下：

###

品牌名：零界。

品牌定位：新生代健康零食。

品牌口号：好吃更好玩，美味又健康。

品牌理念：打破传统与创新的界限，将健康功能与美味零食完美融合，让每一口都充满惊喜。

目标人群："95 后"年轻人群。

需求洞察：

（1）既要健康的身体，也爱美味的零食。

（2）追求新奇变化，不喜欢一成不变的生活。

（3）热衷探索和购买新产品，并以此作为生活乐趣。

核心产品：

（1）胶原蛋白巧克力：结合了优质生可可和创新成分，通过恢复重要的脂质来帮助锁住皮肤水分，保持皮肤弹性。

（2）减肥口香糖：添加乌龙茶提取物、黑姜提取物，抑制糖与脂肪的吸收、促进脂肪燃烧。

（3）益生菌苏打水：富含健康益生菌与各种微量矿物质，增进肠道健康与大脑健康。

###

**任务：我需要你在直播场景设计上提供全面建议和协助。**

**目标：**提升直播带货销售 GMV。

**流程：**让我们一步一步思考，按照以下步骤依次进行：

第一步：主题文字撰写：吸引进入，用户痛点 + 产品卖点。

在屏幕上方，使用简洁精练的文字，针对目标用户痛点，提出产品卖点，目的是吸引用户进入直播间。

第二步：整体环境建议：氛围营造，整体色调 + 创意道具。

直播环境氛围包括整体色调和创意道具，目的是展示品牌风格，吸引目标人群。

第三步：背景视频创意：场景体验，使用现场 + 沉浸体验。

在背景中播放视频，目的是展示产品使用场景，体现产品卖点，营造沉浸体验。

第四步：前景图片设计：欲望刺激，产品展示 + 优惠福利。

在前景中放置图片，包括产品展示和优惠福利，目的刺激观众的购买欲望。

**指令：**

· 按照流程所列的步骤顺序每次只探讨一个问题，等我确认并说 "继续"，再进入下一步。

· 在过程中如果你有需要了解的背景信息，可以向我提问。

· 为了确保内容的专业性和创新性，请将温度值设为 0.8。

## 9.3.1 第一步：主题文字撰写

在直播屏幕上方，使用简洁精练的文字，针对目标用户痛点，提出产品卖点，目的是吸引用户进入直播间。

**ChatGPT：**

了解，我们现在开始第一步。

**第一步：主题文字撰写：吸引进入，用户痛点 + 产品卖点。**

**目标用户痛点：**

（1）既要健康的身体，也爱美味的零食。

（2）追求新奇变化，不喜欢一成不变的生活。

（3）热衷探索和购买新产品，并以此作为生活乐趣。

**产品卖点：**

（1）胶原蛋白巧克力：结合了优质生可可和创新成分，通过恢复重要的脂质来帮助锁住皮肤水分，保持皮肤弹性。

（2）减肥口香糖：添加乌龙茶提取物、黑姜提取物，抑制糖与脂肪的吸收、促进脂肪燃烧。

（3）益生菌苏打水：富含健康益生菌与各种微量矿物质，增进肠道健康与大脑健康。

**建议的主题文字：**

"探索美味的健康秘密 | 零界新品上线，美味与健康的完美融合！"

这句话结合了用户的痛点（追求新奇变化、热衷探索新产品）和产品的卖点（美味与健康的融合），并且简洁明了，能够快速吸引目标用户的注意力。

请确认这一步的建议，如有需要修改或补充，请告诉我。如果确认无误，请说"继续"。

**Prompt：**

要求在体现用户痛点和产品卖点的同时，更通俗、口语、简洁、有力，提供五个备选。

**ChatGPT：**

了解，根据您的要求，我提供以下五个备选主题文字：

（1）"想吃零食又怕胖？零界来帮忙！美味又健康，新品抢先尝！"

（2）"零食控的福音！美味又健康，好吃更看好！"

（3）"零界新品上新！吃货的健康选择，你值得拥有！"

（4）"零食新潮流，零界带你飞！吃出健康吃出美！"

（5）"零界新品，零食新风尚！健康美味一次满足！"

请您查看这五个备选，看哪一个更符合您的需求或是否需要进一步的修改。如果确认无误，请说"继续"。

根据我们要求，ChatGPT 已经给出了具体的主题文字，如果我们还有进一步的细节要求，可以继续提出调整意见，在获得比较理想的效果之后，就可以进入下一步。

## 9.3.2　第二步：整体环境建议

直播环境氛围包括整体色调和创意道具，目的是展示品牌风格，吸引目标人群。根据我们前面的提示词设定，只要输入"继续"，ChatGPT 就会按照顺序继续回答这一个问题。

**Prompt：**

继续。

**ChatGPT：**

好的，我们进入第二步。

**第二步：整体环境建议：氛围营造，整体色调 + 创意道具。**

请根据以下描述，设计一个产品销售直播间的场景。

**整体色调建议：**

考虑到品牌的定位是新生代健康零食，我们可以选择一种清新、活力、健康的色调。建议使用绿色和蓝色为主色调，绿色代表健康、自然，蓝色代表新生代、活力。这两种颜色的结合可以很好地传达品牌的信息。

**创意道具建议：**

（1）健康元素：可以摆放一些健康食材，如新鲜的果蔬、坚果、全麦食品等，来强调产品的健康属性。

（2）新生代元素：可以使用一些流行的装饰物，如 LED 灯、彩色气球、流行的玩偶或者动漫人物等，来吸引新生代目标人群。

（3）品牌元素：可以制作一些带有品牌 Logo 或口号的小旗子、海报或灯箱，来加强品牌的曝光度。

（4）互动元素：为了增加直播的互动性，可以准备一些小游戏或挑战，如"猜猜这是什么零食"或"零食快速挑战"，并为参与的观众提供小礼品。

请确认这一步的建议，如有需要修改或补充，请告诉我。如果确认无误，请说"继续"。

根据我们要求，ChatGPT 已经给出了非常详细的直播间整体环境建议，总体来说亮点很多，我们可以调用 ChatGPT 原生自带的 DALL·E 3 功能让它生成效果图（如图 9-1、图 9-2 所示）。

**Prompt：**

请根据这个直播间整体环境建议，设计效果图。

**ChatGPT：**

DALL · E 3

Created 4 images（如图 9–1 所示）

图 9-1　DALL · E 3 生成的直播间效果图（第 1 组）

**Prompt：**

目前的设计元素太多，请减少元素，保持简洁和醒目。·

**ChatGPT：**

DALL · E 3

Created 4 images（如图 9–2 所示）

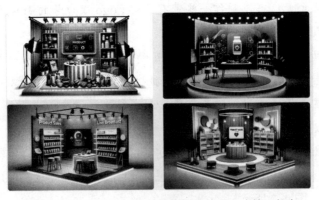

图 9-2　DALL · E 3 生成的直播间效果图（第 2 组）

根据我们提出的修改意见，DALL·E 3 生成的直播间效果离我们的预期更近了。如果还不满意，可以根据需要进一步提出修改意见直到获得比较满意的结果，我们就可以继续进入下一步。

### 9.3.3　第三步：背景视频创意

在背景中播放的视频，目的是展示产品使用场景，体现产品卖点，营造沉浸体验。根据我们前面的提示词设定，只要输入"继续"，ChatGPT 就会按照顺序继续回答这一个问题。

**Prompt：**

继续。

**ChatGPT：**

好的，我们进入第三步。

**第三步：背景视频创意：场景体验，使用现场 + 沉浸体验。**

**背景视频建议：**

（1）日常使用场景：展示目标人群在日常生活中如何享受零界的产品。例如，年轻人在办公室、学校、健身房或聚会时，如何轻松地享受零界的健康零食。

（2）产品制作过程：展示零界零食的制作过程，强调其健康、天然的成分和制作方法。这可以增强消费者对产品的信任感。

（3）品牌故事：简短地展示零界的品牌故事和理念，帮助消费者更好地了解和信任品牌。

（4）沉浸体验：使用一些特效和音乐，营造一个轻松、愉悦的氛围，使观众感觉仿佛自己也在现场，与主播一同体验产品。

为了确保视频的连贯性和吸引力，建议每个片段时长控制在 15 ～ 20 秒，整个背景视频时长控制在 1 ～ 2 分钟内。

请确认这一步的建议，如有需要修改或补充，请告诉我。如果确认无误，请说"继续"。

我们看到 ChatGPT 提供的背景视频建议已较为详细。如果不满意，可以继续提出反馈意见要求修改，在获得比较满意的效果之后，可以继续进入下一步。

### 9.3.4 第四步：前景图片设计

在前景中放置图片，包括产品展示和优惠福利，目的是刺激观众的购买欲望。

**Prompt:**

继续。

**ChatGPT:**

好的，我们进入第四步。

**第四步：前景图片设计：欲望刺激，产品展示＋优惠福利。**

**前景图片建议：**

**1. 产品展示**

·胶原蛋白巧克力：展示巧克力的高清图片，可以是巧克力块或者是巧克力被咬开后的内部结构，突出其美味和特色成分。

·减肥口香糖：展示口香糖的包装和实物，可以搭配一些与减肥或健康相关的元素，如瘦身的身影或健康的标志。

·益生菌苏打水：展示清爽的苏打水瓶子，旁边可以有益生菌的放大图，强调其健康益处。

**2. 优惠福利**

·限时优惠：可以设计一个倒计时的时钟图标，提示观众这是一个限时优惠，鼓励他们尽快下单。

·买一赠一：展示两个产品的图片，其中一个带有"赠"字的标签，吸引观众购买。

·折扣券：设计一个醒目的折扣券图标，提示观众可以在直播中获得折扣券。

**3. 互动元素**

·点赞和分享：鼓励观众点赞和分享直播，可以设计一个点赞的手势图标和一个分享的图标。

·提问和互动：鼓励观众在直播中提问和互动，可以设计一个问号或聊天气泡的图标。

为了确保前景图的清晰度和吸引力，建议每个图片的大小和位置都要经过精心设计，确保不会遮挡主播或重要的直播内容，同时也能够吸引观众的注意力。

　　请确认这一步的建议，如有需要修改或补充，请告诉我。如果确认无误，请说"继续"。

## Prompt：

　　请根据这个前景图片设计建议，提供相关的参考效果图。

## ChatGPT：

DALL・E 3

Created 4 images

　　我们看到 ChatGPT 在直播场景的设计上提供了质量很高的专业建议，基于这些建议，我们还可以调用 DALL.E 3 生成相关效果图（见图 9.3），打通从创意思路到设计落地的全过程。

图 9-3　DALL・E 3 生成的直播间前景图片参考

## 9.4　直播数字人应用

　　在直播电商的竞争中，"人"，也就是主播的能力、形象和魅力一直是决定性的因素。想象一下，你正在浏览某直播平台，突然，一个形象逼真的主播出现在屏幕上，他 / 她的言辞流利，反应迅速，与观众的互动也十分自然。你几乎分辨不出，这其实是一个数字人主播，而不是真人。随着人工智能技术的发展，这样的场景正在逐渐成为现实。

### 9.4.1　数字人直播的主要优势

品牌开展直播电商的方式包括达人直播、店播和品牌自播。其中，品牌自播成为大势所趋，因为它是节点最少、效率最高的方式。品牌自播没有中间商赚差价，且在达人带货成本越来越高的今天，自播具备高成长空间，所有成本都压在内容打造上，更容易做出以小博大的效果。

而要开展品牌自播，一个非常关键的问题就是主播选择。传统的真人主播对于品牌来说，存在诸多问题，包括薪资成本高、工作时间短、状态不稳定、内容不专业、人身不可控等问题。而在这些方面，数字人主播恰好提供了解决方案。所谓"数字人"是通过 AI 技术生成的虚拟人物，它们可以在形象、动作和语言上模仿真人。数字人可以用于直播和短视频领域，以及其他多种场景应用中。

**相对真人直播，数字人直播的优势包括：**

（1）低成本：根据网上调研数据，在一线城市雇用一名优秀主播月薪超过 1 万元，加上其他人员、场地和硬件等费用，每年成本可能超过 20 万元，如果采用数字人主播可以最大化节约成本。

（2）持续性：数字人可以 24 小时不间断地进行直播，满足全球不同时区的观众需求。

（3）稳定性：数字人的状态始终稳定，不受情绪、健康等真人因素的影响。

（4）专业性：内容可以预设，确保每次直播的内容都经过精心策划和准备。

（5）可控性：数字人不会离职，是企业的长期资产，可以长时间为企业创造价值。

### 9.4.2　数字人直播的适用行业

数字人直播凭借其独特的优势，特别适合以下几类商品：

（1）长时直播需求的商品：对于那些需要 24 小时不间断地为观众提供内容的商品，数字人主播是最佳选择。例如，一些需要长时间解说的复杂产品，或者在不同时区销售的国际商品，都可以通过数字人主播实现全天候的直播。

（2）口播为主的商品：有些商品并不需要真人现场演示，只需通过语音解说来介绍。例如，一些软件、应用程序、在线课程或者知识付费产品，它们的卖点和功能可以通过口播形式进行详细解说。

（3）卖点可视化的商品：对于那些可以通过图片、视频等形式展示的商品，数字人主播可以辅助进行解说。例如，旅游产品可以通过视频展示景点，而数字人主播则为观众提供详细的旅游攻略和建议；或者一些艺术品、摄影作品，可以通过高清图片展示，而数字人主播则解说其背后的故事和价值。

### 9.4.3　数字人主播的制作和使用

随着 AIGC 技术的不断发展，制作一个数字人变得越来越简单。用户只需上传自己的一段视频或一张照片，即可为该用户生成数字人。此外，AI 算法可以分析用户的 2D 图像或者对其进行 3D 扫描，然后生成高度逼真的虚拟形象。这些形象可以在年龄特征、表情神态等方面进行个性化调整。在中国，多家科技公司已经开始研究和提供数字人制作服务。我们可以根据自己的需要进行选择和采购。例如，从具体的使用来看，目前数字人主播有以下三种驱动方式：

**1. 文本驱动**

通过输入文本内容驱动数字人说话。一般是采用语音合成器进行合成。优点是无须真人录音或实时配音，效率高成本低，缺点是目前技术还不够成熟，声音不够真实自然，存在比较明显的机械感。

**2. 真人录音驱动**

通过预录的语音内容驱动数字人，优点是声音真实自然，具备丰富的情感色彩，缺点难以做到实时互动。

**3. 真人语音实时驱动**

通过真人实时的语音输入驱动数字人，是一种类似"阿凡达"的模式，优点是声音真实自然，可以即时回复观众的问题。

从三种驱动方式来看，文本驱动适合预设的内容，真人录音驱动适合需要情感色彩的内容，而真人语音实时驱动则适合实时互动的场景。我们可以根据不同的情况灵活选择不同的驱动方式，比如在线人数多时，可以选择文本或录音驱动，确保内容的稳定性和专业性；在线人数不多时，可以选择真人语音实时驱动，增强与观众的互动性。

在国内，已有多家公司开始研发和应用数字人技术。例如，腾讯、微软旗下的小冰公司、淘宝、快手、蓝色光标等，都在积极推进数字人技术的研发和应用。

比如：腾讯发布了 AI 智能创作助手"腾讯智影"和智能小样本数字人生产平台；微软旗下的小冰公司启动了"GPT 克隆人计划"；淘宝发起了"AI 生态伙伴计划"推进 AI 数字人直播应用和发展；快手展示了 AIGC 数字人产品"快手智播"。

蓝色光标发布了虚拟直播间产品"蓝标智播"，这些公司不仅提供数字人制作服务，还推出了多种数字人直播的解决方案。企业可以根据自己需求选择合适的技术服务供应商。

### 9.4.4　ChatGPT 如何支持

在数字人直播的早期阶段，大多数内容都是通过录播形式呈现的。观众所看到的，往往是预先录制好的内容，这种方式虽然可以保证内容的流畅性，但却缺乏与观众之间的实时互动。想象一下，当观众在评论区提出问题或发表意见时，数字人主播只能重复播放之前录制的内容，而无法给予即时的回应。这无疑降低了直播的观看体验。

然而，随着 ChatGPT 的加入，这一局面得到了彻底的改变。ChatGPT 可以实时捕捉评论区的关键字，并根据预先设置好的话术进行智能回应。这不仅使得数字人主播能够与观众进行自然的互动，还能够定向地回答粉丝的问题。

例如，当一个观众在评论区提问："这款产品的颜色有哪些选择？"数字人主播可以根据预先输入的脚本，结合 AI 功能，即时回答："这款产品共有红、蓝、绿三种颜色可供选择。"

此外，后台操作也变得更为便捷。运营者只需提前输入直播脚本和预期的互动话术，ChatGPT 便可以在直播过程中自动进行智能互动，大大提高了直播的效率和观众的参与度。

ChatGPT 为数字人主播带来了真正的实时互动能力，使其不再受限于录播内容，而是能够与观众进行深度的、有针对性的交流，进一步丰富了直播的内容和形式。

### 9.4.5　数字人直播应用策略

尽管数字人在直播电商领域具备了各种优势，但是相比真人主播，数字人主播还是存在不少短期内难以克服的难题。因为说到底数字人主播仍然是"假人"，缺乏真人的情感和互动能力。直播带货的核心在于主播和观众的互动，产生情感黏性和信任度。

那么作为品牌，应该如何用好数字人主播和真人主播呢？最佳策略应该是将数字人主播作为真人主播的辅助，进行时间段的分工。真人主播仍然把控黄金时间段，而不需要休息的数字人主播可以占据其他大段的空闲时间。此外，品牌应该确保数字人主播的内容质量，并结合真人主播的优势，如情感互动和信任度，来提供更好的直播体验。

　　虽然目前数字人主播无法完全替代真人主播，但随着 AI 技术的进步，数字人主播的交互能力将得到增强，能够与观众进行更为自然的互动，带来更加真实的体验。在这种情况下，AI 驱动的数字人可能会在多个领域替代真人工作，电商直播也将步入一个全面智能化时代。

# 9.5　本 章 小 结

　　直播电商已成为电商领域的必备动作，ChatGPT 可以在直播话术脚本、直播场景设计以及数字人直播上提供辅助，不仅帮助创造更吸引人的直播内容，还能提升直播效果和销售业绩。

**1. ChatGPT 目前具备的能力包括**

　　（1）直播内容脚本撰写：通过提供一定的专业知识和学习材料，把 ChatGPT 调教成专业的直播脚本撰写助理。

　　（2）直播场景设计建议：提供专业的直播场景设计建议，提升直播的实际效果。

　　（3）数字人直播辅助：结合其他 AI 技术，为数字人直播提供实时话术和互动支持，使其更加自然和有说服力。

**2. ChatGPT 目前存在的不足**

　　（1）脚本个性化限制：虽然可以生成脚本，但可能缺乏对主播个性和风格的深入了解和适配。

　　（2）场景设计建议局限：提供的场景设计建议可能较为通用，需要进一步提供修改意见。

　　（3）数字人直播互动深度有限：无法完全替代真人主播的自然表达和即兴互动。

**3. 需要注意的问题**

　　（1）脚本个性化优化：结合主播的特点和风格，进行脚本的个性化修改和优化。

　　（2）场景设计深化：结合品牌形象和活动主题，进行更深入的直播场景设计。

　　（3）数字人直播技术升级：通过技术升级，增强虚拟主播在直播中的表达和互动能力。

**4. 未来的发展趋势**

（1）AI 脚本创作：随着技术不断升级，ChatGPT 将会提供更加人性化和个性化的直播脚本内容创作。

（2）智能场景设计：通过集成更多 AI 技术，生成更高质量且符合品牌形象的直播场景设计支持。

（3）数字人直播优化：数字人虚拟主播的直播技术将不断优化，提供更自然和富有吸引力的直播表现。

ChatGPT 在直播电商的各个环节中都可以提供有效的支持和帮助。通过持续的优化和升级，ChatGPT 在直播电商领域的应用将更加广泛和深入。未来，我们期待 ChatGPT 能为直播电商带来更多的创新和价值，助力品牌和主播实现更好的市场表现。

第 10 章

# AI+ 客户服务：
## 服务驱动的持续增长

优质的客户服务不仅能够提升消费者的满意度和忠诚度，还是持续增长的重要驱动力。在数字化时代，AI 技术为客户服务带来了革命性的变化和升级。

本章将专注于"AI+客户服务"领域，探讨如何利用 ChatGPT 构建服务驱动的增长。我们将一起学习如何规划和开发基于 ChatGPT 的客户服务实现模式，探索其具体功能开发和应用部署的策略和技巧。通过本章的学习，你将能够更好地理解和利用 AI 技术提升客户服务的效率和质量，从而推动业务的持续增长和发展。

# 10.1　ChatGPT 如何助力客户服务

传统的客户服务通常需要大量的客服人员、销售团队和技术支持团队的协同工作。不但效率较低，成本较高，而且难以实现 24/7 的服务。而智能客服机器人的出现，为传统的客户服务带来了全新的思路和工具。智能客服机器人不仅可以提供 24/7 全天候客服服务，即时回复客户的咨询和问题，基于大数据和算法，为客户提供更准确和一致的答案；还可以根据客户的历史记录和偏好提供个性化的解决方案和产品推荐。

在 ChatGPT 出现之前智能客户机器人还普遍存在智能化不足的问题，而在 ChatGPT 的辅助之下其智能水平将获得进一步的增强。基于 GPT 大模型进行私有模型定制、训练和部署，可以进一步增强智能客服机器人的服务能力，能够满足客户的多样化个性化需求，提高客户忠诚度和满意度，进一步提高复购转化率和客单价。

比如一个电商平台可以通过将其商品数据库、订单系统和 FAQ 与 ChatGPT 集成，实现以下功能：

**1. 商品咨询**

当客户咨询商品详情时，ChatGPT 辅助的机器人可以根据商品数据库提供相关信息。

**2. 订单查询**

当客户查询订单状态时，ChatGPT 辅助的机器人可以根据订单系统提供实时的更新。

**3. 问题解决**

当客户遇到问题需要解决时，ChatGPT 辅助的机器人可以根据 FAQ 提供解决方案。

**4．投诉处理**

当客户进行投诉时，ChatGPT 辅助的机器人可以识别并记录投诉信息，转交真人客服跟进解决。

**5. 复购推荐**

ChatGPT 还可以根据客户的历史记录和偏好为其推荐相关商品和促销活动，提高复购转化率和客单价。

那么，具体如何实现呢？让我们通过向 ChatGPT 提问的方式一步步展开说明。首先，我们采用"六要素"通用提示框架来撰写一段完整的提示词，把它输入一个新建的对话框。

Prompt：

**角色**：你是一个 GPT 企业私有模型训练专家。

**背景**：我是一个企业电商平台的客服主管，现在需要基于 GPT 大模型训练自己企业私有模型，应用企业电商平台的智能客服机器人，要实现的功能包括商品咨询、订单查询、问题解决、投诉处理、复购推荐。

**任务**：请你指导并协助我进行私有模型训练和智能客服机器人应用开发部署工作。

**流程**：请一步一步思考，按照以下顺序展开：

（1）模式路径规划：分析基于 GPT 直接微调和"API+ 外部数据库"两种训练模式的优劣，并提出具体的模式选择和路径规划。

（2）具体功能实现：根据具体功能一步一步展开说明如何实现的操作步骤和具体要点：

·商品咨询：当客户咨询商品详情时，ChatGPT 辅助的机器人可以根据商品数据库提供相关信息。

·订单查询：当客户查询订单状态时，ChatGPT 辅助的机器人可以根据订单系统提供实时的更新。

·问题解决：当客户遇到问题需要解决时，ChatGPT 辅助的机器人可以根据 FAQ 提供解决方案。

·投诉处理：当客户进行投诉时，ChatGPT 辅助的机器人可以识别并记录投诉信息，转交真人客服跟进解决。

·复购推荐：ChatGPT 还可以根据客户的历史记录和偏好为其推荐相关商品和促销活动，提高复购转化率和客单价。

（3）应用部署建议：对后续的应用部署工作提供具体操作建议。

**指令：**

·请使用外行也能听懂的语言进行讲解。

·每次只输出一小步的内容。

·我可能会对于你的指导内容提出疑问，在我确认并说"继续"时再进入下一步。

·如果你有任何需要了解的背景信息，请向我提问。

# 10.2　实现模式规划

在本书的第 2 章"私有模型训练"部分，我们已经讲过基于 GPT 基础模型进行私有模型训练，目前有两种可用的模式可供选择：一是基于 GPT 模型的微调，二是使用"API+ 外部数据库"。现在，我们可以让 ChatGPT 分析基于 GPT 模型的微调和"API+ 外部数据库"两种训练模式的优劣，并提出具体的选择建议和路径规划。

## 10.2.1　两种实现模式比较

根据前面的提示词，首先从两种不同实现模式的优劣比较开始。

ChatGPT：

明白。首先，我们来讨论第一部分：模式路径规划。

**模式路径规划：**

GPT 模型可以通过两种方式进行微调：基于 GPT 模型的微调和"API+ 外部数据库"。

**1. 基于 GPT 模型的微调模式**

**优点：**

·个性化：微调允许您根据特定的数据集对模型进行训练，使其更好地适应特定的应用场景。

·数据保护：您可以在本地进行微调，不需要将数据发送到外部 API，从而保护敏感或私有数据。

·无须额外的数据库接口：微调后的模型可以直接回答特定的问题，无须与外部数据库进行交互。

**缺点：**

·成本：微调需要大量的计算资源和时间。

·维护：随着时间的推移，可能需要定期重新微调模型以适应新的数据或需求。

·不够灵活：一旦模型被微调，修改或更新它可能会比较困难。

**2. "API+ 外部数据库"模式**

**优点：**

·实时更新：可以实时从数据库获取最新的信息，确保回答的准确性和时效性。

·灵活性：可以轻松地添加、修改或删除数据库中的数据，而无须重新训练模型。

·扩展性：可以轻松地扩展数据库，添加新的功能或服务。

**缺点：**

·响应时间：与数据库的交互可能会增加响应时间，尤其是在高并发情况下。

·数据安全：需要确保 API 和数据库的安全性，防止数据泄露或被篡改。

·复杂性：需要维护和管理 API 和数据库，可能会增加系统的复杂性。

**选择建议：**

考虑到您的需求（商品咨询、订单查询、问题解决、投诉处理、复购推荐），我建议采用"API+ 外部数据库"模式。这种模式可以确保您的智能客服机器人提供实时、准确的回答，同时也具有很好的灵活性和扩展性。

**路径规划：**

·建立数据库：收集和整理所有相关的数据，如商品信息、订单状态、FAQ 和用户反馈。

·开发 API：创建一个 API，允许机器人查询数据库并获取所需的信息。

·集成 GPT：使用 GPT 的 API 与您的 API 进行集成，确保机器人可以根据用户的问题查询数据库并提供回答。

·测试和优化：在测试环境中部署机器人，收集用户反馈并进行优化。

·正式部署：将机器人部署到生产环境，为用户提供服务。

同时，考虑到某些特定的场景或问题，您也可以考虑对 GPT 进行微调，使其更好地适应您的业务需求。

我们看到 ChatGPT 给出了关于两种模式的优劣比较，还给出了具体的选择建议和路径规划，整体来看，思路相当清晰。

## 10.2.2　具体技术细节追问

对于一些具体的技术细节问题，我们还可以进一步追问。

**Prompt：**

我们需要准备什么样的数据来与 API 进行交互？

**ChatGPT：**

为了使 API 与私有数据库进行有效的交互，您需要准备以下类型的数据：

·商品数据库：包含所有商品的详细信息，如商品名称、描述、价格、库存、图片链接等。

·订单系统数据：包含客户的订单信息，如订单号、商品列表、订单状态、配送信息等。

·FAQ 数据库：包含常见问题及其答案，这可以帮助机器人快速为客户提供解决方案。

·客户历史记录：包含客户的购买历史、浏览记录和偏好，这可以帮助机器人为客户提供个性化的推荐。

·投诉记录：包含客户的投诉内容、时间、处理状态等，以便机器人可以跟踪和转交给真人客服。

为了与 API 进行交互，这些数据应该是结构化的，例如存储在关系型数据库中，并且应该有一个清晰的 API 接口，允许机器人查询和更新数据。

此外，为了保护客户隐私和数据安全，确保所有敏感信息（如客户姓名、地址、支付信息等）都进行了加密或脱敏处理。

请问您有其他疑问吗？如果没有，请说"继续"，我们将进入下一步。

ChatGPT 给出的解释已经非常清晰，不但给出了具体的数据类型，还提到了具体的细节要求。我们可以继续进入下一步。

# 10.3 具体功能实现

ChatGPT 会根据具体功能一步一步展开说明如何实现的操作步骤和要点。我们先来看第一个功能。

## 10.3.1 商品咨询

当客户咨询商品详情时，ChatGPT 辅助的机器人可以根据商品数据库提供相关信息。这个功能如何实现？根据我们前面的提示词设定，只要输入"继续"，ChatGPT 就会按照既定的顺序继续回答这个问题。

**Prompt：**

继续。

**ChatGPT：**

好的，接下来我们将深入探讨如何实现每一个具体功能。

**具体功能实现：**

**商品咨询：**

当客户咨询商品详情时，ChatGPT 辅助的机器人可以根据商品数据库提供相关信息。

**操作步骤：**

数据库查询：首先，确保您的商品数据库中有所有商品的详细信息，如名称、描述、价格、库存等。

API 接口：开发一个 API 接口，当接收到商品名称或 ID 时，返回该商品的详细信息。

GPT 集成：当 GPT 接收到用户关于商品咨询的问题时，它会调用上述 API 接口，获取商品信息，并将这些信息以友好的方式呈现给用户。

**具体要点：**

确保数据库中的商品信息是最新的，并定期更新。

API 接口应该能够快速响应，以提供流畅的用户体验。

GPT-4 应该能够理解用户的问题，并提供准确的答案。例如，如果用户询问："这件衣服的材料是什么？" GPT-4 应该能够提供正确的答案。

请问您有关于"商品咨询"这个功能的疑问吗？如果没有，请说"继续"，我们将探讨下一个功能。

ChatGPT 给出了具体的操作步骤和具体要点。对于一些技术问题，我们不妨通过追问的方式进一步了解更具体的操作细节。

**Prompt：**

我们如何确保数据库中的商品信息是最新的？

**ChatGPT：**

确保数据库中的商品信息是最新的非常关键，因为这直接影响客户的购物体验和满意度。以下是一些建议和方法来确保商品信息的实时性和准确性：

（1）自动同步系统：如果您的企业有其他系统（例如，库存管理系统、供应链管理系统等），您可以开发一个自动同步工具，定期从这些系统获取最新的商品信息，并更新到您的商品数据库中。

（2）实时更新 API：为供应商或内部团队提供一个 API 或界面，允许他们实时更新商品信息。例如，当新商品上架或旧商品下架时，可以通过这个 API 立即更新数据库。

（3）定期审核：定期进行手工审核，检查数据库中的商品信息是否与实际情况一致。这可以是每周、每月或每季度进行一次，取决于商品的变动频率。

（4）设置提醒：为数据库设置提醒或警报，当某个商品的信息长时间未更新时，自动发送提醒给相关团队或人员，提示他们检查和更新。

（5）版本控制：为商品信息设置版本，每次更新时都保存一个新版本。这样，如果发现最新的信息有误，可以迅速回滚到之前的版本。

（6）反馈机制：为客户提供一个反馈机制，允许他们报告商品信息的错误。当收到反馈时，及时核查并更新数据库。

（7）数据备份：定期备份数据库，以防数据丢失或损坏。确保有一个快速、可靠的恢复机制，以便在需要时恢复数据。

通过上述方法和建议，您可以确保数据库中的商品信息始终是最新和准确的。

请问您有其他疑问吗？如果没有，请说"继续"，我们将探讨下一个功能。

Prompt：

如何提高 API 接口的响应速度？

ChatGPT：

提高 API 接口的响应速度是确保良好用户体验的关键。以下是一些建议和方法来优化 API 接口的性能：

（1）优化数据库查询：

·使用索引：确保数据库中的查询字段都有索引，这可以大大提高查询速度。

·避免复杂查询：尽量避免使用复杂的 JOIN 或子查询，而是使用简单、直接的查询。

·使用缓存：对于频繁查询的数据，使用缓存技术如 Redis 或 Memcached 来存储结果，减少数据库的访问。

（2）服务器优化：

·使用高性能的服务器和网络。

·使用负载均衡器：当 API 请求量大时，使用负载均衡器分散请求到多个服务器。

·优化服务器配置：根据服务器的硬件和软件，调整配置以最大化性能。

（3）代码优化：

·代码审查：定期审查 API 的代码，找出并修复性能瓶颈。

·使用高效的算法和数据结构。

·避免不必要的计算或数据处理。

（4）减少数据传输：

·使用数据压缩技术，如 Gzip，来减少传输的数据量。

·仅返回必要的数据：根据客户端的请求，仅返回它们真正需要的数据。

（5）使用 CDN：对于静态资源，如图片或 JS 文件，使用内容分发网络（CDN）来加速数据的传输。

（6）API 版本管理：当 API 发生变化时，使用版本管理，这样旧版本的 API 可以继续使用，而不影响新版本的性能。

（7）监控和分析：

·使用监控工具，如 New Relic 或 Datadog，来实时监控 API 的性能。

·定期分析 API 的响应时间和错误率，找出并解决问题。

通过上述方法和建议，您可以有效地提高 API 接口的响应速度，从而提供更好的用户体验。

请问您有其他疑问吗？如果没有，请说"继续"，我们将探讨下一个功能。

在我们的追问下，关于具体实施的细节，ChatGPT 已经给出非常详细的回答，我们可以继续下一步。

## 10.3.2　订单查询

当客户查询订单状态时，ChatGPT 辅助的机器人可以根据订单系统提供实时的更新。具体如何实现呢？根据我们前面的提示词设定，只要输入"继续"，ChatGPT 就会按照既定的顺序继续回答这个问题。

**Prompt：**

继续。

**ChatGPT：**

好的，接下来我们将探讨"订单查询"这一功能。

**订单查询：**

当客户查询订单状态时，ChatGPT 辅助的机器人可以根据订单系统提供实时的更新。

**操作步骤：**

·数据库连接：确保您的订单系统数据库包含所有订单的详细信息，如订单号、商品列表、订单状态、配送信息等。

·API 接口：开发一个 API 接口，当接收到订单号或其他相关信息时，返回该订单的详细信息。

·GPT-4 集成：当 GPT-4 接收到用户关于订单查询的问题时，它会调用上述 API 接口，获取订单信息，并将这些信息以友好的方式呈现给用户。

**具体要点：**

·数据实时性：确保订单系统的数据是实时的，这样客户可以获得最新的订单状态。

·数据安全性：订单信息可能包含敏感数据，如客户地址、联系方式等。确保这些数据在传输和存储时都是加密的。

·用户验证：在提供订单详情之前，确保进行用户身份验证，以防止非法访问。

·友好的回复：GPT-4 应该能够以清晰、简洁的方式提供订单信息，避免使用过于技术性或复杂的语言。

请问您有关于"订单查询"这个功能的疑问吗？如果没有，请说"继续"，我们将探讨下一个功能。

根据 ChatGPT 给出的操作步骤和具体要点。我们可以再进一步了解以下几个重要技术环节的处理方式。

**Prompt：**

我们应该如何进行用户身份验证？

**ChatGPT：**

用户身份验证是确保数据安全和隐私的关键步骤。以下是一些建议和方法来进行用户身份验证：

### 1. 用户名和密码

·这是最常见的验证方法。用户需要提供预先注册的用户名和密码来验证身份。

·使用强密码策略，要求密码包含大写字母、小写字母、数字和特殊字符。

·定期提示用户更改密码。

### 2. 双因素认证（2FA）

·除了用户名和密码外，用户还需要提供第二种身份验证方式，如短信验证码、电子邮件验证码或专用的身份验证应用生成的代码。

·这增加了额外的安全层，即使攻击者知道用户名和密码，也很难获得第二种验证方式。

### 3. OAuth 和 OpenID

·允许用户使用第三方服务（如 Google、Facebook 或 Twitter）的账户进行身份验证。

·这减少了用户需要记住的用户名和密码数量，并利用了第三方服务的安全措施。

### 4. 会话管理

·当用户成功登录后，为他们生成一个会话令牌或 Cookie，以便在后续的请求中识别他们。

·定期使这些令牌失效，以减少安全风险。

### 5. SSL/TLS 加密

使用 SSL/TLS 加密来保护用户在登录过程中传输的数据，防止中间人攻击。

### 6. 验证码

·为了防止自动化的攻击，可以要求用户输入图像或文本中的验证码。

·这确保了真实的用户正在尝试登录。

### 7. 行为分析

分析用户的登录行为，如登录时间、地点和设备。如果检测到异常行为（例如，从不同的国家短时间内多次尝试登录），则触发额外的安全措施或警报。

通过上述方法和建议，您可以有效地进行用户身份验证，确保数据的安全性和隐私。

请问您有其他疑问吗？如果没有，请说"继续"，我们将探讨下一个功能。

---

**Prompt：**

如何确保 GPT 能够以清晰、简洁的方式提供订单信息，避免使用过于技术性或复杂的语言？

---

**ChatGPT：**

确保 GPT-4 以清晰、简洁的方式提供订单信息并避免使用过于技术性或复杂的语言，需要采取以下策略和步骤：

### 1. 微调与训练

·使用与客服相关的数据集对 GPT 进行微调，特别是与订单查询和相关领域的数据。

· 在微调数据中，确保答案是简洁、明确且非技术性的。

**2. 模板化回复**

· 为常见的订单查询创建预定义的回复模板。例如，对于订单状态查询，可以有一个模板："您的订单号 [ 订单号 ] 目前的状态是 [ 订单状态 ]。"

· 当 GPT 需要回答相关问题时，它可以使用这些模板，并填充具体的订单信息。

**3. 后处理**

· 在 GPT 生成回答后，可以使用后处理脚本或逻辑来进一步简化和清晰化回答。

· 例如，回答超过了一定的字数或包含了技术性词汇，可以进行修剪或替换。

**4. 用户反馈机制**

· 允许用户对机器人的回答提供反馈。如果用户认为回答过于复杂或技术性，可以收集这些反馈并进行改进。

· 定期分析这些反馈，并根据用户的需求调整 GPT 的回答策略。

**5. 持续测试与评估**

· 定期使用真实的用户查询来测试 GPT 的回答质量。

· 如果发现回答过于复杂或技术性，可以进一步微调模型或调整回复模板。

**6. 明确指导**

在与 GPT 的交互中，明确指示它提供简洁且非技术性的回答。例如，可以询问："请简单地告诉我我的订单状态。"

通过上述策略和步骤，您可以确保 GPT 以清晰、简洁的方式提供订单信息，满足用户的需求。

请问您有其他疑问吗？如果没有，请说"继续"，我们将探讨下一个功能。

通过一连串的追问，我们对"订单查询"这个功能的技术实现细节有了更深入的了解。接下来我们继续进入下一步。

## 10.3.3　问题解决

当客户遇到问题需要解决时，ChatGPT 辅助的机器人可以根据 FAQ 提供解决方案。我们看看这个功能具体如何实现？

**Prompt：**

继续。

**ChatGPT：**

好的，接下来我们将探讨"问题解决"这一功能。

**问题解决：**

当客户遇到问题需要解决时，ChatGPT 辅助的机器人可以根据 FAQ 提供解决方案。

**操作步骤：**

·FAQ 数据库：建立一个 FAQ 数据库，其中包含常见问题及其答案。这些问题应涵盖产品使用、支付、退货、技术支持等各种领域。

·API 接口：开发一个 API 接口，当接收到特定问题或关键词时，返回相关的 FAQ 答案。

·GPT-4 集成：当 GPT 接收到用户的问题时，它会首先查询 FAQ 数据库。如果找到匹配的答案，它会返回给用户；如果没有，GPT 会尝试根据其知识库生成答案。

**具体要点：**

·实时更新 FAQ：随着产品或服务的变化，确保 FAQ 数据库是最新的。当新的常见问题出现时，及时添加到数据库中。

·明确分类：在 FAQ 数据库中，对问题进行分类，如"支付问题""技术支持"等，这有助于快速匹配和查找答案。

·使用简单语言：确保 FAQ 的答案是简单、明确且易于理解的。

·上下文理解：GPT 应该能够理解用户问题的上下文，以提供最相关的答案。例如，对于"如何退货"这一问题，它应该提供与退货政策和流程相关的答案。

请问您有关于"问题解决"这个功能的疑问吗？如果没有，请说"继续"，我们将探讨下一个功能。

**Prompt：**

我们应该如何建立和维护一个高效的 FAQ 数据库？

ChatGPT：

建立和维护一个高效的 FAQ 数据库是确保智能客服机器人能够快速、准确地回答用户问题的关键。以下是一些建议和步骤：

**1. 需求分析**

·与客服团队、销售团队和技术支持团队合作，收集最常见的客户问题。

·分析用户在网站、应用或其他平台上的搜索记录，找出常见的查询。

**2. 结构化设计**

·将 FAQ 分为不同的类别，如"订单问题""支付问题""技术支持"等。

·为每个问题提供一个唯一的标识符或 ID，以便于查询和更新。

**3. 内容编写**

·为每个问题提供简洁、明确且易于理解的答案。

·避免使用过于技术性或复杂的语言。

·如果可能，为答案提供相关的图像、视频或链接，以帮助用户更好地理解。

**4. 数据库技术选择**

·根据您的需求和技术栈选择合适的数据库技术，如关系型数据库、NoSQL 数据库或搜索引擎如 Elastic Search。

·确保数据库支持快速查询和更新。

**5. 定期更新**

·定期与各团队合作，收集新的常见问题，并将其添加到 FAQ 数据库中。

·当产品或服务发生变化时，及时更新相关的答案。

**6. 用户反馈机制**

·允许用户对 FAQ 的答案提供反馈，如"这个答案有帮助"或"这个答案不准确"。

·根据用户的反馈进行调整和优化。

**7. 版本控制**

·为 FAQ 数据库设置版本控制，这样当答案发生变化时，可以追踪历史版本。

·如果发现最新的答案有误，可以迅速回滚到之前的版本。

**8. 搜索优化**

·使用搜索引擎优化技术，确保用户可以快速找到他们需要的答案。

·定期分析搜索日志，优化关键词和答案内容。

通过上述方法和建议，您可以建立和维护一个高效、准确且易于使用的 FAQ 数据库。

请问您有其他疑问吗？如果没有，请说"继续"，我们将探讨下一个功能。

如果 FAQ 数据库中没有答案，GPT 如何生成答案？

当 FAQ 数据库中没有答案时，GPT 会依赖其内部训练数据和强大的语言模型能力来生成答案。以下是 GPT-4 生成答案的过程和考虑因素：

**1. 上下文理解**

GPT 会考虑用户问题的上下文，包括之前的对话内容，以更好地理解用户的意图和需求。

**2. 语言模型预测**

·GPT 使用其深度学习架构（特别是 Transformer 架构）来预测用户问题的最可能答案。

·它会为每个可能的答案都生成一个概率分数，并选择最高分数的答案作为输出。

**3. 知识库引用**

·尽管 GPT 的知识库在训练时是固定的（知识截止日期为 2021 年 9 月），但它已经包含了大量的信息和知识。

·对于许多常见问题，GPT 可以直接从其知识库中提供答案。

**4. 生成而非检索**

与基于数据库的检索方法不同，GPT 是一个生成模型，这意味着它会生成新的文本作为答案，而不是从预定义的答案中选择。

**5. 答案的准确性和可靠性**

虽然 GPT 通常能够生成流畅且看似准确的答案，但它并不总是正确的。因此，对于关键或敏感的问题，建议进行人工审核或提供额外的数据源来验证答案。

### 6. 持续的反馈循环

· 当 GPT 提供的答案被用户接受或拒绝时，收集这些反馈。

· 使用这些反馈进行模型的微调，以提高其在未来的答案质量。

通过上述过程，GPT 可以在 FAQ 数据库中没有答案时，生成合理且有帮助的答案。

请问您有其他疑问吗？如果没有，请说"继续"，我们将探讨下一个功能。

通过一连串的追问，我们对"问题解决"这个功能的技术实现细节有了更清晰的了解。接下来我们继续进入下一步。

## 10.3.4 投诉处理

当客户进行投诉时，ChatGPT 辅助的机器人可以识别并记录投诉信息，转交真人客服跟进解决。看看这个功能如何实现呢？

**Prompt：**

继续。

**ChatGPT：**

好的，接下来我们将探讨"投诉处理"这一功能。

**投诉处理：**

当客户进行投诉时，ChatGPT 辅助的机器人可以识别并记录投诉信息，转交真人客服跟进解决。

**操作步骤：**

· 投诉识别：训练 GPT 识别投诉相关的关键词和语境，如"不满意""问题""退款"等。

· 信息记录：当 GPT 识别到投诉时，自动记录相关信息，如投诉内容、时间、用户 ID 等。

· 转交真人客服：为用户提供一个选项，是否希望与真人客服联系。如果用户选择"是"，自动将聊天记录和用户信息转交给真人客服。

· 自动回复：在等待真人客服响应期间，GPT 可以提供一些自动回复，如"我们已收到您的投诉，真人客服将尽快与您联系"。

**具体要点：**

·敏感信息处理：确保在记录投诉信息时，不记录用户的敏感信息，如密码、支付信息等。

·快速响应：确保真人客服在收到投诉后能够快速响应，提供解决方案。

·投诉分类：自动将投诉分类，如"产品问题""服务问题"等，以便真人客服更快地处理。

·用户反馈：在问题解决后，询问用户是否满意处理结果，并收集反馈。

请问您有关于"投诉处理"这个功能的其他疑问吗？如果没有，请说"继续"，我们将探讨下一个功能。

---

**Prompt：**

如何训练 GPT 识别投诉相关的关键词和语境？

**ChatGPT：**

训练 GPT-4 识别投诉相关的关键词和语境通常涉及模型的微调。以下是进行此类微调的步骤和建议：

**1. 数据收集**

·从您的客服记录中收集投诉相关的对话和文本。这些数据应该包括真实的用户投诉和相关的上下文。

·如果可能，也收集非投诉的对话，以帮助模型区分投诉和非投诉内容。

**2. 数据标注**

·对收集到的数据进行标注，标明哪些是投诉内容，哪些不是。

·对于投诉内容，可以进一步标注其类别，如"产品问题""服务问题"等。

**3. 微调模型**

·使用上述标注的数据对 GPT-4 进行微调。这会使模型更加敏感于投诉相关的关键词和语境。

·微调的过程类似于模型的初步训练，但是专注于特定的任务，即识别投诉。

**4. 验证和测试**

·在微调后，使用一部分未用于训练的数据来验证和测试模型的性能。

·评估模型在识别投诉内容上的准确性、召回率和 F1 分数。

### 5. 持续更新

随着时间的推移，用户的投诉内容和方式可能会发生变化。定期收集新的数据，并重复上述微调过程，以确保模型始终保持高效。

### 6. 关键词和短语列表

创建一个投诉相关的关键词和短语列表。在模型的预处理或后处理阶段，使用这个列表来增强模型的投诉识别能力。

### 7. 反馈机制

允许用户对模型的识别结果提供反馈。如果模型没有正确识别投诉，收集这些实例，并在未来的微调中使用。

通过上述步骤和建议，您可以有效地训练 GPT 识别投诉相关的关键词和语境，从而提高客服机器人的效率和用户满意度。

请问您有其他疑问吗？如果没有，请说"继续"，我们将探讨下一个功能。

**Prompt：**

如何确保真人客服的快速响应？

**ChatGPT：**

确保真人客服的快速响应是提高客户满意度和保持良好客户体验的关键。以下是一些建议和策略来确保真人客服的快速响应：

### 1. 实时监控

· 使用客服管理系统实时监控客服队列和等待时间。

· 当等待时间超过预定阈值时，立即通知管理团队或其他可用客服。

### 2. 足够的客服人员

· 根据历史数据和预测，确保在高峰时段有足够的客服人员。

· 考虑使用灵活的工作时间制度，如兼职或临时工，以应对突然的需求增加。

### 3. 优先级制度

· 对于紧急或重要的问题，如"支付问题"或"安全问题"，设置优先级，确保这些问题得到快速处理。

· 使用自动分类系统，根据问题的关键词或语境为其分配优先级。

### 4. 自动转接

· 如果某个客服正在处理过多的请求，自动将新的请求转接给其他可用的客服。

·使用智能路由系统，确保问题被转接给最合适的客服。

**5. 培训和资源**

·定期为客服团队提供培训，确保他们能够快速、准确地解决问题。

·提供快速查找的知识库或 FAQ，帮助客服快速找到答案。

**6. 客户自助服务**

提供自助服务选项，如 FAQ、知识库或自助查询系统，让客户在等待真人客服期间可以自行解决一些常见问题。

**7. 反馈机制**

·收集客户关于响应时间的反馈，以了解哪些领域需要改进。

·定期评估客服团队的响应时间和效率，并根据反馈进行调整。

**8. 技术支持**

·确保客服系统的稳定性和可靠性，避免技术问题导致的延迟。

·定期更新和维护客服软件，确保其性能和效率。

通过上述策略和建议，您可以确保真人客服的快速响应，提高客户满意度和忠诚度。

请问您有其他疑问吗？如果没有，请说"继续"，我们将探讨下一个功能。

ChaGPT 在我们一连串的追问下，介绍了"投诉处理"这个环节的技术实现细节，给出了非常专业的建议。接下来我们继续进入下一步。

## 10.3.5　复购推荐

最后一个环节是复购推荐，根据客户的历史记录和偏好为其推荐相关商品和促销活动，提高复购转化率和客单价。来看看这个环节的技术实现细节。

**Prompt：**

继续。

**ChatGPT：**

好的，接下来我们将探讨"复购推荐"这一功能。

**复购推荐：**

ChatGPT 辅助机器人还可以根据客户的历史记录和偏好为其推荐相关商

品和促销活动，提高复购转化率和客单价。

**操作步骤：**

·用户历史数据：收集用户的购买历史、浏览记录和搜索记录，以了解他们的兴趣和偏好。

·推荐算法：使用推荐算法，如协同过滤、矩阵分解或深度学习，为用户生成个性化的商品推荐。

·GPT 集成：当用户询问相关商品或促销活动时，GPT 可以根据推荐算法的结果为用户提供推荐。

**具体要点：**

·实时更新：确保推荐是基于用户最新的行为和偏好，定期更新推荐列表。

·多样性：除了高相关性的商品外，也推荐一些新品或与用户历史购买略有不同的商品，增加购买的多样性。

·上下文相关：考虑用户当前的上下文，如季节、时间或特定活动，为其提供相关的推荐。

·反馈机制：允许用户对推荐结果提供反馈，如"喜欢"或"不喜欢"，并根据这些反馈优化推荐算法。

·隐私考虑：确保在收集和处理用户数据时，遵循相关的隐私法规和最佳实践。

请问您有关于"复购推荐"这个功能的疑问吗？如果没有，请说"继续"，我们将进入下一部分，即应用部署建议。

**Prompt：**

如何确保用户隐私在推荐过程中得到保护？

**ChatGPT：**

确保用户隐私在推荐过程中得到保护是非常重要的。以下是一些建议和策略来确保用户隐私的安全：

**1. 数据匿名化**

·在收集和处理用户数据时，去除或替换能够直接识别用户身份的信息，如姓名、地址、电话号码等。

·使用唯一标识符代替用户的真实身份，确保在内部系统中，用户数据与其真实身份分开存储。

**2. 数据加密**

·使用强加密算法对用户数据进行加密，确保即使数据被泄露，也无法被未授权的人员解读。

·对存储和传输的数据都进行加密，确保数据在整个生命周期中都得到保护。

**3. 访问控制**

·限制对用户数据的访问，只允许授权的员工和系统访问。

·使用访问控制列表、角色基础的访问控制等技术，确保每个人只能访问其需要的数据。

**4. 用户同意**

·在收集和使用用户数据之前，明确告知用户并获得其同意。

·提供清晰的隐私政策，说明数据如何被收集、存储和使用。

**5. 数据最小化**

·只收集和存储为提供推荐所必需的数据，避免收集不必要的信息。

·定期评估存储的数据，删除不再需要的信息。

**6. 数据保留政策**

·设定数据保留期限，超过这个期限的数据应被自动删除或匿名化。

·例如，用户已经两年没有使用平台，可以考虑删除其数据或将其转为匿名数据。

**7. 透明度和用户控制**

·允许用户查看、修改和删除其数据。

·如果用户不希望其数据被用于推荐，提供一个选项让其退出。

**8. 定期审计**

·定期进行隐私审计，确保所有的隐私措施都得到执行。

·对任何潜在的隐私风险进行评估，并采取相应的措施。

通过上述策略和建议，您可以确保用户隐私在推荐过程中得到充分的保护，同时也增强用户对平台的信任。

请问您有其他疑问吗？如果没有，请说"继续"，我们将进入下一部分，即应用部署建议。

在持续的追问之下，我们一步一步了解了五大功能的实现方式，为智能客服机器人的私有模型训练提供了非常具体的指导。接下来，我们来看如何将训练好的私有模型部署到企业的各种应用当中。

## 10.4　应用部署建议

我们可以借助 ChatGPT 已经拥有的基础知识和通用能力，让它对后续的应用部署工作提供具体操作建议。

**Prompt：**

继续。

**ChatGPT：**

好的，接下来我们将探讨应用部署建议。

部署智能客服机器人并确保其稳定、高效运行是一个关键步骤。以下是一些建议和策略：

**1. 测试环境**

· 在正式部署之前，首先在测试环境中部署应用。这允许您在真实环境中测试机器人的功能，但不会影响实际用户。

· 对所有功能进行彻底的测试，确保没有错误或问题。

**2. 性能监控**

· 使用性能监控工具实时监控应用的性能，如响应时间、CPU 和内存使用率等。

· 如果检测到性能下降或其他问题，立即采取措施。

**3. 数据备份**

· 定期备份所有重要的数据，如用户数据、订单数据和 FAQ 数据库等。

· 确保备份数据存储在安全的地方，并可以在需要时迅速恢复。

**4. 安全措施**

· 使用防火墙、入侵检测系统和其他安全工具保护应用免受外部攻击。

· 定期进行安全审计和渗透测试，确保没有潜在的安全风险。

**5. 持续集成和持续部署**

· 使用 CI/CD 工具自动化部署过程，确保每次更新都经过测试并快速部署到生产环境。

· 这可以帮助您快速修复错误或添加新功能。

### 6. 用户反馈

· 提供一个简单的方式让用户提供关于机器人的反馈。

· 定期分析反馈，了解用户的需求和问题，并据此进行改进。

### 7. 灾难恢复计划

· 制订一个灾难恢复计划，以应对可能的问题，如数据丢失、硬件故障或其他突发情况。

· 定期测试恢复计划，确保在真实情况下可以快速恢复服务。

### 8. 扩展性

· 设计应用的架构，确保可以轻松扩展以应对增长的用户量或数据量。

· 考虑使用云服务或其他可扩展的解决方案。

通过上述策略和建议，您可以确保智能客服机器人的稳定、高效运行，同时也为未来的增长和改进做好准备。

请问您有关于应用部署的其他疑问吗？如果没有，我们可以结束本次指导。如果有其他问题或需求，请随时告诉我。

---

**Prompt：**

---

如何实现持续集成和持续部署？

---

**ChatGPT：**

---

持续集成（CI）和持续部署（CD）是现代软件开发流程中的关键组成部分，它们可以帮助团队更快、更可靠地交付高质量的软件。以下是实现CI/CD的步骤和建议：

### 1. 版本控制

· 使用版本控制系统，如Git，来管理代码。确保所有的代码更改都在版本控制下。

· 创建一个主分支（如master或main）作为生产代码的来源，并使用特性分支进行新功能或修复的开发。

### 2. 自动化构建

· 设置自动化构建工具，如Jenkins、Travis CI或GitHub Actions，每次代码更改时自动编译和构建项目。

· 构建过程应包括代码检查、单元测试和其他质量保证步骤。

### 3. 自动化测试

· 编写自动化测试，包括单元测试、集成测试和端到端测试，确保代码的质量和功能。

· 使用测试框架，如 JUnit、Mocha 或 Selenium，来运行和管理测试。

### 4. 持续集成

· 每次代码更改都自动触发构建和测试过程。

· 如果构建或测试失败，立即通知开发团队并修复问题。

### 5. 自动化部署

· 使用部署工具，如 Docker、Kubernetes 或 Ansible，自动化部署过程。

· 创建部署流程，包括预生产环境、生产环境等多个阶段。

### 6. 持续部署

· 当代码通过所有测试并被合并到主分支时，自动部署到预生产或生产环境。

· 使用功能开关或灰度部署来逐步发布新功能，减少风险。

### 7. 监控和反馈

· 使用监控工具，如 Prometheus、Grafana 或 ELK Stack，实时监控应用的性能和健康状况。

· 如果检测到问题，自动通知团队并采取措施。

### 8. 文档和培训

为团队提供 CI/CD 流程的文档和培训，确保每个人都了解并遵循流程。

通过上述步骤和建议，您可以实现持续集成和持续部署，加速软件交付过程，提高软件质量，并更好地响应用户需求和市场变化。

请问您有其他疑问吗？如果没有，请说"继续"，我们可以继续探讨其他相关话题或结束本次指导。如果有其他问题或需求，请随时告诉我。

---

**Prompt：**

云服务与传统服务器有何区别？

---

**ChatGPT：**

云服务与传统服务器在多个方面存在显著的区别。以下是它们之间的主要差异：

**1. 部署方式**

·传统服务器：通常指的是企业在自己的数据中心或机房内部署和管理的物理服务器。

·云服务：提供计算资源的服务，这些资源部署在云服务提供商的数据中心，并通过互联网提供给用户。

**2. 可扩展性**

·传统服务器：扩展性受到物理限制，增加资源可能需要购买新的硬件。

·云服务：高度可扩展，用户可以根据需求快速增加或减少资源。

**3. 成本结构**

·传统服务器：前期投资较大，需要购买硬件、软件许可证等。运维成本也相对固定。

·云服务：通常采用按需付费模式，只为实际使用的资源付费，无须大量前期投资。

**4. 维护和管理**

·传统服务器：企业需要自己负责硬件和软件的维护、更新和升级。

·云服务：云服务提供商负责基础设施的维护和升级，用户只需关心自己的应用和数据。

**5. 灵活性和速度**

·传统服务器：部署新的应用或服务可能需要较长时间，因为需要配置和安装硬件和软件。

·云服务：可以迅速部署新的资源和服务，大大缩短了上线时间。

**6. 安全性和合规性**

·传统服务器：企业完全控制其环境，但也需要自己负责所有的安全和合规性问题。

·云服务：虽然云服务提供商提供了多层次的安全措施，但企业仍需要确保其数据和应用的安全。

**7. 地理分布**

·传统服务器：通常集中在一个或几个地点。

·云服务：可以跨多个地理区域分布，有助于提高可用性和灾难恢复。

**8. 访问方式**

·传统服务器：可能需要特定的网络配置或 VPN 来远程访问。

·云服务：通常可以从任何地方通过互联网访问。

总的来说，云服务提供了更高的灵活性、可扩展性和成本效益，而传统服务器则提供了更高的控制度。选择哪种方式取决于企业的具体需求、预算和战略目标。

请问您有其他疑问吗？如果没有，请说"继续"，我们可以继续探讨其他相关话题或结束本次指导。如果有其他问题或需求，请随时告诉我。

---

**Prompt：**

请提供一些与智能客服机器人相关的其他建议和策略。

ChatGPT：好的，接下来我们将继续探讨与智能客服机器人相关的其他建议和策略。

进行持续改进与优化：

**1. 用户反馈收集**

·定期收集用户对智能客服机器人的反馈，了解其满意度、使用难易度和改进建议。

·提供简单的反馈表单或调查问卷，鼓励用户分享他们的体验。

**2. 数据分析**

·分析机器人的交互日志，了解用户最常询问的问题、机器人的回答质量以及可能的问题点。

·使用数据分析工具，如 Google Analytics 或自定义的分析平台，来跟踪和评估机器人的性能。

**3. 定期更新**

·根据用户反馈和数据分析的结果，定期更新和优化机器人的回答和推荐。

·保持与业务团队的紧密合作，确保机器人的信息和策略与公司的目标和策略保持一致。

**4. 多渠道支持**

·考虑将机器人部署到多个渠道，如网站、移动应用、社交媒体和即时通信平台。

·使用统一的后端系统和 API，确保在所有渠道上提供一致的用户体验。

**5. 多语言支持**

·如果您的客户来自多个国家或地区，考虑为机器人添加多语言支持。

·用自动翻译工具或专业的翻译服务，确保回答的准确性和自然性。

**6. 与真人客服的无缝切换**

·如果机器人无法回答某个问题，提供一个简单的方式让用户切换到真人客服。

·使用智能路由系统，确保问题被转接给最合适的客服。

**7. 持续学习与训练**

·使用机器学习和深度学习技术，使机器人能够从每次交互中学习和改进。

·定期使用新的数据对机器人进行训练，确保其回答的准确性和相关性。

通过上述策略和建议，您可以确保智能客服机器人的持续改进和优化，提高用户满意度和忠诚度。

请问您有其他疑问或需求吗？如果没有，我们可以结束本次指导。如果有其他问题，请随时告诉我。

通过一系列的提问，我们借助 ChatGPT 的知识库学习了如何进行私有模型训练，以及智能客服机器人应用开发部署的全过程，也让我们看到了 ChatGPT 在客户服务领域应用的巨大潜力。

# 10.5 本 章 小 结

客户服务是提高客户满意度和忠诚度的关键，它不仅能带来持续的复购，还能引发积极的口碑推荐。ChatGPT 的出现为客户服务领域带来了创新和发展的新动力。

**1. ChatGPT 目前的能力**

（1）自动回答常见问题：对于经常出现的问题，ChatGPT 能提供即时且准确的答案。

（2）前期咨询处理：ChatGPT 能预先处理简单的问题，确保顾客获得快速响应。

（3）全天候在线服务：ChatGPT 可以实现 24/7 的在线支持，无须人工干预。

（4）多语言支持：ChatGPT 能理解和回答多种语言的问题，满足不同国家和地区客户的需求。

**2. ChatGPT 目前存在的不足**

（1）处理复杂问题的能力有限：对于复杂的技术问题或特定情景的问题，

ChatGPT 可能需要更多的定制或人工干预。

（2）缺乏人情味：虽然响应迅速，但 ChatGPT 无法像真人那样表达情感和共鸣。

（3）特定场景适应性有待提高：在某些特定场景或行业，ChatGPT 可能需要进一步定制化以满足特定需求。

### 3. 需要注意的问题

（1）客户满意度追踪：除了自动答复，还需要关注客户对答案的满意度和反馈，并据此进行改进。

（2）持续训练和优化：根据客户反馈持续优化 ChatGPT 的回答库和理解能力。

（3）与真人客服的协同：确保在必要的时候，可以快速从 ChatGPT 切换到真人客服。

### 4. 未来的发展趋势

（1）更精准的问题理解：通过持续学习，ChatGPT 将能更准确地理解复杂和模糊的问题。

（2）情感识别与应对：未来的 ChatGPT 将能更好地识别顾客的情感并作出相应的响应。

（3）更强的集成与定制能力：随着技术的进步，ChatGPT 将更容易集成到各种客服系统中，并能为不同行业提供更精准的定制服务。

ChatGPT 在客户服务领域已经展现出了巨大的潜力和价值。作为一项新兴技术，ChatGPT 虽然还有一些不足之处，需要企业根据自身需求进行定制和优化。但是，我们相信随着技术的不断进步和市场的日益成熟，ChatGPT 将为更多行业和领域提供更优质、更个性化的客户服务解决方案。企业和组织应积极关注和探索 ChatGPT 的最新发展和应用，更好地利用这一技术，创造更多的商业价值和客户价值。

# 第 11 章

# AI+ 营销的趋势、挑战与应对

随着 AI 技术的不断发展和创新，"AI+ 营销"已成为趋势，它不仅为营销带来了新的机会，也带来了一系列的挑战和问题。在本章中，我们将展望"AI+ 营销"的未来，探讨其发展趋势、面临的挑战以及应对策略。你将了解到营销模式的变革演进史和"AI+ 营销"的未来趋势，以及如何有效应对和利用 AI 技术来实现营销的创新和升级。让我们一起探索"AI+ 营销"的未来，为你的营销实践与创新提供有力的指导和启示！

# 11.1　AI+ 营销的发展趋势

营销行业的每一次重大进步都是由技术驱动的。从传统营销的印刷技术、广播技术和电视技术，到数字营销的互联网、移动互联网、大数据和云计算，再到即将到来的"AI+ 营销"时代，每一个阶段的进步都离不开技术的推动。随着技术的不断发展，营销模式也经历了几个重要的变革阶段。

**1. 营销的 1.0 时代：传统营销**

在这个阶段，营销主要依赖大众化媒体来实现广泛触达。传统的媒介技术，如报刊、户外广告、广播和电视，都是为了让信息能够传递到尽可能多的人群中。这些媒介形式以其独特的方式吸引了大量的观众，为品牌和产品的推广提供了便利。

**2. 营销的 2.0 时代：互联网 + 营销**

随着互联网的兴起，营销开始与互联网平台结合，实现双向交互。在这个时代，门户网站、搜索引擎（如百度、知乎）和社交平台（如微博、微信）成为主要的营销工具。这些平台不仅提供了更多的信息传递渠道，还允许用户与品牌进行互动，从而增强了用户的参与感和品牌忠诚度。

**3. 营销的 3.0 时代：大数据 + 营销**

大数据技术的引入使营销进入了一个新的阶段。在这个时代，通过收集和分析大量的用户数据，营销人员可以更精准地了解用户的需求和行为，从而实现精准推荐和个性化服务。智能推送技术，如今日头条和抖音等平台所使用的，可以根据用户的浏览和购买历史，推送最相关和吸引人的内容，从而提高转化率。

**4. 营销的 4.0 时代：AI+ 营销**

"AI+ 营销"时代是目前营销行业的最新发展阶段。在这一时代，AIGC 技术被运用来高效创造内容。生成式 AI 不仅可以产生文字、代码、图像、视频、音频、数字人和元宇宙内容，还能根据用户的需求和反馈进行自我优化和更新。与此同时，内容生产方式也经历了从 PGC（专业生产内容）到 UGC（用户生产内容），再到 AIGC（人工智能生产内容）的转变，这意味着内容的创作和分发方式将变得更加多样和灵活。

随着 AI 技术和能力的不断扩展，在不远的未来，"AI+ 营销"将为我们带来更广泛的应用场景、更深入的用户洞察、更精准的营销内容、更高效的工作方式。

**1. 更广泛的应用场景：多元化，从现实到虚拟**

随着技术的不断进步，AI 在营销领域的应用场景正变得越来越广泛和多元化。从传统的线上线下渠道，到超现实的元宇宙，AI 都在为我们开辟新的营销天地。

首先，多元化的应用场景意味着营销的边界正在被打破。传统的营销渠道如社交媒体、搜索引擎和电视广告已不再是唯一的选择。现在，我们可以看到越来越多的品牌开始尝试在元宇宙、VR 和 AR 等新兴平台上进行营销活动。这些平台为品牌提供了一个全新的、沉浸式的用户体验，使得品牌与消费者之间的互动变得更加深入和紧密。

技术的进步是支撑这一变革的关键因素。多模态技术使得 AI 可以更好地理解和处理各种类型的数据，如文本、图片、视频、音乐等。这为品牌提供了更多的创意空间，使得营销活动可以更加丰富和多样。

同时，与其他技术如 VR 和 AR 的结合，使得 AI 可以为用户提供一个更加真实和沉浸式的体验。想象一下，当你戴上 VR 眼镜，就可以进入一个品牌打造的虚拟世界，与品牌的产品和服务进行真实的互动，这种体验是传统营销方式难以比拟的。

这种新的营销方式为品牌带来了巨大的机会。它不仅可以帮助品牌更好地展示其产品和服务，还可以为消费者提供一个全新的购物体验。消费者可以在虚拟世界中试穿衣服、试驾汽车，甚至可以与品牌的代言人进行真实的互动。这种沉浸式的体验使得消费者更容易产生购买的冲动，从而提高了营销的转化率。

**2. 更深入的用户洞察：人性化，从逻辑到情感**

在当前的技术环境下，ChatGPT 等 AI 模型在对用户的洞察上确实存在一定的局限性。尽管它们在逻辑推理和数据分析方面表现出色，但在深度的情感分析和真正的人性化理解上仍然有所欠缺。这主要是因为真正的情感和人性化理解不仅仅是基于数据和逻辑的，它们更多地涉及人类的经验、情感和文化背景。

然而，随着技术的不断进步，我们有理由相信未来的 AI 将能够更深入地洞察用户的需求和情感。情感智能的突破将使 AI 不仅能够理解用户的文字和行为，还能够感知和解读用户的情感和情绪。这种深度的情感分析将为品牌提供更精准、更及时、更可预测的用户洞察，从而帮助品牌更好地满足用户的需求。

这种增强的用户洞察能力将在多个领域发挥巨大的作用。在客户关系管理方面，品牌将能够更加精确地了解客户的需求和情感，从而提供更加个性化和满意的服务。在品牌形象管理方面，通过深入了解用户的情感和情绪，品牌将能够更好地塑造和维护其形象，从而赢得用户的信任和忠诚。

随着 AI 技术的进步，未来的用户洞察将更加深入和人性化，为品牌提供更加有价值的信息和建议，帮助品牌更好地理解消费者需求、提高销售转化率，并提供个性化的客户体验，从而实现更高的市场竞争力和商业价值。

### 3. 更精准的营销内容：个性化，从产品推荐到内容定制

AI 已经在产品推荐方面展现出了其强大的能力。通过分析大量的用户数据，AI 可以为每位用户提供精准的、符合其喜好和需求的产品推荐。这种基于数据的个性化推荐已经被证明可以大大提高转化率和用户满意度。

然而，未来的 AI 不仅仅会停留在产品推荐这一层面。随着技术的进步，AI 将能够为每位用户提供个性化的营销内容。这意味着，不仅是产品，连营销的内容、形式、风格都将根据每位用户的特点进行个性化定制。

这种个性化的营销内容将通过多种技术手段实现。例如，深度学习自然语言处理技术可以帮助 AI 理解用户的语言和文化背景，从而为其提供更加贴近其文化和语境的内容。同时，情感分析技术可以帮助 AI 了解用户的情感和情绪，从而为其提供更加符合其情感状态的内容。

这种个性化的营销内容将在多种场景中得到应用。例如，品牌可以为每位用户提供千人千面的内容创意，根据对每位用户的深入洞察，生成符合其特点的个性化创意内容。此外，品牌还可以为用户提供更加个性化的用户体验，如个性化的购物路径、个性化的互动方式等。

这种个性化的营销内容将为品牌带来巨大的效果。首先，它可以大大提高用户的满意度和忠诚度，因为用户会感受到品牌真正关心和了解他们。其次，它可以大大提高营销的转化率，因为个性化的内容更容易打动用户的心。最后，它还可以为品牌节省大量的营销成本，因为品牌不再需要为每位用户提供大量的、不符合其特点的内容。

### 4. 更高效的工作方式，自动化，从局部到全程

在未来的营销领域，AI 将引领一场工作方式的革命。传统的营销流程，从策

划、执行到评估，往往需要大量的人力、物力和时间投入。但随着 AI 技术的发展，这一切都将发生根本性的变化。

首先，AI 将实现营销流程的全程自动化。无论是市场调研、策略制定，还是内容创作、活动执行，AI 都将能够提供智能化的解决方案。例如，通过对大量数据的分析，AI 可以自动识别市场趋势和用户需求，为营销团队提供有针对性的策略建议。同时，通过深度学习和自然语言处理技术，AI 可以自动创作出吸引人的广告内容和活动方案。

其次，AI 将实现营销流程的实时优化。传统的营销活动往往需要在结束后才能进行评估和总结，而 AI 则可以实时监控活动的效果，根据实际情况进行调整。例如，通过对用户反馈的实时分析，AI 可以自动调整广告内容和推送策略，确保营销活动始终处于最佳状态。

最后，AI 将实现营销流程的跨渠道整合。在数字化时代，用户的消费行为已经不再局限于单一的渠道或平台。AI 可以帮助营销团队实现跨渠道的数据整合和策略协同，确保品牌信息的一致性和效果的最大化。

## 11.2　未来的挑战与机会

面对 AI 时代的来临，许多人担心是否会被 AI 取代。对此，OpenAI 的 CEO 山姆·阿尔特曼和《连线》杂志创始主编凯文·凯利提供了独到的见解。

山姆·阿尔特曼认为，工作性质的改变并不可怕。从历史来看，人类能适应劳动力市场的变化，新的岗位总会出现，而且通常更好。他指出，AI 的发展并未完全符合人们的预测，且目前的 AI 系统并不擅长独立完成工作，只能完成特定任务。因此，虽然工作性质会发生变化，人们的效率会显著提高，但 AI 不会完全取代人类工作。

凯文·凯利则强调，人类并不擅长高效工作，而世界上最好的工作通常是低效的。创新、艺术和科学等领域的工作效率往往很低，因为它们涉及大量的试验和探索。他认为，高效、重复和乏味的工作是最适合交给 AI 的，而人类则更擅长从事低效的创造性工作。

的确，随着 AI 技术的成熟，许多传统岗位面临被替代的风险。然而，AI 虽然在许多任务上表现出色，但仍缺乏人类的创造力和情感智慧。例如，AI 可以生成广告内容，但真正的品牌故事和情感连接仍需人类创意和洞察力。

未来的工作模式将是人与机器的协同。这种协同不仅仅是简单的任务分配，而是一种真正的合作关系。AI 可以帮助我们处理重复烦琐的非创造性工作，释放我们的时间和精力，让我们更加专注于策略制定、创意思考和客户关系管理等更高层次的工作。我们应该将 AI 视为一个工具，而不是对手。通过与 AI 的深度合作，我们可以实现"1+1>2"的效果，共同创造更大的价值。

AI 给我们带来了前所未有的挑战，因为基础性工作都被 AI 取代了，如果我们还在留恋这些基础性的工作，被淘汰只是时间问题。AI 也给我们带来了前所未有的机会，因为基础性的脑力工作被 AI 干了，我们才有机会去做更高层次、更高价值的工作。AI 的出现如同在人类世界放进了一条鲇鱼，我们将被迫成长，被迫升级，被迫成为更好的自己。

# 11.3　我们该如何应对

面对未来，个人需要进行能力升级，企业需要进行变革转型，同时将 AI 应用于营销也存在一些潜在的风险需要我们未雨绸缪、防微杜渐，提前化解各种可能的危机。

## 11.3.1　个人的能力升级

随着 AI 技术的发展，世界的变化会越来越快，然而世界变化越快，我们越要关注那些不变的部分。对于个人来说，一些重要的核心能力将成为我们在这个快速变化的时代，能够以不变应万变保持竞争力的关键。

**1. 基础能力**

（1）持续学习力：AI 技术日新月异，持续学习成为每个人的必备能力。这不仅包括对 AI 技术的更系统的了解和应用，还包括对市场、消费者和社会更深入的洞察。

（2）清晰提问力：与 AI 的交互很大程度上取决于我们提问的方式。学会如何提出清晰、完整、创新的问题，可以帮助我们更有效地发挥 AI 的价值。

（3）独立思考力：在 AI 提供的海量信息面前，如何进行筛选、判断和决策，独立思考力显得尤为重要。这需要我们培养批判性思维，不盲目跟从 AI 的建议，而是结合实际情况进行独立判断，确保我们做出明智的决策。

**2. 进阶能力**

（1）人际共情力：AI 虽然可以模拟人的情感，但真正的共情和理解还是人类的特长。在与消费者、同事和合作伙伴的交往中，人际共情力可以帮助我们建立更深厚的关系。

（2）跨界创新力：AI 时代的创新往往发生在不同领域的交叉点上。跨界创新力不仅要求我们掌握多领域的知识，更重要的是培养一种跨界思维和协作的能力。

（3）战略规划力：在快速变化的环境中，能够从宏观的角度看待问题，制订长远的战略规划，确保自己始终走在正确的道路上。

## 11.3.2　企业的变革转型

随着 AI 技术的日益成熟和广泛应用，企业也面临着转型和变革的挑战。关于 AI 对于企业的影响，比尔·盖茨说："整个行业将围绕 AI 重新定位，企业将通过 AI 的使用能力来区分自己。"而英伟达 CEO 黄仁勋也认为："除非企业将他们的产品与 AI 工具集成，否则大多数企业的产品很快就会变得过时。"为了更好应对 AI 带来的挑战，抓住 AI 带来的机遇，企业需要进行一系列的变革和转型。

### 1. 全员使用

在 AI 时代，企业需要培养每一位员工的 AI 意识和能力。这不仅仅是技术部门的工作，从高层管理到基层员工，每个人都应该了解 AI 的基本原理和应用。企业应该提供一个"全员可用"的 AI 工具平台，实施"全员必用"的习惯养成，确保每一位员工都能够接触和使用 AI，同时设定明确的 AI 应用的安全和保密边界。

### 2. 知识共享

在 AI 时代，深厚的行业知识和企业知识将成为企业的核心资产，这不仅是企业流程 AI 化的基础和前提，更是确保企业持续创新和增长的关键。因此，企业应该建立一个知识共享的平台。不仅可以帮助企业系统地收集和整理知识，还可以为员工提供一个交流和学习的空间，通过制度保障和奖励机制，确保知识真正在企业内部实现共享和传播，从而推动企业创新和进步。

### 3. 流程再造

传统的工作流程可能不适应 AI 的应用。企业需要根据 AI 的特点和能力，重新设计工作流程，确保每一步都能充分利用 AI 的优势。这个过程需要对企业的营销工作流程进行深入的分析，拆解日常工作事项，并基于具体的工作场景进行 AI 建模，通过私有模型训练，将模型的智能嵌入工作流程中，从而实现业务的智能化转型。

**4. 组织变革**

AI 的引入可能会改变企业的组织结构和文化。企业需要进行组织变革，确保每个部门和团队都能适应 AI 时代的挑战和机会。当 AI 模型被嵌入业务中后，企业必须建立一个持续的运营和优化机制，并将这种能力泛化到其他业务场景中，从而通过不断扩展 AI 的使用领域，全面提高营销效率。

在 AI 的浪潮下，企业不仅要掌握技术，更重要的是培养一种 AI 思维，形成一个与 AI 合作的文化和机制。只有这样，企业才能在竞争中立于不败之地，实现持续创新和增长。

## 11.3.3 潜在风险与防范策略

随着 AI 技术在营销领域的广泛应用，其带来的便利和效率无疑是显而易见的。然而，正如任何技术进步都伴随着潜在的风险，"AI+ 营销"也不例外。以下是"AI+ 营销"可能存在的潜在风险及其防范策略：

**1. 数据隐私和安全问题**

· 潜在风险："AI+ 营销"高度依赖用户数据进行分析和预测。如果数据被不当使用或泄露，可能会导致用户隐私被侵犯。

· 防范策略：确保数据存储和传输的安全性，定期进行安全审计。同时，明确告知用户数据的使用方式，并获取其明确同意。

**2. 算法偏见与伦理问题**

· 潜在风险：如果 AI 算法的训练数据存在偏见，可能导致算法产生不公正的决策，如对某一群体的不公平对待。

· 防范策略：对 AI 的输出结果进行人工审核，特别是在关键的决策或敏感领域。人工审核可以帮助识别和纠正潜在的偏见。

**3. 过度依赖自动化**

· 潜在风险：完全依赖 AI 进行营销决策可能导致失去人的直觉和创造力，可能会错过一些重要的市场机会。

· 防范策略：在关键的决策环节，结合人的判断和 AI 的建议，确保决策的全面性和准确性。

**4. 消费者的不信任**

· 潜在风险：如果消费者认为他们只是被算法"操纵"，而不是真正被理解和关心，他们可能会对品牌产生不信任。

·防范策略：确保 AI 营销策略始终以消费者为中心，真正满足他们的需求和期望。定期收集和分析消费者的反馈，以优化营销策略。

**5. 法规政策的不确定性**

·潜在风险：随着 AI 技术的发展，相关的法规和政策也在不断变化，可能会对企业的 AI 营销策略产生影响。

·防范策略：持续关注相关的法规和政策动态，确保企业的 AI 营销策略始终符合法律要求。

虽然 AI 为营销带来了巨大的机会，但也伴随着潜在的风险。通过持续的学习、审查和调整，我们可以充分利用 AI 的潜力，同时避免可能的危机，确保"AI+ 营销"的健康可持续的发展。

# 11.4　本 章 小 结

随着技术的进步，AI 已经从一个遥不可及的概念变成了我们日常生活和工作中的实用工具。特别是在营销领域，AI 的应用正在深刻地改变着我们的工作方式和思维模式。正如本书所述，AI 不仅仅是一种工具或技术，它更是一种思维方式。为了真正发挥 AI 的潜力，我们不仅需要掌握技术，更需要培养一种 AI 思维，学会如何与 AI 共同协作，如何利用 AI 来解决实际问题。

在这本书中，我们探讨了"AI+ 营销"的结合，揭示了其巨大的潜力和无限的可能性。我们看到，无论是在市场分析、用户洞察、品牌规划、产品开发，还是在内容传播、活动推广、直播电商、客户服务等领域，AI 都为我们带来了前所未有的赋能。在充分利用 AI 为营销赋能的同时，我们也需要了解 AI 在营销应用中的潜在风险，在充分发挥 AI 的巨大潜力的同时，避免可能的危机。

尽管 AI 在营销领域的应用前景广阔，但真正的创新和价值创造仍然取决于人类的创意、情感和智慧。希望这本书能为您提供一个全新的视角，帮助您更好地理解和应用 AI 技术，从而在营销和各个领域取得更大的成功。未来充满了无限的可能性，让我们一起探索、不断创新、持续前行。

随着这本书的最后一章落下帷幕，我心中涌动着一种难以言表的宁静与喜悦、激动与期待。

这不仅是一本书的完成，更是我对"AI+营销"实战的一次探索，对"AI+"美好未来的无限憧憬。

既然要写一本关于"AI+营销"的书，毫无疑问，我一定也会充分发挥"AI+"的力量。在撰写这本书的过程中采用"AI+写作"的方式，也让我深切地感受到了"AI+"的力量。它不仅是一个强大的工具和可靠的伙伴，还是一个无穷的灵感源泉。

AI是一个强大的工具，然而，它终究只是一个工具。人才是创造和使用工具的主体。AI虽然知识渊博，但它需要人类的指引和引导，需要人类的智慧和创造力。正如比尔·盖茨曾经指出："机器人最终会做我们现在所做的一切工作。问题是，我们人类将用什么来填补这个空白？"这个空白，正是人类的智慧和创意，是人类的情感和道德，是人类的艺术和文化。

在这个日新月异的AI时代，我们每个人都需要重新定义自己的角色和定位。每个人都需要学会如何与AI合作，利用AI的力量来提升自己的工作效率和创造力。不论你是营销工作者，还是教育工作者、医疗专业人士、艺术家、工程师，还是其他任何领域的"师"，你首先需要成为一个"AI训练师"。

所谓"AI训练师"并不是指专门培训AI的专业人士，而是指在各自的专业领域内，能够有效利用和指导AI的个体。而要成为"AI训练师"，不仅仅是学习AI的技能和知识，更重要的是培养AI的思维和视野。AI思维是一种跨学科、跨领域的思维方式，它要求我们打破传统的思维框架，勇于创新和尝试。只有这样，我们才能真正理解AI的潜力和价值，才能真正成为AI时代的领导者和创造者。

虽然本书的主题是"AI+营销"，但你可以用同样的思维和方法去做"AI+"一切。AI技术不仅是一种工具，更是一种新的思维方式和工作方法，几乎所有的行业和领域，都可以用这样的思维和方法重做一遍。AI不仅可以为各个行业带来效率的提升，更重要的是，它可以为各个行业带来模式变革。通过AI的力量，我们可以重新定义行业价值链，重新改造业务工作流程，为千行百业带来前所未有的商业价值与综合效益。

过去的科技兴国靠的是人才教育，未来的科技兴国靠的是人才教育加人工智能，后者甚至更重要，因为人才教育太慢，十年树木、百年树人，而AI智力的提升速度远超人才智力的提升速度。

未来，我将专注于AI知识教育与技术推广，用"AI+"的力量为更多的个体和企业提供赋能。在个人层面，我们可以学习通用任务提示，用AI方法提升个人工作效率。在团队层面，我们可以学习专业角色调教，用AI思维拆解业务需求，用AI技术重塑工作流程。在企业层面，我们可以学习私有模型训练，与IT团队共同协作训练私有模型。在市场层面，我们可以进一步学习AI应用产品开发，用更优的方案独立开发AI产品。

我相信，通过不断的学习、实践和探索，AI将成为每个人日常生活和工作中不可或缺的助手。而我们，作为AI知识的传播者和技术的推广者，有责任和使命推动这一进程，让更多的人受益于AI技术的魅力。未来的路还很长，但只要我们坚持初心，持续创新，相信我们可以共同创造一个更加智能、更加美好的世界。

在这部作品完成之际，我要感谢每一个在这个过程中支持我的人。首先，特别感谢罗雨露老师，您的专业指导和细致校对使这本书的内容更加完善。感谢每一位读者和粉丝，是你们的支持和鼓励让我有动力继续前行。感谢所有参与我AI课程的学员。你们的好奇、提问和反馈，使得本书的内容更加实用、丰富和完整。更要感谢清华大学出版社及所有工作人员，没有你们提供的宝贵平台和资源支持，这本书不可能顺利出版。最后，我要感谢一路上遇到的所有师长和伙伴，是你们的教诲和陪伴让我不断进步和成长。

书总有完稿的一天，但实践的道路没有终点。"营销学之父"菲利普-科特勒曾经说过："营销不是艺术，也不是科学，它是一门实践。"其实AI技术的应用也是如此，它是一门实践。AI技术在不断进步，而我的实践也在继续。

如果说一本书就像一朵玫瑰花，它必须赠人才有价值。而它一旦赠人也就停止了生长，就像一本书一旦付梓，它就被定格了，不得不说这是一个小小的遗憾。但是好在我们还有玫瑰树，作者就是那棵玫瑰树，他会不断生长，开出新的玫瑰花。苟日新，日日新，又日新，我是新哥，我将在自己的社交媒体上持续分享最新的实践与发现，与你一起探索"AI+"未来的无限可能。

- ·抖音：新哥说 AI。
- ·小红书：新哥说 AI。
- ·视频号：新哥说 AI。